KB263049

진지한 여가

로버트 스테빈스 지음
최석호 · 이미경 · 이용재 옮김

역자 서문

최석호 · 이미경 · 이용재
(서울과학종합대학원대학교 레저경영전문대학원)

유명한 여가 이론서에는 스테빈스와 그의 진지한 여가를 다음과 같이 평가하고 있다. '스테빈스는 중심적인 삶의 관심과 의미가 '일'에서 나온다고 하는 기존의 유력한 개념에 대해 정면으로 도전했고, 다른 학자들이 '일'의 중요성에 대해 인식시키는 동안 그는 진지한 여가 개념을 대안으로 제시했으며, 진지한 여가가 일부 사회 구성원들에게 매우 중요하고 삶의 질 그리고 자아 정체성과 연결된다는 것을 증명했다.'

중심적인 삶의 관심과 의미 : 일에서 여가로

아직도 많은 사람들은 자신의 삶 속에서 여가의 중요성을 인식하지 못하고 있다. 어쩌면 그것은 사회가 만들어낸 것일 수도 있다. 일상생활에서 우리는 "어떤 일 하세요?"라는 질문을 받는다. 그리고 그 질문에 대한 답변 대신 명함을 주고받는다. 어떤 사람의 사회경력은 그 사람을 평가하는 중요한 기준이 된다. 반면에, 연구조사를 제외하고 어느 누구도 "당신의 여가는 무엇인가요?"라는 질문을 하지 않는다. 그 사람의 여가가 무엇인지, 어떤 여가경력을 가졌는지는 대부분 사람들의 관심대상이 아니었다.

하지만, 일부 사회세계를 시작으로 이렇게 소외되었던 영역에 대한 관심이 점점 확산되어가고 있다. 일부 개인들의 삶에서는 여가가 가장 중심적인 자리를 차지하게 되었다. 자신이 하는 일의 경험과 태도에 따라 여가가 달라진다는 기존의 생각은 조금씩 변화되어 가고 있다. 이제는 여가 때문에 그들의 직업이 바뀔 수도 있고, 그들의 삶 전체가 변화되기도 한다.

사람들이 자신의 웰빙과 높은 수준의 삶을 추구하는데 있어, 진지한 여가와 진지한 여가 조망은 이정표를 제공해줄 것이다. 이것이 여가를 통한 자기 혁명적 삶의 지평을 보여주는 스테빈스의 『진지한 여가』 한국어판 출판을 통해 역자들이 기대하는 바다. 진정한 행복을 실현하기 위한 통찰을 그의 목소리를 통해 들어보기 전에 저자 스테빈스가 누구인지부터 간략하게 살펴보자.

로버트 스테빈스

1938년 미국에서 태어나고 자란 귀화한 캐나다인으로, 미네소타대학교 대학원에서 석사학위(1962)와 박사학위(1964)를 마치고, 북미의 종합대학 세 곳과 단과대학 한 곳에서 사회학과 교수로 재직했으며, 현재는 캐나다 캘거리대학교의 교수로 재직 중이다. 스테빈스는 중심적인 삶의 관심을 '일'에서 찾았던 기존 학자들과 달리, 진지한 여가 개념을 통해서 '여가'의 중요성을 일깨워주고, 진지한 여가를 웰빙 및 자아 정체성과 연결시킨 학자로 유명하다. 이러한 진지한 여가 개념과 진지한 여가 조망을 통해 최적의 여가 라이프스타일을 추구하고, 여가 연구를 진정한 행복학문으로 부각시켰다.

진지한 여가에 대한 개념화와 이론화는 그의 삶이 그대로 투영된 것처럼 보인다. 그는 영어와 프랑스어를 구사하고, 스페인어 독해 능력을 가지고 있다. 아마추어와 프로 뮤지션이었고, 대학수준의 운동선수이기도 했다. 크로스컨트리 스키와 등산, 하이킹 매니아이기도 하다. 그의 일부 연구는 이러한 '완벽한 구성원 연구자'로서의 경험을 토대로 이루어졌다. 한편 문화적으로는 성취, 자기계발 그리고 자기표현 등의 가치를 지니고 있으며, 이러한 가치를 바탕으로 여가를 긍정 사회과학과 연결시키고 있다.

그의 수많은 저서와 출판물 그리고 학술단체 회원 자격과 직위 및 수상경력을 일일이 열거하기는 어렵다. 다만 그의 저서 중 주요한 것을 꼽는다면, 단연 본서 『진지한 여가 - 우리 시대의 조망』 (*Serious Leisure - A Perspective for Our Time*)이라고 말할 수 있으며 이 책은 지난 30년간의 여가연구를 정리하고 있다. 본서 이전에 진지한 여가와 관련된 문헌을 정리한 저서로는, 『아마추어, 전문가 그리고 진지한 여가』 (*Amateurs, Professionals, and Serious Leisure*)와 『진지한 여가 이론과 연구의 신경향』 (*New Directions in the Theory and Research on Serious Leisure*) 등이 있다. 이제부터는 본격적으로 그의 이론세계로 들어가 보자!

진지한 여가란 무엇인가?

김정훈(가명, 27)씨는 사직서를 제출하기 위해 이사님 앞에 서 있다. 이사는 꾸짖듯 질문한다. "미국에서 MBA를 할 때 자네를 처음 보았지. 내가 자네를 기획실로 데려 왔고, 능력에 맞게 대우했다고 생각하네. 혹시 다른 곳에서 백지수표라도 받았나?" 정훈씨가 답한다. "아닙니다. 이제 더 이상 노래를 하지 않고 살 수는 없을 것 같습니다. 뚱딴지 같이 들리시겠지만 저는 정말 진지합니다." 고등학교 때 취미로 시작했던 밴드 활동을 위해서 그는 회사를 그만두는 것이다. 두 달 앞으로 다가온, "콘테스트에도 참가할 예정이구요, 오랫동안 틈틈이 준비해 온 앨범도 내고 이제 본격적으로 활동할 생각입니다." 흥분된 목소리에서 음악에 대한 그의 열정을 느낄 수 있었다.

한편, 시내 유명 음식점 대표인 조성일(가명, 47) 사장은 아침 일찍부터 전일 매출과 음식 재료 등을 점검한 다음, 여느 때처럼 근처 골프연습장으로 향한다. 그는 수 년 동안 세 차례의 전국 아마추어 골프대회에서 우승했다. 20여 년 동안 골프는 단순한 취미를 넘어, 그의 삶이 되었다. 주변 사람들도 그를 ○○○ 사장이 아닌, ○○○ 프로라고 불러 준다. 프로골퍼들과도 자주 라운딩을 하고, 새로운 골프 클럽이 출시되면 대리점 사장에게서 전화가 온다.

정소희(가명, 38)씨는 퇴근 후 책상에 앉아서 라오스 시골 마을의 여름학교에서 사용할 교재 목록을 작성하고 있다. 올해 벌써 15년째다. 외국계 제조회사에서 무역관련 업무를 담당하고 있는 그녀는, 라오스 여름학교 참가를 위해 일 년 치 휴가를 7월 한 달에 모두 사용한다. 매년 7월에는 그녀가 회사에 없다는 사실을 회사, 동료 그리고 바이어들까지 모두 알고 있다. 그리고 해마다 7월이면 그녀가 온다는 사실을 라오스의 아들, 딸들은 알고 있다.

이와 같은 사람들의 얘기와 행동 속에서 진지한 여가라는 용어가 생겨났다. 일보다 더 열심히 하는 이것이 도대체 무엇이고, 삶 속에서 그것은 어떤 의미를 기지고 있는가? 모든 사람들이 진지한 여가를 경험하는 것은 아니지만, 우리 사회 일부분의 사람들에게 이와 같은 여가가 삶의 중심이 되고 있는 것은 분명한 사실이다.

정훈씨와 성일씨 그리고 소희씨 모두 '비직업적 열정에 대한 진지함'을 강조함으로써, 단순히 '좋은 시간'이라고만 말하는 기존의 여가 개념으로부터 분명한 거리를 두고 있다. 성일씨는 골프대회 중 어려운 상황에서도 끝까지 포기하지 않는 인내심을 발휘하고, 정훈씨는 자신의 가창력과 무대에서의 쇼맨십을 개발하기 위한 끊임없는 개인적 노력을 경주할 것이다. 소희씨는 보다 넓은 사회세계 속에서의 공동체 정신을 추구할 것이며, 이것은 자신만의 독특한 윤리세계가 된다. 세 사람은 이런 활동 속에서 부수적으로 따라오는 여가경력을 발견하고, 자아실현과 성취감 등의 지속적인 혜택을 얻게 된다. 이러한 모든 여가 특징들로부터 그들은 독특한 정체성을 발견하게 된다. 실제로 사람들은 일 보다는 진지한 여가 활동에서 더 강한 정체성을 확인하는 경우가 많다. 그래서 일을 할 때는 '도대체 지금 내가 뭘 하고 있는 거지?'라는 생각을 종종 하지만, 진지한 여가를 할 때는 '아니 벌써 해가 솟았네!'라면서 놀라게 된다.

그렇다면 여가에는 진지한 여가만 있는 것일까? 모든 사람들이 정훈씨나 성일씨 또는 소희씨처럼 여가를 할 때 이렇게 진지하기만 하지는 않을 것이다. 아무 생각 없이 TV를 보기도 하고 친구 따라 강남가기도 하지 않는가!

일상적 여가와 프로젝트형 여가

사시사철 먹는 음식도 있지만 특정한 계절에만 즐겨 먹는 별미도 있다.

여름철하면 떠오르는 음식은 역시 시원한 냉면이다. 취향에 따라 물냉면을 먹는 사람이 있고, 비빔냉면을 즐기는 사람이 있는가 하면, 어떤 사람은 회냉면, 다른 사람은 열무냉면을 선호한다. 여기에서 잠시 냉면 그 자체를 한 사람의 여가에 비유해 보자!

물냉면을 예로 들면, 메밀로 만든 면이 이 냉면의 주재료가 된다. 쇠고기 사태와 같은 다양한 재료를 가지고 끓여 낸 육수와 달걀과 편육 등 물냉면의 풍미를 더해주는 부재료도 주재료 못지않게 중요하다. 어떤 사람은 취향에 따라 메밀로 만든 면 대신에 칡으로 만든 면을 사용하기도 하고, 쇠고기 사태 대신 꿩고기나 닭고기를 사용해 육수를 만들기도 하며 심지어 동치미 국물을 사용하기도 한다. 달걀이나 편육 대신에 김치나 동치미 무 또는 배를 넣기도 한다. 여기서, 어떤 특정한 냉면은 그 사람의 여가 라이프 스타일이다. 어떤 냉면이든지 주재료는 대개 냉면 사리다. 적당하게 쫄깃하고 재료가 잘 배합된 면이야 말로 냉면을 먹는 주된 이유가 된다. 이를 여가에 비유하면 진지한 여가가 된다. 한편, 어떤 사람들은 절묘한 육수 맛 때문에 냉면을 먹는 사람들도 있다. 여기서 육수는 일상적 여가다. 마지막으로, 냉면에 포함된 편육이나 배 그리고 달걀 등은 진지한 여가처럼 오랜 경력을 요하지 않는 일종의 프로젝트형 여가라고 할 수 있다.

최적의 여가 라이프스타일

냉면의 특별한 매력을 경험한 사람은 그 냉면을 계속해서 먹게 된다. 하지만, 그런 매력적인 냉면을 경험하지 못한 어떤 외국인이 있다고 한다면, 그는 물냉면과 같은 여가의 존재 자체를 알지 못할 것이고, 냉면 속의 사리

(진지한 여가)에서 풍겨 나오는 오묘한 맛과 식감은 더욱 알기 어려울 것이다. 따라서 냉면이라는 여가 라이프스타일을 이해하기 위해서 먼저 알아야 할 것은 냉면이라는 것이 있다는 사실이다. 다음으로, 제대로 된 냉면 즉, 최적의 여가 라이프스타일을 찾아내기 위해서는 냉면과 육수가 절묘하게 조화를 이루어야 한다는 것이다. 냉면 사리(진지한 여가)만 있는 냉면, 육수(일상적 여가)만으로 만든 냉면은 진정한 냉면(최적의 여가 라이프스타일)이 아니다. 최고의 냉면을 만들어서 최고의 맛을 경험하기 위해서는, 신선한 재료를 사용하고 그 재료를 이용한 최적의 조리법을 알고 있어야 한다. 그것이 바로 여가교육이다. 앞에서 말한 바와 같이, 최적의 여가 라이프스타일을 추구하기 위해서는 진지한 여가를 비롯한 세 가지 형태의 여가가 존재한다는 사실과 그와 같은 여가들을 결합하여 최적의 구성을 만들어내는 방법을 알아야 한다.

진지한 여가 조망

진지한 여가와 일상적 여가 그리고 프로젝트형 여가 등 세 가지 형태의 여가를 종합하는 이론적 틀을 진지한 여가 조망(Serious Leisure Perspective, SLP)이라고 한다. 스테빈스는 진지한 여가 조망을 통해 여가세계를 조망할 수 있는 지도를 제공한다. 한편, 진지한 여가 조망은 여가현상을 관찰할 수 있는 방식을 제공하고, 세 가지 형태 각각의 독특성과 유사성 그리고 상호작용을 보여 준다.

진지한 여가 조망은 여가학자만을 위한 것이 아니다. 여가에 참여하는 우리 모두가 그것을 통해 자신의 여가세계를 인식하고 최적의 여가 라이프스타일을 추구할 수 있는 것이다. 한편, 진지한 여가 조망은 실용적이기 때문에 다양한 영역으로 확장이 가능하다. 따라서 진지한 여가 조망이 단지 여가분야 관계자들에게게만 적용되는 것이 아니라, 관광, 웰빙, 교육, 은퇴와 실업, 장애, 대중문화, 그리고 예술경영 등 다양한 분야의 기업들과 종사자들에게도 그것을 활용할 수 있는 기회를 제공한다. 더욱이 진지한 여가 조망은 개인의 심리적 차원 이상의 수준으로 여가 개념을 확장하고 적용한다. 다양한 영역들 가운데에서도 그것의 차원에 따라 달라질 수 있기 때문에, 개인적 · 업무적 차원에서 뿐만 아니라 정책적 차원에서도 그 함의는 크다고 할 것이다.

한국어판 저자 서문

로버트 스테빈스
(캘거리대학교)

영어판 『진지한 여가』(Serious Leisure)가 세상에 빛을 본지도 벌써 5년이나 흘렀다. 당시 『진지한 여가』를 출판한 이유는 2001년에 같은 목적으로 출판한 『진지한 여가 이론과 연구의 신경향』(New Directions in the Theory and Research of Serious Leisure)그 이후에 나온 진지한 여가 연구를 정리하기 위한 것이었다. 어떤 분야에서 나온 것이든 간에 진지한 여가에 대한 이론과 연구를 주기적으로 요약하고 종합하는 것은 절대적으로 필요한 작업이다. 이렇게 하지 않으면 쏟아져 나오는 전문적인 이론 연구와 경험적 연구의 홍수 속에서 길을 잃고 헤매게 될 것이 뻔하다.

이러한 필요성 때문에 내가 개척한 "진지한 여가 조망"(serious leisure perspective), 요즘은 간략하게 SLP라고 말하는, 전체를 본서에서 개관했다. 진지한 여가와 일상적 여가(casual leisure)라는 개념을 도입한 것은 『태평양사회학회지』(Pacific Sociological Review)에 이 개념을 소개했던 1982년경이다. 지난 2005년에는 프로젝트형 여가(project-based leisure) 개념을 추가해서 전체 조망의 여가 형태는 모두 세 개로 늘어났다. 여타 모든 학자들과 나는 이러한 형태의 여가들이 어떻게 상호관련 되는지에 대해서 관찰을 하고 문제를 제기하기도 했다. 다른 많은 이유가 있는 것도 사실이지만 진지한 여가 조망이 탄생한 것은 바로 이러한 관심 때문이었다. 일부에서는 여전히 논쟁이 되고 있지만, 제1장에서 여가형태에 대해서 명명하는 작업을 했다.

2004년 『일과 여가 그 사이에서』 *(Between Work and Leisure)*를 출판하면서 "직업적 헌신"(occupational devotion)과 "헌신적 노동"(devotee work)이라는 한 쌍의 아이디어를 소개했는데, 그 이후로 보다 포괄적인 작업들의 필요성이 제기 되었다. 진지한 여가 조망은 드디어 자유업종, 상담/카운셀링, 거래, 소규모 사업 등 노동 영역에까지 도달한 셈이다. 이러한 발전을 적절히 반영하기 위해서 나는 최근에 진지한 여가와 헌신적 노동을 모두 포괄하여 하나로 묶어주는 "진지한 추구"(serious pursuit)라는 개념을 생각하게 되었다(스테빈스가 2012년에 출판한 『여가의 개념』 *(The Idea of Leisure)*을 보라). 『진지한 여가』 *(Serious Leisure)*를 출판한 직후에 제나 하르텔의 도움으로 진지한 여가 조망 다이어그램을 완성했고, www.seriousleisure.net 에서 무료로 다운로드할 수 있게 해 놓았다. 최신 버전에는 모든 진지한 추구를 다 포괄하고 있으며, 본서의 내용을 시각적으로 보여주고 있다.

또한 진지한 여가 조망은 여가학의 관련 개념들을 모두 포괄할 수 있게 되었다. 몰입, 레크리에이션 전문화, 여가 제약요인 등과 같은 여타 개념들을 포괄하는 작업도 『진지한 여가』 에서 수행했다. 이러한 여타 개념들이 진지한 여가 조망 속에서 잘 맞아 떨어질 뿐만 아니라 진지한 여가 조망에 기여할 수도 있다는 것을 보여주고자 한 것이다.

여가를 실행하고 여가를 형성하는 역사적, 문화적, 구조적 차원으로서 진지한 여가 조망의 맥락을 의도적으로 개방했다. 진지한 여가 연구는 아마추어에 대한 필드워크에서 시작했고, 사회심리학적 과정과 소집단 구조를 관찰하는 연구방법을 선호하는 경향이 있다. 연구하고 있는 집단의 복잡한 사회세계를 기술함으로써 맥락을 검토하기도 했지만, 진지한 여가 조망이 성장함에 따라 많은 연구자들은 자신이 연구하고 있는 특정 여가 활동에 다른 맥락을 부여하고 있다. 그리하여 조망을 통해서 바라 본 여가에 대한 보다 온전한 이해를 도모하고 있다.

이에 덧붙여서 진지한 여가 조망은 진지한 여가, 일상적 여가, 프로젝트형 여가 등을 인접분야의 이론, 연구, 응용 등으로 확장하고 있다. 가장 활발한 연구는 이벤트연구, 치료레크리에이션, 예술행정과 과학행정 또는 도서관학과 정보과학 등의 분야에서 세 가지 형태의 여가 모두를 어떻게 추구하는지에 대해서 관찰하는 것이다. 이 분야의 독특한 조건 하에서 참여자들이 세 가지 형태의 여가를 경험할 개연성은 대단히 높고 그들의 여가추구는 그들의 라이프스타일과 확연하게 통합되어 있다.

출판한 이후에 보다 더 정교화되기는 했지만, "활동"(activity) 개념과 "핵심활동"(core activity) 개념도 본서에서 다루고 있다. 이 두 개념은 진지한 여가 조망(SLP 이론)의 기본적인 개념이다. 본서의 제1장에서 다루고 있는 여가개념에서 중심을 차지하고 있는 것도 바로 이 활동이다. 즉, 자유시간에 하는 강제되지 않은 활동으로서 사람들이 자신의 역량과 자원을 활용하여 성공적으로 또는 뭔가를 성취하기 위해서 하기를 원하는 것이 여가다. 만약 핵심활동이나 활동이 참여자가 매력적이라고 생각하는 성과를 내기 위해서는 따라야만 하는 상호연관된 일련의 독특한 행위나 절차로 구성되어 있다면 그 활동(때로는 제도화된 역할)은 일반적이다. 따라서 활강이 핵심활동인 스키는 열정적으로 스키를 타는 사람에게는 핵심활동이고 일반인에게는 활동이다.

진지한 여가 조망에서 다루고 있는 이 활동은 근본적으로 사회심리학적인 여가경험과 해당 여가경험의 사회적 맥락 사이에서 가장 중요한 것이 된다. 즉, 세상에서 경험한 많은 여가활동들은 사회의 여가제도이면서 동시에 경제제도이기도 하다. 게다가 이 모든 활동들은 사회문화에서 가시적인 자리를 차지하고 있고 나름의 역사를 갖고 있다. 진지한 여가 조망과 조망의 이론적 성숙의 수준 문제를 논하자면, 일상적 여가와 진지한 여가, 열 가지 보상, 여섯 가지 특징 등을 양적으로 측정할 수 있게 되기까지 여러 해가 걸렸다. 개념의 경험적 토대가 탄탄해야만 효율적으로 정량적 처치를 하는데 필요한 타당도를 충족시킬 수 있다. 달리 말하자면, 진지한 여가 조망의 특정 부분은 검증을 거쳤거나 자료를 통해서 지지를 받음으로써 공식적인 근거이론으로서 갖추어야 할 수준에 이미 도달했다. 진지한 여가 조망은 귀납적 현장연구에서 시작해서 탐색적 자료 및 확증적 자료를 축적하여 기반을 다지고 마침내는 공식적인 이론으로 나아가는 경로를 밟았다. 사회과학에서 이처럼 지속적인 이론적 발전과정을 거친 사례는 거의 없다고 해도 과언이 아니다. 본서는 진지한 여가 조망의 이상과 같은 여로를 잘 보여주고 있다.

아직 종착역에 도달한 것은 아니다. 공식적인 이론이 되었다고 해서 그것이 최종이론은 아니다. 사회 속에서 여가의 자리는 영원히 유동적으로 남을 것이기 때문에 여가학의 이론적 여정도 결코 끝나지 않을 것이다. 진지한 여가 조망이 과학적 신뢰를 받고자 한다면 변화를 반영해야만 한다. 최근 들어서 더욱 빠른 속도로 등장하고 있는 무수하게 많은 새로운 여가활동을 확인하고 분석하는 일을 게을리 할 수 없다. 게다가 진지한 여가 조

망으로 비서구세계의 삶도 적절히 탐구하려면 어떻게 해야 할 지를 이제
서야 고민하기 시작했다. 한국어판 『진지한 여가』는 바로 이와 같은 작
업을 현재 번역이 진행 중인 중국어판, 스페인어판, 포르투갈어판 보다 더
잘 해 줄 것으로 기대한다. 그럼에도 불구하고 서구와 비교해 보았을 때,
서구와 마찬가지로 열 가지 보상을 받고 있는지, 서구와는 달리 열 가지 외
에 새로운 보상을 추가해야 하는지, 여가의 사회적 이미지가 서로 비슷한
지 등과 같은 의문을 갖게 된다. 따라서 다음과 같은 핵심적인 몇 가지 질
문을 제기하게 된다.

문화에 따라서 가치가 서로 다르기도 하고 동일하기도 한 것을 확인하고
이해하는 노력을 지속적으로 경주해야 한다. 예를 들면, 진지한 여가, 일상
적 여가 또는 프로젝트형 여가의 일환으로 실행한 자원봉사는 때때로 임
금을 받지 않는 생산적 노동으로 정의되기도 하는데, 이 때문에 일부 비서
구국가에서는 자원봉사를 이해하기 힘든 신비한 활동으로 생각하기도 한
다. 왜 가족도 아닌 사람을 위해서 돈도 받지 않고 일을 하는가? 이 사례는
비서구국가에 진지한 여가 조망을 적용하고자 할 때 직면하게 되는 도전
중 하나가 된다. 일부 비서구국가에서 스포츠 영역은 서구국가보다 그 지
위가 더 높고, 더 두더러 질 뿐만 아니라 대단히 정치적이기도 하다. 세 번
째로 일부 비서구사회는 강한 예술적 전통을 간직하고 있다. 그러나 그 예
술적 전통은 취미활동의 일환으로 민속적 차원에서 표출되기만 할 뿐이어
서 아마추어 예술과 전문가 예술이 존재한다고 보기는 힘든 경우가 많다.

아직 알려지지 않은 보상, 가치, 정의적 특징, 새로운 여가 등이 비서구
적 토양에서는 얼마든지 가능하기 때문에 진지한 여가 조망으로 비서구사
회를 연구하자면 한 동안은 탐색적 조사를 해야만 할 것 같다. 우리는 열린

마음으로 비서구사회에서도 귀납적 연구를 진행해야 하겠다. 그렇게 하다 보면 언젠가는 서구사회와 비서구사회가 상당히 비슷하다는 것을 발견하게 될 것으로 확신한다. 또한 언젠가는 비서구사회의 여가에 대한 이해가 서구사회를 깜짝 놀라게 만들 것으로 확신한다. 이제부터 깜짝 놀랄 그날을 기다려야겠다.

저자 서문

무엇보다 먼저, 이 책은 폭넓게 흩어져 있는 진지한 여가와 일상적 여가에 관한 문헌들을 간편하게 읽을 수 있도록 한 권의 책 속에 담아내야 할 필요성 때문에 탄생했다. 학술대회에 참석하고 대학 강단에서 가르치고 학술지에 접수된 논문을 심사하고 대학원생들을 지도하거나 이메일을 통해서 접수된 질문에 답하는 등과 같은 나의 학문 활동이 증가하면 할수록 본서와 같은 책의 필요성이 더욱 절실해 졌다. 다음으로, 사람들이 진지한 여가 이론의 비판적인 부분을 간과하고 있다는 점과 때로는 이론이 비판적인 부분을 결여하고 있다는 잘못된 편견이 만연되어 있다는 점을 나는 발견했다. 두말할 나위 없이 이러한 비판은 잘못된 것이다. 물론 본서는 진지한 여가 이론의 약점과 한계도 보여주고 있다. 그러나 이론의 약점과 한계를 지적하는 데에는 열을 올리면서도 이론의 모든 측면을 주도면밀하게 살펴보는 사람은 많지 않다.

진지한 여가와 관련된 문헌을 세 번째로 정리하기 위해서 본서를 시작했다. 최초로 정리한 것은 1990년과 1991년의 일이었고 그것을 출판한 것이 『아마추어, 전문가 그리고 진지한 여가』(Stebbins, 1992a)다. 두 번째로 정리한 것은 지난 1999년과 2000년의 일이다. 『진지한 여가 이론과 연구의 신경향』에 실었다. 두 번째로 정리해서 출판한 이후로 시간은 절반 밖에 흐르지 않았으나 세 번째 정리한 문헌의 분량은 한 배 반이나 된다. 그래서 본서가 더 더욱이나 필요한 것이다.

그렇지만 본서는 단순한 또 하나의 정리작업에 그치지 않는다. 가장 중
요한 것은 세 가지의 여가형태를 한 개의 공통적인 조망으로 종합했다는
것이다. 일상적 여가 그리고 프로젝트형 여가와 함께 진지한 여가 그 자체
는 세 가지의 여가형태 중 하나에 불과하지만, 셋이 합쳐졌을 때 하나의 조
망을 형성한다. 본서의 제1장에 나오는 첫 번째 문장에서 설명하고 있지만
진지한 여가 조망을 정의하면, 각각의 독특성과 유사성 그리고 상호관계
를 보여주는 세 가지 형태의 여가를 종합하는 이론적 작업들이다. 세 가지
여가를 간략하게 정의하면 다음과 같다.

· **진지한 여가**
특수한 기술, 지식 그리고 경험 등을 획득하고 표출하는 충분히 본질적이고, 재미있고, 참
여자가 경력을 쌓아가는 성취감 있는 아마추어, 취미활동가, 또는 자원봉사자의 체계적
인 핵심 활동

· **일상적 여가**
즐기기 위해서 어떤 특수한 훈련을 받을 필요가 없으면서 직접적이고 내재적인 보상이
따르는 상대적으로 짧고 즐거운 핵심 활동

· **프로젝트형 여가**
자유시간 또는 받아들일 수 없는 책임으로부터 자유로운 시간에 자주는 아니지만 짧은
기간 동안에, 어느 정도 복잡하게, 일회적 또는 일시적인 창조적 수행

의도한 바는 아니지만 자유시간 활동을 두루 연구하면서 발견한 것과 이
론적으로 숙고한 것은 진화했고 여가세계에 대한 유형론적 지도로 통합되
었다. 즉, 현재 시점에서 내가 말할 수 있는 것은 (적어도 서구 사회의) 모

든 여가는 세 가지 형태의 여가 중 하나에 속하는 유형 또는 하위유형의 여가로 분류된다. 더 정확하게 말하자면, 진지한 여가 조망은 모든 여가 활동과 경험에 대한 분류와 설명을 제공한다. 여가 활동과 경험이 일어나는 사회심리학적, 사회적, 문화적, 역사적 맥락 속에서 틀을 짜기 때문이다.

제1장과 제3장에서는 세 가지 형태의 여가를 하나로 결합하면서 기본적인 구성 개념과 명제를 만들었다. 핵심적인 요소에 관심을 집중하기 위한 것이다. 제2장에서는 진지한 여가 문헌에 대한 정리작업을 하였으며, 제3장에서는 일상적 여가와 프로젝트형 여가 문헌에 대한 정리작업을 했다. 제4장에서는 (조직, 공동체, 역사, 라이프스타일, 문화 등) 일련의 토대 개념과 구성영역으로 결합했다. 제5장에서는 결합된 조망을 여타 학문분과와 연구분야로 확장했다. 확장은 공식적으로 출판될 것까지 포함해서 모두 16개로 나누어서 기술하였다. 제6장에서는 조망의 역사를 살피는데, 먼저 1974년 초에 시작된 진지한 여가에서 시작하여 다음으로 일상적 여가 그리고 그 이후에 프로젝트형 여가로 역사적 언급을 이어간다. 제7장에서는 진지한 여가 조망의 미래와 그 중요성, 세계화하고 있는 세상에서 차지하고 있는 위상, 여타 지식과 실천 분야와의 비판적 연계, 특히 이윤을 추구하지 않는 부문과 예방의학 등에 집중한다.

본서를 집필하면서 지금보다 더 많은 사람들이 여가 현상은 결코 사소한 문제가 아니라는 것을 깨닫기 바라는 마음 간절하다. 진지한 여가 연구는 사회학자들이 사회와 사회생활의 독특한 측면으로서 여가를 제대로 바라보지 못하고 있다는 데에서 출발한다. 1974년에는 아마추어나 취미활동가에 대한 정의를 찾아볼 수 없었고 사회학 내에서 아마추어 활동과 취미 활동을 하고 있는 사람들의 독특한 역할과 지위에 대한 인식도 없었다. 이후로 별달리 개선된 바도 없다. 여가에 대한 논문이 사회학 학술지에 간간이 출판되고는 있지만 제도 사회학은 여전히 사회생활의 여가영역에 대해서 무시하고 있다. 예를 들면, 미국사회학회나 캐나다 사회학 및 인류학 학회의 연차학술대회에서 여가세션은 일회적인 분과로 끝나버리기 일수다. 북미에 있는 대학교 사회학과 대학원에서 전문화된 여가 프로그램을 제공하고 있는 곳은 눈을 씻고 찾아 봐도 없다. 여가사회학으로 훈련 받은 교수가 없으니 그리 놀랄만한 일도 아니다.

여하튼 사회학과와는 많이 동떨어지기는 했으나 여가사회학은 여전히 건재하다. 여가사회학은 여가학, 여가레크리에이션, 여가체육교육, 공원여가, 그리고 최근에는 여가건강학 등과 같은 다양한 이름으로 불리면서 활기찬 지식의 분과로 성장했다. 여가사회학의 약점은 학문분과가 아니라 학문 그 자체에 있다. 사회생활 중에서 사회가 대단히 진지하게 받아들이고 있고, 상당한 액수의 돈을 사용하고 있으며, 사회의 대부분의 단면을 보여주고 있는 사회생활의 한 측면을 무시하고 있기 때문에 여가사회학이 약세를 면치 못하고 있는 것이다. 우리가 일상적으로 쓰고 있는 "금요일이다, 하나님 감사합니다"[1]나 "놀지 않고 일만 하면 바보 된다" 등과 같은 말이 언급하고 있는 부분을 학문으로서 사회학이 보다 면밀하게 검토해야 한다.

본서가 바로 사회학을 정상궤도로 복귀시키고 선구자를 도와 줄 잘 짜여진 논리적 관점으로서 여가사회학의 학문적 측면을 제공하고 있다. 베블렌, 런드버그, 홀링스헤드, 리즈만 등과 같은 분들을 아직도 기억하고 있는 사람 어디 있나요?

---

1) 영어권의 속담이다. 특히 전자를 따서 TGI Friday라는 프랜차이즈 레스토랑이 만들어졌디(역자 주).

제 1 장
진지한 여가 조망

'진지한 여가 조망'이란 진지한 여가, 일상적 여가, 프로젝트형 여가 등으로 알려져 있는 세 가지 형태의 여가를 종합하는 이론적 작업틀에 내가 붙인 이름이다. 1974년 처음 시작된 이래로 연구는 계속되어 왔으며, 진지한 여가에 대한 연구를 제일 먼저 시작했고 그 뒤를 이어서 일상적 여가와 프로젝트형 여가에 대한 연구가 진행되었다. 여러 해가 흐르면서 각각의 여가형태 내부에 다양한 유형과 하위유형의 여가가 등장했다. 진지한 여가 조망[2]이라는 이름은 세 가지 중에서 첫 번째의 여가 형태를 그대로 사용한 것인데, 진지한 여가가 가장 중요하거나 가장 우월한 것이어서 그렇게 한 것은 결코 아니다. 그렇게 생각한다면 정말 우스꽝스럽기 짝이 없다는 것을 곧 보여주겠지만, 진지한 여가 조망이라는 이름은 연구가 진지한 여가로부터 시작되었기 때문에 붙인 것이다. 진지한 여가로부터 진지한 여가 조망이 탄생하였기에 진지한 여가는 여타 두 가지 여가의 대부 격이다.

게다가 진지한 여가는 일상적 여가와 프로젝트형 여가 분석의 벤치마킹 대상이 되고 있다. 첫 번째 형태의 여가에 대한 명칭인 진지한 여가를 그대로 전체 조망의 이름인 진지한 여가 조망으로 명명했기 때문에 관련 정보를 쉽게 파악할 수 있었고, 관심을 갖고 있는 모든 사람들에게 친숙한 영역에 속하는 개념으로 남아 있었던 것이다. 마찬가지로, 여가활

---

2) 세 가지 형태의 여가 중 하나로서 진지한 여가와 세 가지를 종합한 조망으로서 진지한 여가를 구분하고 혼동을 피하기 위해 전자는 '진지한 여가', 후자는 '진지한 여가 조망'이라고 적는다.

동 참여자들이 매력적이라고 받아들이는 성과물이 있는 상호 관련된 독특한 행위 또는 단계를 지칭한 것이기 때문에 '핵심 활동 조망'(core activity perspective)이라고 명명할 수도 있었다. 진지한 여가를 일례로 알파인 스키의 핵심활동은 눈 덮인 슬로프를 활강 하는 것이고, 원목가구 만들기 핵심활동은 나무를 잘라서 가구를 짜는 것이며, 자원봉사 소방관의 핵심활동은 진화와 인명구조다. 각각의 경우에 참여자는 상호 관련된 단계를 거쳐서 성공적으로 활강하거나, 가구를 만들거나, 인명을 구조한다. 진지한 여가보다는 덜 복잡한 일상적 여가 핵심활동의 사례가 되는 활동은 친구와의 사교적인 대화, 아름다운 경치 감상, 단순한 자원봉사 서비스 제공(예를 들면, 안내장 배포, 주차안내, 하키 경기장 주변 눈 치우기) 등이다. 박물관 특별전시 가이드나 아마추어 토너먼트 스포츠 득점관리 등과 같은 프로젝트형 여가의 핵심활동은 시간이 한정되어 있기는 하지만 이 보다는 더 강력하고 조금 더 복잡하다. 핵심활동(과 그것을 구성하고 있는 단계와 행위)에 참여하는 것은 여가활동에 회의를 품고 있는 참여자를 북돋아 주어 다시 끌어들이는 주요한 측면이다. 간단하게 말하면, 핵심활동은 일부 여가활동을 다른 여가활동보다 더 강조하고 있기는 하지만 그 자체로 가치를 갖고 있다.

이와 유사하게, 이 작업틀을 '여가 경험 조망'(leisure experience perspective)이라고 명명할 수도 있었다. 세 가지 형태의 여가 모두에서 확연히 구분되는 일종의 자유시간 경험을 언급하고 있기 때문이다. 실제로 주관적으로 정의한 여가, 직접적인 의식적 경험, 그리고 사후만족 등으로 자유시간 경험을 개념화한 매넬의 세 가지 개념화(Mannell, 1999)와 맞아 떨어진다.

매넬의 개념화 역시 진지한 여가 조망을 지나치게 제한하고 있다. 진지한 여가 조망은 사람들이 여가에서 경험하는 것보다 폭넓은 개념이기 때문이다. 진지한 여가 조망은 여가경험의 사회적, 문화적, 역사적 맥락을 바라보는 한 방식을 제공하기도 한다. 본장의 후반부에서 논의하겠지만 헌신이 진지한 여가의 중요한 태도 중 하나라는 데에는 의심의 여지가 없다. 하지만 진지한 여가를 '헌신적인 여가'(committed leisure)라고 부르자는 톰린슨의 제안(Tomlinson, 1983) 역시 진지한 여가를 지나치게 좁게 기술하는 우를 범하고 있다. 게다가 진지한 여가 조망 내에 포함되어 있는 여타 두 가지 형태의 여가도 어떤 경우에는 헌신하기도 한다.

진지한 여가 조망은 진지한 여가와 일상적 여가 양자 모두를 중요하게 보고 있다는 점을 분명히 하고자 한다. 진지한 형태와 일상적 형태로 구분한 것은 뭔가 이점이 있기 때문에 그런 것이 아니냐는 논의가 종종 일어나고 있기 때문이다. 즉, 어느 것이 최고냐 하는 것은 질문거리가 아니다. 차라리 개인, (성, 연령, 사회계급, 종교, 국적 등과 같은) 개인의 범주, 그리고 보다 큰 그들의 공동체와 사회에 기여 할 정도로 두 개 또는 세 개의 여가 형태들이 조화를 잘 이루고 있는지에 대해서 질문해야 한다. 이는 다시 여가 라이프스타일, 최적 여가 라이프스타일, 사회계급 등과 같은 것들을 고려하게 만드는 진지한 여가 조망의 중요한 개념들이다.

진지한 여가 조망에는 세 가지 중요한 점이 있다. 첫째, 모든 조망은 자신의 이론으로 여가현상을 관찰할 수 있는 한 방식을 제공한다. 따라서 진지한 여가 조망도 사람들이 자신의 자유시간에 무엇을 하는지를 관찰할 수 있는 독특한 관점을 제공하고 있다. 둘째, 세 가지 형태의 여가를 종합한 이론적 조망으로서 진지한 여가 조망은 각각의 독특성과 유사성 그리고 셋간의 상호작용을 한꺼번에 보여준다. 셋째로 의도한 바는 아니지만 한 가지의 자유시간 활동을 연구하고 이어서 그 다음 자유시간 활동을 연구하는 발견과 이론적 숙고의 시간에 나는 결코 여가세계의 유형론을 발전시키고자 하지 않았다. 즉, 지금 내가 말할 수 있는 것은, 적어도 서구사회의 모든 여가는 셋 중 하나로 분류할 수 있다는 것이다. 그러나 이 분야에서 대부분의 기본적인 연구를 지도한 탐색적 접근과 함께 개방적인 탐구와 관찰을 계속한다면 언젠가는 또 다른 형태의 여가를 추가하게 될 것이다. 원론적으로 과학적 유형론의 구축만으로는 지적 구조물을 완성할 수 없다.

또한 진지한 여가 조망은 포괄적인 탐색적 연구(Glaser & Strauss, 1967; Stebbins, 2001c)의 산물이다. 일부는 그렇지 않은 것도 있지만 일부는 상당히 체계적으로 연구를 수행했다. 일반적으로 진지한 여가 조망은 개방적인 관찰이나 면접을 통해서 또는 어떤 경우에는 두 가지 방법을 동시에 사용하여 다종다양한 여가활동을 폭넓게 연구함으로써 도출된 이론이다. 글레이저와 스트라우스의 말을 빌리자면, 오늘날 진지한 여가 조망은 "완전히 뿌리를 내려서 공식화된 이론"이다. 그 범위나 성과에 비추어보면 이는 더 이상 탐색적이라고만 말할 수는 없는 상당히 정확하고 상세하게 확증된 작업이다.

본장에서는 진지한 여가의 기본적인 내용을 살펴보고, 다음 장에서는 2000년 이후로 출판된 진지한 여가에 대한 연구들을 검토한다. 제3장에서는 일상적 여가와 프로젝트형 여가의 기본적인 내용을 살펴보고 밀도는 떨어지지만 상당히 광범위한 관련 연구들도 검토한다. 제4장에서는 단순히 세 가지 형태의 여가 유형론을 제시하기 보다는 현재까지의 지식으로 가능한 범위 내에서 이것들을 적절하게 종합한다. 이는 세 가지 형태의 여가 각각에서 도출된 일련의 개념들을 활용한 정교화 과정을 통해서 성취된다. 제5장에서는 진지한 여가 조망을 인간의 동기, 집단의 형성, 집합적 행위 등과 같이 일상의 영역으로 다양하게 확장하여 살펴본다. 그 다음 장에서는 진지한 여가 조망의 역사를 살펴보고, 마지막 장에서는 여가활동을 분류하는데 있어서 진지한 여가 조망이 왜 필요한지를 탐구한다. 또한 서구사회를 벗어난 곳에서는 이 조망이 어떻게 적용되고 있는지, 이 조망이 세상에 줄 수 있는 것이 무엇인지 그리고 비영리부문과의 관계뿐만 아니라 건강이나 웰빙과는 또 어떤 관련이 있는지 등도 고려한다.

진지한 여가 조망을 더 심층적으로 기술해야 하기는 하겠지만, 어찌되었건 간에 내 목표는 학자들과 이 이론을 공부하고자 하는 일반인들에게 독립된 조망으로 자리 잡는 것이다. 책이 두꺼워져서 이러지도 저러지도 못할 바에는 차라리 자세한 내용을 기술하지 않는 쪽을 선택했다. 주로 제1장과 제3장에서 이러한 노력을 경주했으며, 진지한 여가 조망에 관해서 획득할 수 있는 관련된 자료목록은 www.seriousleisure.net에서 검토할 수 있도록 해 놓았고 지속적으로 업데이트하고 있다. 제1장과 제3장 그리고 제4장에서 진지한 여가 조망을 소개하고 있다. 꼭 읽어주기를 바란다. 진지한 여가 조망이 우리가 살고 있는 세상에 맞아떨어지는지 여부를 알아보고자 하는 사람에게는 나머지 장들도 중요하다.

덧붙이자면, 본서는 기본적으로 여가학의 토대와 기본적인 개념에 관한 보고서다. 여가학의 가장 근본적인 아이디어, 즉 여가 그 자체에 대한 정의적 진술로부터 시작하겠다.

여가에 대한 정의

아리스토텔레스를 비롯해서 학자, 성직자, 저널리스트 등 무수하게 많은 범주의 사람들이 여가를 정의하는데 골몰했다. 여가의 개념화를 모두 검토하는 것은 본서의 범위를 벗어난 불필요한 작업이다. 본서에서 요청되는 바는 여가활동에 대한 이해를 돕고 진지한 여가 조망에도 논리적으로 부합하면서도 여가가 적용되는 여타 인간생활의 영역과 확연하게 구분되도록 개념을 실제적으로 정의하는 것이다. 이를 위해서 여기에서는 여가를 다음과 같이 정의 한다: 사람들이 자유시간에 하기를 원하는 만족스럽거나 성취감이 있는 또는 양자 모두 해당되는 방식으로 능력과 자원을 사용하는 강제되지 않은 활동. "자유시간"(free time)은 유쾌하지 않은 의무에서 벗어난 유쾌한 의무의 시간이다. 호모 오티오수스(*homo otiosus*), 즉 여가인은 활동을 실행하는데 있어서 별달리 강제적으로 한다고 느끼지 않기 때문에 여기에서 여가는 본질적으로 유쾌한 의무다(Stebbins, 2000b).

다른 곳(Stebbins, 2005b)에서 자세하게 다루었지만, 표준적인 여가정의에서 오래 동안 사용되어 온 "자유선택"(free choice)을 본 정의에서는 의도적으로 제외했다는 점을 염두에 두기 바란다. 일반적으로 선택을 정의에 삽입하게 되면 여가는 온전히 자유롭지 못하게 되고 온갖 조건들만 따지게 된다. 이러한 상황 때문에 선택이라는 개념 그리고 이와 관련된 자유, 마음의 상태 등과 같은 것들은 기본적인 여가 정의에서는 불필요하다(Juniu & Henderson, 2001). 또한 본 정의에서는 여가의 도덕적 기초에 대해서 고려하지 않았다는 점도 염두에 두기 바란다. 즉, 과거와는 달리(예를 들면 Kaplan, 1960: 22~25) 진지한 여가 조망에서 여가는 일탈적인 것이 될 수도 있고 비 일탈적인 것이 될 수도 있다(본서의 제4장을 참조하라).

여기에서는 자유시간을 여가와 동일시하지 않았다. 우리는 자유시간에 아무것도 하지 않거나 재미없는 활동을 함으로써 그 시간을 지겹게 보낼 수 있다. 물론 같은 상황이 일이나 일은 아니지만 의무가 따르는 배경에서 벌어질 수도 있다. 지겨움은 결정적으로 부정적인 마음의 상태이기 때문에 그것은 전혀 여가가 아니라는 논리적인 주장을 할 수 있다. 여가라고 한다면 다른 많은 정서적 구성요소 중에서 즐거운 기대와 활동 및 상황에 대한 회상 등 적극적인 마음의 상태로 구성된다고 생각한다. 물론 그러한 기대를 여가가 아닌 다른 어떤 것으로 전환함으로써 때로는 비현실적일 수도 있고 문제가 되고 있는 활동을 함으로써 지겹거나 화가 나거나 놀라거나 당황할 수도 있다. 그리고 이 모든 것은 자유시간에 일어난다. 그와 같은 상황, 곧 여가가 그 속에서 둥지를 틀고 있는 보다 광범위한 삶의 영역을 자유시간이 어떻게 차지하고 있는지를 자유시간은 잘 예증하고 있다(Stebbins, 2003a).

진지한 여가

진지한 여가란 아마추어, 취미활동가 또는 자원봉사자가 해당 핵심활동을 체계적으로 추구하고 그 속에서 본질과 재미 그리고 성취감 등을 느끼는 것을 일컫는다. 진지한 여가 속에서 사람들은 특수한 기술, 지식 그리고 경험 등이 결합된 것을 획득하고 표현함으로써 자신만의 여가경력을 쌓기 시작한다(Stebbins, 1992: 3에서 수정). 진지한 여가는 덜 본질적이고 여가경력을 제공해 주지 않는 "일상적" 여가 또는 "진지하지 않은" 여가와 전형적으로 대비된다. 일상적 여가(casual leisure)를 정의하면, 직접적이고 내

재적인 보상이 있지만 핵심활동의 즐거움은 상대적으로 짧게 끝나고 그것
을 즐기기 위해서 특별한 훈련이 필요 없거나 거의 없는 것이다(Stebbins,
1997a: 18).

한 때 나는 일상적 여가를 진지한 여가를 제외한 나머지 모두라고 간주
했던 때도 있었는데 이것은 오류였다. 최근에 나는 세 번째 종류의 여가,
곧 프로젝트형 여가(project-based leisure)를 발견했기 때문이다. 프로젝
트형 여가는 짧은 기간에 상당히 복잡하고 때로는 흔하지 않아서 한 번으
로 그치고 마는 자유시간에 하거나 동의할 수 없는 의무로부터 자유로운
시간에 하는 핵심활동의 창조적 수행이다(Stebbins, 2005a; 의무와 자유시
간에 대해서는 2000b를 보라)

진지한 여가 작업틀의 기초

진지한 여가, 일상적 여가, 프로젝트형 여가 등 세 가지 형태의 기본적인
작업틀은 인접 연구분야의 관련된 개념으로부터 그리고 여타 두 형태 각
각으로부터 서로 구분되는 정의적 개념을 구성한다. 이러한 일련의 개념
들은 제4장의 주제인 보다 큰 사회적 맥락에 기반하고 있다.

진지한 여가는 아마추어, 취미, 자원봉사 등 세 가지 유형의 활동으로 구
성된다. 아마추어는 동일한 활동을 하고 있는 전문가 그리고 아마추어 집
단과 전문가 집단이 공유하고 있는 대중 등과 함께 삼자관계 체계(전문가-
아마추어-대중 체계 또는 머리글자를 따서 P-A-P 체계)를 형성하면서 여러
가지 방식으로 서로 연결되어 있는 예술, 과학, 스포츠, 엔터테인먼트 분
야에서 발견할 수 있다. 애초에는(예를 들면, Stebbins, 1992a 제2장) 전문
가를 상업적으로 형성된 단순한 상식적 이미지에 의존하지 말고 전문직에

대한 사회학적 연구에서 발전시킨 이론에 의거해서 보다 정확한 절차에 따라 구분해서 정의해야 한다고 주장했었다. 그러나 특정한 아마추어 집단과 그에 상응하는 전문가 집단을 사회학적 용어로 연구한 경우를 찾아보지 못했다. 여가학 연구자들은 특정한 활동을 하는 사람으로서 전문가에 대한 보다 단순한 경제학적 정의에 만족해야 한다. 지금은 전문가의 위치가 갖는 장점이 무엇인지에 대해서 알고 있다. 즉, 삶을 영위하기 위해서 특정한 활동을 하기 시작한 사람들이 전문가라는 정의는 아마추어와 취미활동가에 대한 연구에서도 대단히 중요하다. 다른 분야에서 생계를 해결해야할 필요가 없기 때문에 자신의 진지한 여가에 더 많은 시간동안 헌신할 수 있고 따라서 다른 곳에서 일을 하고 난 후에 여가시간에만 그 활동을 하는 사람들보다는 훨씬 더 탁월하게 될 수 있다. 대부분은 예술, 스포츠, 과학, 엔터테인먼트 등의 분야이지만, 특정 분야에서 사회학적 의미의 전문가로 등장한 사람은 논의에서 제외된다. 사회학적 의미의 전문가는 전문화의 최상 수준에 도달한 사람으로서 노동사회학에서 관심을 갖고 연구할 것이지 여가사회학에서 다룰 것은 아니다.

당연한 논리적 결과로 이제 나는 "전문가"를 사회학적으로 정의하기 보다는 경제학적으로, 즉 특정한 활동을 함으로써 소득을 얻고 그것에 의지해서 살아가는 사람이 전문가라고 재정의한다. 이러한 정의는 아마추어, 취미활동가 등과도 더 잘 어울리는데, 이들에게는 여가이기 때문에 그 활동을 함으로써 수입을 올리려고 하지 않기 때문이다. 전문가, 곧 시간제 전문가들에게 이 수입은 유일한 돈의 원천이다. 이런 전문가들 중에서 일부는 사회학적 전문가도 있겠지만 대부분은 이제 막 전문화가 시작된 경제학적 전문가들이다.

이러한 조건은 주의를 요한다: 특정 분야의 아마추어에게 영향을 미치는 해당 분야 전문가의 핵심활동 실행은 아마추어에게 충분히 가시적이어야 한다. 일반적으로 특정 분야의 아마추어가 그 분야의 전문가들이 갖고 있는 기술에 대해서 잘 모른다면, 전문가는 아마추어에게 롤모델로서 적절하지 못하게 되어버리고 아마추어는 활동의 여가측면에만 국한되는 취미활동가 수준에 머무르게 된다. 이러한 정의적 수정은 아마추어와 전문가는 혼연일체로 묶여 있기 때문에 전문가-아마추어-대중(P-A-P) 관계체계에서 그들의 위치에 따라 정의해야 한다고 말한 이전의 모형과 통일성을 유지하게 된다. 관계체계는 너무 복잡해서 본서에서 더 자세히 기술할 수는 없다(자세한 내용은 Stebbins, 1979; 1992a: 38-41; 2002: 129-130을 보라).

미국 토너먼트 배쓰 낚시에 대한 요더의 연구(Yoder, 1997)는 원래 P-A-P모형을 상당히 수정했다. 그가 발견한 것은, 먼저 낚시꾼들은 취미활동가가 아니라 아마추어라는 것, 두 번째로 아마추어와 전문가 토너먼트 낚시꾼들을 위한 상품 생산자는 스테빈스(Stebbins, 1979)가 수립한 원래 전문가-아마추어-대중 삼자 관계 체계를 바꿀 만큼 충분히 중요한 역할을 한다는 것이다. 바꾸어 말하면, 아마추어의 사회세계에서 "이방인"(Unruh, 1979)은 전국낚시협회, 토너먼트 흥행사, 상품 및 서비스 제조자 및 배급자 등에서 대단히 중요한 주요 집단을 구성한다. 상당수의 아마추어들이 낚시 용품 제조, 판매 또는 조언을 한다. 낚시 상품 에이전트들은 토너먼트 가입비 대납, 낚시용 선박 제공, 생계비 지원 등의 방식으로 전문낚시꾼들을 후원한다. 낚시상품을 판촉하면서 최고 전문가들에게는 임금을 지급한다. 결과적으로 요더는 원래 모형을 수정(Yoder 1997: 416)함으로써 상품 에이전트, 선문가/상품 에이전트, 아마추어/대중 등을 서로 연결하는 관계

체계로 구성된 보다 복잡한 삼자관계 모형(C-PC-AP)을 만들었다.

새로운 C-PC-AP 모형은 여타 아마추어 분야 중에서 일부를 더 잘 이해할 수 있도록 해 주었다. 그것 중 하나가 스탠딩 개그인데, 이 분야에서는 매니저, 예약대행사, 개그클럽 소유주 등이 개그맨의 공연경력에 대단한 영향을 미칠 수 있다(Stebbins, 1990 제7장을 보라). 특정한 유형의 엔터테인먼트 마술사와 주술흥행사 그리고 예약대행사도 이와 마찬가지로 그들의 세계 속에서 살아가고 있다(Stebbins, 1993a). 윌슨도 마라톤 주자와 미디어간의 유사한 "공생"관계(symbiotic relationship)를 기술하고 있다(Wilson, 1995). 그러나 예술, 과학, 스포츠, 엔터테인먼트 등과는 다른 분야의 아마추어들도 그들의 특수한 사회세계를 경영하고 있는 일련의 이방인들과 연결되어 있는데, 이들 이방인들은 방금 언급한 네 가지 분야와 비교했을 때 보다 종속된 역할을 수행하고 있다. 따라서 단순한 모형인 P-A-P 모형으로도 여전히 대부분의 아마추어 활동의 사회구조에 대한 가장 유효한 설명을 하고 있다.

아마추어 연구를 하면서 전문가연구의 일종으로서 사회학자들의 표준적인 연구방식이 근시안적이라는 사실을 깨달았다. 예술, 과학, 스포츠, 엔터테인먼트 분야의 전문가들은 법률, 기계, 교육, 회계, 공학 분야의 "전문직" 종사자들과 사뭇 다르다. 전자는 대중-중심적이라고 할 수 있고, 후자는 고객-중심적이라고 할 수 있다. 전자는 예술, 스포츠, 과학, 엔터테인먼트 분야의 대중을 상대하지만, 후자는 환자, 구매자 등과 같은 다양한 고객들을 상대로 고도로 숙련된 서비스를 제공하는 변호사, 건축사, 상담사, 기술사 또는 회계사 등이다(Stebbins, 1992a: 22).

취미활동가는 아마추어보다 훨씬 세련되게 재정의된 전문적인 자아를 가지고 있는 것은 아닐지라도 자신들이 하고 있는 여가활동에 관심을 갖고 있는 대중도 있고 그 활동으로 때때로 전문가처럼 돈을 벌기도 한다. 수집가, 제조자, 모사, (낚시나 바버숍 아카펠라와 같이 비경쟁적이고 규칙에 기반한) 활동참여자, (장거리 달리기나 경쟁적인 수영처럼 전문가는 아니지만 경쟁적이고 규칙에 기반한) 스포츠와 경기대회 선수, 인문학 취미활동가 등 다섯 가지 범주로 취미활동가를 구분할 수 있다. 규칙기반 취미활동가에게 규칙은 대부분 비공식적으로 하위문화적이거나 공식적으로 규제적이다. 따라서 북미 록키산을 하이킹하는 취미활동가들은 정해진 루트를 이탈해서는 안 되고, 쓰레기는 모두 가지고 나와야 하며, 급격한 기후변화에 대비해야 하고, 곰이 출현했을 때 큰 소리를 내서 쫓아버릴 수 있어야 한다.

인문학 취미활동가는 지식을 체계적으로 획득하는데 대단한 열정을 가지고 있다(Stebbins, 1994a). 많은 취미 인문학자는 예술, 스포츠, 요리, 언어, 문화, 역사, 과학, 철학, 정치학 또는 문학 등과 같은 분야를 엄청나게 읽음으로써 지식을 획득한다. 이들 중 일부는 이를 넘어서서 문화관광, 다큐멘타리 비디오, 텔레비전 프로그램 또는 이와 유사한 자원들을 활용하여 지식을 더욱 확장한다. 조사를 통해서 연구해 봐야 하기는 하겠지만, 스포츠, 요리, 순수예술, 오락예술 등의 인문학 취미 애호가를 소비자와 구분하는 것이 이론적으로는 가능하다. 어떤 사람들은 순수오락과 감각적 자극을 추구하는 일상적 여가로서 레스토랑 행사나 스포츠 축제 또는 (콘서트, 쇼, 전시회 등의) 예술전시를 무비판적으로 소비하는 소비자라고 부르고, 다른 사람들은 진지한 여가로서 다소간 전문적 지식을 갖춘 참여애호가로 부르기도 한다(더 자세한 구분은 Stebbins, 2002 제5장을 보라). 우리

시대의 르네상스인으로 구분할 수도 있겠는데, 한 분야의 전문지식을 획득하는 것은 아니지만 다양한 분야의 어느 정도 피상적인 지식을 두루 섭렵하기 때문에 그 자체로 인문학 취미활동가다.

내가 "자연도전" 취미활동(the nature-challenge hobbies)으로 명명한 바 있는 이론적 범주는 비경쟁적이면서 규칙에 기반한 활동 참여자에 속한다(Stebbins, 2005c). 예를 들면, 스노우보드, 카약, 산악자전거 등의 여가활동에서는 정해진 코스를 가장 빨리 들어오는 것으로 실제 경쟁을 하기는 하지만, 중요한 것은 자연을 극복하는 데에서 오는 스릴만으로도 충분하다는 점이다. 게다가 대단히 도전적이면서도 매우 다른 방식으로 존재하고 있는 여타 자연 취미활동도 있다. 그중에서 가장 잘 알려진 것은 낚시와 사냥이지만 일부는 본질적으로 자연을 착취한다. 이와는 다른 것들, 예를 들면 하이킹, 백팩킹, 탐조, 승마 등은 야외에서 자연을 감상하는 것에 주안점을 두고 있다(Stebbins, 1998a: 59)

이제 자원봉사활동으로 넘어가 보자. 크난, 핸디와 워즈워드는 그들이 검토한 몇 가지 자원봉사활동에 대한 정의를 통해서 서로 공유하고 있는 네 가지 차원을 확인했다(Cnaan, Handy & Wadsworth, 1996). 이 네 가지 차원은 바로 자유선택, 수입, 구조 그리고 의도적인 혜택이다. 이상의 네 가지로부터 다음과 같은 정의를 내렸다. 자원봉사활동은(자원봉사자의 가족이 아닌) 다른 사람들과 자원봉사자 양자에게 혜택을 주기 위해 공식적 또는 비공식적으로 아무런 보상 없이 또는 기껏해야 상징적인 보상을 받고서 강제되지 않은 상태에서 도움을 제공하는 것이다(Stebbins, 2004a: 5에서 수정). 자원봉사활동에 대한 이런 개념화는 대부분 주관적인 동기화 문제를 중심으로 논의되고 있다. 자원봉사자가 즐거운 핵심

활동(일상적 여가)에 참여하고 있다는 것을, 성취감 있는 핵심활동(진지한 여가)에 참여하고 있다는 것을, 아니면 즐겁거나 성취감 있는 핵심활동(프로젝트형 여가)에 참여하고 있다는 것을 자신이 수용하거나 거부할 수 있는 선택지가 있는 상태에서 느끼고 있는 지 여부를 결정해야만 한다. 여가로서 자원봉사활동 개념화의 핵심 요소는 자원봉사를 하는데 있어서 도덕적 강제가 없다는 점을 느끼는 것이다. 즉, "주변적 자원봉사활동"(marginal volunteering)에서 이 요소는 다소간 강제를 경험하는 것일 수 있다(Stebbins, 2001d). 그럼에도 불구하고 비영리부문 연구에서 자원봉사활동에 대한 지배적인 개념화는 여가로서의 자원봉사활동이 아니라 임금이 지불되지 않은 노동으로서 자원봉사활동이다. 이런 경제적 개념화는 자원봉사활동을 돈 또는 여하한 형태든지 간에 생존을 위한 보수의 부재로 정의한다. 이 정의는 여가 개념화에서 대단히 중요한 동기의 문제를 대부분 피해간다.

자유선택(free choice)의 차원과 관련해서 선호하는 말이 "강제"(의 부재)다. 여가의 정의를 논의하는 부분에서 언급한 바와 같이, 많은 문제들로 말미암아 "자유선택"은 제한되기 때문이다. 자원봉사활동을 정의하면서 의무를 포함시키기 힘들었던 논리적 어려움이 있어서 앞의 정의에서 이러한 조건을 포함시킬 수 없었다(Stebbins, 2001d를 보라). 수입과 관련해서, 자원봉사활동가들이 자원봉사 활동으로 얻는 돈에 의존하지 않음으로써 자원봉사 정신을 유지한다. 구조적으로 봤을 때, 자원봉사활동가들은 공식적으로는 법적으로 공인된 조직과 긴밀하게 협력하고, 비공식적으로는 소집단, 친구 및 이웃의 연결망 등 법적 기반이 없는 상황에서 긴밀하게 협력한다. 최종적으로, 자원봉사활동가의 이타주의와 그들의 자원봉사

활동으로 혜택을 볼 수 있도록 도움을 받은 사람들의 자기이해에 관해서 언급했던 것을 따랐다. 진지한 여가 또는 경력활동의 분야에서 자원봉사활동은 상당히 많은 것을 포함하기는 했지만, 일상적 여가로서 도와주는 것과 프로젝트형 여가로서 프로젝트 자원봉사활동을 포함하는 일반적인 자원봉사활동보다는 좁게 정의했다는 것을 강조하고자 한다.

저자가 출판한 조직적 자원봉사활동의 16가지 유형으로 구성된 기술적 분류도식(Stebbins, 1998a: 74-80)에서 경력 자원봉사활동(career volunteering)의 범위를 제시하고 있다. 경력 자원봉사활동은 교육, 과학, 전문조직과 노동조직의 시민활동 변호 프로젝트, 정신적인 성숙, 건강, 경제발전, 종교, 정치, 정부관련, 인간관계, 레크리에이션, 예술 등 매우 다양한 서비스를 제공한다. 이와 같은 자원봉사활동 중 일부는 물리적 환경이나 안전 분야에서 일하고, 다른 사람들은 의식주와 같이 꼭 필요한 것이나 지원서비스 제공을 선호한다. 많은 경력 자원봉사활동이 일부 조직과 일정한 방식으로 연결되어 있는 것처럼 보이기는 하지만, 사회운동의 일환으로 또는 이웃이나 친구를 위해서 돕는 것까지도 여기에 포함되기 때문에 이 여가활동의 범위는 훨씬 더 넓다. 진지한 여가에 대한 정의 그 자체가 아직까지는 자원봉사활동 참여자들이 지속적이고 주요한 도움을 줌으로써 기술과 지식 그리고 경험 등을 획득하는 그야말로 경력을 쌓아가고 있는 모든 자원봉사활동을 포괄하지 못하고 있다. 따라서 일회적으로 돈, 장기, 서비스 등을 기부하는 것은 또 다른 자원봉사행위, 즉 상업적, 전문적 부조 또는 진지한 여가 수행 등으로서 안내, 봉투만들기, 프로그램 안내지 배포 등과 같은 일상적 자원봉사활동(casual volunteering)의 사례로 분류하는 것이 더 정확한 분류라고 할 것이다(Stebbins, 1996b)

캐나다 알버타 도시지역 불어사용 자원봉사자에 대한 나의 연구 (Stebbins, 1998d)에서 "핵심" 자원봉사자의 경력, 비용과 보상, 라이프스타일, 공동체 기여 등을 집중적으로 연구했었다. 핵심 자원봉사자는 하나 또는 그 이상의 토착 조직이나 집단 내에서 하나 또는 두 개의 책임있는 위치에서 상당기간 동안 공식적으로 일하고 있는 대단히 헌신적인 조직 또는 공동체의 활동가를 일컫는다. 연구의 한 부분에서 자원봉사행위와 시민적 참여에 대한 연구 분야에서 상당한 혼동이 초래되고 있는 두 가지 질문을 다루었다. 자원봉사활동은 선택인가 아니면 책임인가? 자원봉사활동은 여가인가 아니면 일인가? 연구를 통해서 알버타 핵심 자원봉사활동가의 대부분은 그들이 속한 현지 불어사용 공동체에서 자원봉사 하는 것을 당연한 책임으로 받아들이고 있다는 것을 밝혀냈다. 그러나 그들도 그들이 어떤 위치에서 얼마나 일할 것인지를 선택할 것이라고 말한다.

일상적 여가 자원봉사활동과 프로젝트형 여가 자원봉사활동에 대해서는 제3장에서 살펴볼 것이다.

여섯 가지 독특한 특징

아마추어, 취미활동가, 자원봉사자 모두에게서 유사하게 나타나는 여섯 가지 독특한 특징 또는 성격으로 진지한 여가를 정의하기도 한다 (Stebbins, 1992a: 6-8). 첫 번째 특징은 위험에 대처하거나(Fine, 1988: 181), 패배하고 있는 팀을 응원하거나(Gibson, Willming, & Holdnak, 2002: 405-408), 또는 당혹감을 관리하는 것(Floro, 1978: 198)과 같이 때때로 *인내심(persevere)*을 확보해야 할 필요가 있다는 것이다. 활동에 관한 적극적인 김정은 적대적인 감정을 제압하고 적극적인 감정에 빠져 있어야만 한다는 것이 분명하기 때문이다. 두 번째 특징은, 이미 지적한 바 있지만, 그 자체의 특수한 개연성, 전환점, 성취단계 또는 개입 등으로 형성된 여가경력(career)을 발견하는 것이다. 본 정의에서는 고프만이 정교하게 정의해 놓은 "도덕 경력(moral career)"이라는 개념을 좇아서 경력이란 개념을 보다 광범위하게 사용한다(Goffman, 1961: 127-128). 경력을 직업에만 국한시키는 광범위한 경향이 있기 때문이다. 일, 여가, 일탈, 정치, 종교, 대인관계 등을 모두 포함하는 상당히 복잡한 역할 속에 모두 경력이 있다.

진지한 여가 경력은 공통적으로 세 번째 특징에 자리 잡고 있다. 즉, 특수하게 획득한 *지식, 훈련, 경험, 기술* 등을 활용한 때로는 네 가지를 모두를 활용한 상당한 개인적 노력(effort)을 경주한다는 것이다. 쇼맨십, 뛰어난 육상기량, 과학지식, 상당한 경험 등과 같은 특징 등이 이 예에 속한다. 넷째는 진지한 여가의 여덟 가지 *지속적인 혜택(durable benefits)* 또는 광범위한 결과가 규명되었는데, 대부분은 아마추어 연구에서 밝혀진 것이다. 자아실현, 자기풍요, 자아표현, 자아 재활 또는 갱신, 성취감, 자아이미지 고양, 사회적 상호작용과 소속감, 지속적인 활동의 물리적 생산물(예를 들면, 그림, 과학논문, 가구) 등이 바로 그 여덟 가지다. 추가적인 혜택, 즉 자기만족 또는 피상적인 즐거움과 심층적인 개인적 성취의 조합은 즐거운 부분이 지배하는 정도만큼 일상적 여가의 주요한 혜택 중 하나다. 일반적으로 혜택이란 기대했든 기대하지 않았든 간에 여가활동에 참여한 사람이 동의할 수 있는 결과물이다. 그 결과물은 물리적인 것이든, 사회적인 것이든, 심리적인 것이든 아니면 그 어떤 것이 되었든 간에 참여자들에게 어떤 호소력을 갖고 있다. 따라서 진지한 여가를 추구한 결과로 주어지는 것 중에서 몇 가지 지속적인 혜택과 그와 같은 활동의 보상을 혼동해서는 안된

다(뒤에서 다시 논의한다).[3]

진지한 여가의 다섯 번째 특징은 각각의 사례를 중심으로 발전하는 독특한 윤리(*unique ethos*)다. 윤리는 공유하고 있는 태도, 실천, 가치, 신념, 목표 등의 형태로 드러나는 진지한 여가 참여자 공동체의 정신을 말한다. 참여자의 사회세계는 조직의 차원을 말한다. 그 속에서 관련된 윤리(저변에는 문화구성체가 형성된다)를 (태도, 신념, 가치 등으로) 표출하거나 (실천과 목표로서) 인식하는 조직 차원이다. 운루는 사회세계의 정의를 다음과 같이 발전시켰다(Unruh, 1980: 277).

*사회세계*는 그 성격상 정해진 형태가 없고 광범위하게 퍼져 있는 사회조직의 한 단위로 간주해야 한다. 일반적으로 집단이나 조직보다는 큰 사회세계는 공식적인 경계, 회원명부 또는 공간영역 등으로 정의할 수 있는 것이 아니다. 참여자들의 이해와 관여의 구체적인 차원으로 통합되어 있는 내적으로 인식할 수 있는 행위자, 조직, 이벤트, 실천 등이 결합된 것으로 사회세계를 봐야한다. 사회세계는 그 성격상 강력한 중앙권위구조를 결여하고 있고, 효율적인 의사소통의 제약도 없지만 경계나 공식적인 집단회원권도 없다.

두 번째 논문에서 운루는 자발적인 정체화, 가입과 탈퇴의 자유 등 전형적인 사회세계의 특징을 덧붙였다(Unruh, 1979). 또한 사회세계는 광범위하게 확산되어 있기 때문에 일반회원들은 부분적으로만 관여할 뿐 모든 활동에 참여할 수도 없다. 결국 사회세계는 지방적, 지역적, 다지역적, 전국적 또는 국제적일 수 있다. 세 번째로, 캐나다, 미국 등 여러 사회의 사람들이 사회세계를 구성한다. 마지막으로, 상당히 많은, 반공식적 또는 매개

---

3) 지속적인 혜택의 정의는 혜택에 대한 드라이버의 세 가지 정의 중에서 첫 번째 정의와 유사하다(Driver, 2003: 31). 드라이버의 작업은 여가학에서 혜택의 개념이 진지한 여기 조망에서 사용된 지속적인 혜택의 개념보다 훨씬 더 광범위하다는 것을 분명히 하고 있다.

된 의사소통을 함으로써 사회세계를 함께 만들어간다. 광범위하게 퍼져있기 때문에 과도하게 관료화되는 경우는 드물며, 대면적 상호작용을 많이 하지도 않는다. 소식지, 우편알림, 전화 메시지, 집단 메일, 인터넷, 라디오나 텔레비전 공지 등으로 의사소통이 이루어지고 있으며, 미래에는 인터넷이 주종을 이룰 것이다.

여섯 번째 특징은 앞의 다섯 가지 특징을 중심으로 전개된다. 진지한 여가 참여자들은 그들이 선택한 활동을 하면서 그 활동만의 *독특함*을 *찾아내는(identify)* 강한 경향이 있다. 이와는 대조적으로, 모멸적이거나 불쾌하지는 않을 지라도, 일상적 여가는 대부분의 사람들이 독특한 정체성을 발견하기에는 너무나 일시적이고, 통속적이며, 평범하다. 다음 부분에서 다루겠지만, 실제로 사람들은 노동역할 보다는 진지한 여가 활동에서 더 강한 정체성을 확인한다.

보상, 비용, 동기부여

진지한 여가 활동에 대한 보상을 연구하면서 개별 활동에는 독특한 보상이 따른다는 것도 발견했다(Stebbins, 2001a: 13). 권투, 빙벽등반 또는 어르신들에게 댄스를 가르치는 등의 여가활동 참여자의 여가성취는 그 활동에서 얻는 일련의 보상에 기반하고 있다는 것을 발견한 것이다.[4] 또한 여가활동 그 자체도 성취감을 주지만 여가활동을 하면서 지불해야만 하는 비용 측면에서도 성취감을 준다. 즉, 모든 진지한 여가 활동은 긴장, 불쾌

---

4) 나는 최근에 "성취"(fulfillment)라는 용어를 사용했다. 성취경험을 지적하고 있기 때문이다. 보다 정확하게 말하자면, 사람의 재능과 성격을 완전하게 발전시키는, 사람의 잠재력을 완전하게 발전시키는 일련의 연대기적 경험을 지적하고 있기 때문이다. 이는 진지한 여가의 보상이면서 혜택이기도 하다. 내가 한 때 사용했던 "만족"(satisfaction)이라는 용어는 때로는 재미있거나 즐거운 만족경험을 말한다 (또한 충족경험을 말하기도 한다). 다른 때에는 필요나 욕구에 부합하거나 채워주는 것을 말한다. 그러나 어떤 경우에도 만족은 내가 지금 언급한 성취감을 표현해 주지는 못한다(Stebbins, 2004d).

감, 실망 등을 유발하기도 하는데 여가활동 참여자들은 어떤 형태로든 이러한 것들을 해결해야만 한다. 일례로 아마추어 축구선수는 매일 연습에 참여하는 것이 항상 즐겁기만 한 것은 아닐 것이다. 어떤 날은 나이 어린 후배 선수에게 질 때도 있고, 또 다른 날은 벤치에 앉아서 다른 선수들이 신나게 경기하는 장면을 물끄러미 지켜봐야만 할 때도 있기 때문이다. 그럼에도 불구하고 이 아마추어 축구선수는 진지한 여가 활동인 축구를 통해서 대단한 성취감을 느낀다고 말할 텐데, 그 이유는 축구를 하면서 강력한 보상을 받기 때문이다.

더 정확히 말하자면, 진지한 여가에서 성취감을 얻고자 하는 욕구는 해당 여가활동을 하면서 보상을 경험하고자 하는 욕구이기 때문에, 해당 여가활동을 하면서 지불해야 하는 비용은 상대적으로 적다. 이 모든 것들이 참여자의 여가활동의 의미이며 그 활동에 참여하는 동기가 된다. 이것이 바로 보상의 동기부여 개념이다. 이는 선행 조건보다는 성과를 강조했던 이전의 지속적인 이익이라는 나의 사고와는 구별된다. 그럼에도 불구하고 이 두 개의 사고는 동일한 사회심리학적 개념의 서로 다른 측면이다.

진지한 여가를 추구하면서 얻는 보상은 열정적으로 여가활동을 하고 있는 사람들에게 통상적인 가치를 지닌다. 모든 진지한 여가 경력은 틀(frame) 이면서 동시에 세 형태의 진지한 여가 활동(아마추어활동, 취미활동, 경력 자원봉사활동)을 하면서 깊은 성취감을 얻기 전까지 여러 달 또는 여러 해 동안 지속적으로 보상을 추구하면서 틀 지워진다. 아래의 리스트에서 볼 수 있는 바와 같이, 진지한 여가의 보상은 대부분 개인적인 보상에 속한다.

개인적 보상

1. (풍부한 경험에서 얻는) 개인적인 풍요
2. (기술, 능력, 지식 개발 등으로) 자아실현
3. (이미 개발한 기술, 능력, 지식 등을 활용한) 자아표현
4. (다른 사람들이 자신을 특정한 진지한 여가 참여자로 인식하는) 자아이미지
5. (피부에 와 닿는 즐거움과 심층적인 성취감의 결합에서 오는) 자아만족
6. (진지한 여가를 통한) 자아 재창조
7. (진지한 여가 활동을 통한) 재정적 보상

사회적 보상

8. (진지한 여가 활동의 사회세계에 참여한 여타 진지한 여가 참여자들과 결합되어 있는, 자원봉사자로서 고객과 연결되어 있는) 사회적 매력
9. 집단 성취(진지한 여가 프로젝트를 성취하기 위한 집단의 노력; 기여감,•••• 필요감, 이타심 발현)
10. 집단 개발과 유지에 기여(기여하는 과정에서 얻게 되는 기여감, 필요감,• 이타심 발현 등을 포함)

아마추어, 취미활동가, 자원봉사자 등에 대한 다양한 연구에서 피면접자들은 여가활동이 심화되어 가면서 중요성에 따라 보상도 서로 상이하다는 응답을 했다. 그러나 공통점도 있는데, 대부분의 진지한 여가 참여자들은 개인적으로 중요하게 생각하는 보상의 첫 번째와 두 번째로 자아풍요와 자아만족을 꼽았다. 또한 보상을 얻기 위해서는 충분한 기술, 지식 그리고 경험 수준에 도달해야만 하고, 보상을 활용할 수 있는 수준에 도달해야 한다(Stebbins, 1979; 1993c). 바꾸어서 말하면, 진지한 여가에서 세 번째로 높게 나타나는 중요한 보상이 자아실현이다.

최근 몇몇 학자들은 진지한 여가경험도 부정적인 측면을 갖고 있다는 것과 이를 간과해서는 안된다는 나의 주장에 동의했다(Codina, 1999;

Harries & Currie, 1998; Siegenthaler & Gonsalsez, 1997; Lee, Dattilo, & Howard, 1994) 그래서 나는 진지한 여가 응답자들에게 항상 비용에 관한 질문을 했던 것이다. 그러나 진지한 여가 참여자들이 지불해야 하는 비용의 리스트를 개발하지는 못했다. 진지한 여가 활동 중에서 어떤 것을 하느냐에 따라 비용은 매우 다양했기 때문이다. 따라서 내가 최근까지 연구한 각각의 진지한 여가 활동에서 발견한 것은 진지한 여가 활동의 종류에 따라 독특한 비용이 수반되지만 보상은 그 비용을 상쇄하고도 남는다는 것이다. 최근까지 연구한 바에 의하면, 실망, 혐오 또는 긴장 등과 같은 비용이 수반된다는 것을 발견했다. 그럼에도 불구하고 검토한 모든 진지한 여가 연구들이 보상만큼 비용을 연구하지는 않았고, 보상연구와 비용연구 간의 격차를 좁혀야 할 필요성이 제기되고 있다.

여가비용을 여가제약(leisure constraint) 중 하나로 볼 수도 있다. 여가제약은 "여가활동 참여, 서비스의 활용, 여가활동에서 누리는 즐거움이나 만족 등을 제한하는 요인"으로 정의할 수 있다(Scott, 2003: 75). 강력한 보상은 비용 또는 제약을 압도하는 것이 사실이지만, 비용 때문에 참여자의 만족이나 즐거움이 반감되는 것도 사실이라는 것을 발견했다.

스릴과 심리적 몰입

스릴은 보상체계의 한 부분이다. 일종의 진지한 여가 활동을 하는 사람들이 아주 재미있는 사건이나 이벤트에서 느끼는 두드러진 마음상태가 스릴 또는 심리적 고양이다. 일반적으로 자아풍요의 보상과 관련되는 경향이 있으며, 그 정도가 약하기는 하지만 자아실현이나 자아표현과도 관련이 있다. 즉, 진지한 여가에서 스릴은 보다 추상적인 특정 보상의 상황적 발현으로 간주할 수 있다. 일부 분야의 참여자들이 그 분야에서 찾고자 하는 보상의 구체적인 표현으로서 추구하는 것이다. 본질적인 부분에서 이는 대단히 중요하다. 왜냐하면 그 활동을 계속하도록 참여동기를 부여하는 것은 스릴이나 이와 유사한 경험을 계속해서 할 수 있을 것이라는 기대이기 때문이고, 성실하게 헌신하면 보상을 받는다는 점을 보여주는 것이 스릴이나 이와 유사한 경험이기 때문이다.

지난 여러 해 동안 나는 내가 연구했던 진지한 여가 활동에서 오는 스릴을 여러 차례 확인했다. 이러한 스릴은 몰입(flow) 경험의 예외적 사례에 해당한다. 따라서, 몰입이라는 아이디어 자체는 칙센트미하이의 저서(Mihalyi Csikszentmihalyi, 1990)에서 나온 것일 뿐만 아니라 지적인 역사 자체가 진지한 여가와는 별개의 것이기는 하지만, 활동에 따라서 동기를 부여하는 핵심적인 힘이 있는 경우에는 몰입이 일어난다. 예를 들면, 카약, 산악등반, 빙벽등반, 스노우보드 등의 취미에서는 몰입을 아주 중요하게 간주한다는 것을 나는 발견했다(Stebbins, 2005c). 그렇다면 몰입이란 무엇인가?

일부 참여자들이 자신의 여가에 접근하는 강도에 따라 때때로 심리학적 몰입을 경험했을 것이라고 한다. 일과 여가의 심리학에서 가장 폭넓게 논의하고 연구한 일련의 내재적 보상이 최적경험의 한 형태인 몰입이다.[5] 비록 많은 유형의 일과 여가에 참여하고 있는 사람들이 몰입을 경험하지는 못하지만, 몰입을 경험하는 사람들은 주로 "헌신적인 직업"(Stebbins, 2004b)에 종사하거나 진지한 여가를 하는 사람이다. 몰입을 유발할 수 있는 각각의 일에 종사하거나 여가활동을 하는 사람들은 독특하게 일과 여

---

5) 여가학에서는 몰입을 "상황적 개입"(situational involvement)으로 개념화했다(McIntyre, 2003: 269).

가를 한다. 이러한 활동 각각을 조심스럽게 연구해야만 독특한 몰입경험을 제공하는데 기여하는 핵심 속성을 발견할 수 있다.

칙센트미하이는 자신의 최적경험 이론에서 일과 여가의 많은 몰입활동의 심리학적 토대에 대해서 강의, 수술, 암벽등반 등을 예로 들어서 기술하고 설명했다(Csikszentmihalyi, 1990: 3-5, 54). 몰입은 "자동적인" 경험(autotelic experience)이거나 내재적인 보상 활동의 실행과 함께 나타나는 감각(sensation)이다. 여러 해에 걸쳐서 칙센트미하이는 몰입경험의 여덟 가지 구성요소를 확인하고 탐구했다(Csikszentmihalyi, 1990: 49-67). 이러한 복합핵심활동의 특징이 어떻게 충분히 보상을 받고 있는 지 그리고 그것에 진지한 여가의 많은 특징을 부여하는 것이 가치가 있는 것인지는 쉽게 확인할 수 있다. 따라서 많은 사람들은 일과 여가를 너무나도 다른 것이라고 생각하는 경향이 있기는 하지만 동기의 차원에서는 두 가지를 분리하지 않고 살펴 볼 수 있는 몇 가지 방식이 있다. 여덟 가지 구성요소는 아래와 같다.

1. 활동실행 경쟁력이 있다는 느낌
2. 집중요구
3. 활동목표의 선명성
4. 활동으로부터 직접적인 피드백
5. 활동에 깊이, 집중적으로 개입한다는 느낌
6. 활동완성에서 오는 통제감
7. 활동을 하는 동안 자기상실
8. 활동을 하는 동안 시간감각 상실

첫 번째와 여섯 번째를 제외하면 이러한 구성요소들은 자명하다. 첫 번째는 활동이 너무 쉽거나 너무 어려워서 몰입이 되지 않을 때 몰입을 경험하기 위해서 참여자는 어느 정도 도전적인 활동을 수행할 수 있다는 것을 알고 있어야만 한다는 것을 말한다. 여섯 번째 구성요소는 참여자가 활동을 실행하는데 있어서 인식하고 있는 통제의 정도를 말한다. 이는 개인적인 경쟁력의 문제가 아니다. 예측할 수 없는 눈돌풍으로 산악 스노우보드 슬로프가 없어져 버리거나 산악 취미활동 중 갑자기 계곡 물이 불어나는 조건과 같이 통제할 수 없는 외부의 힘에 맞닥뜨렸을 때 조종가능성의 정도에 관한 것이다.

산악등반, 카약, 스노우보드 등을 하는 참여자들의 일시적인 마음의 상태에 불과하다고 할지라도 동기를 부여하는 가장 중요한 것은 몰입이었다. 즉, 이와 같은 취미활동 중 하나를 하기 위해 나갔을 때 참여자들은 어떤 시간에 몰입을 경험한다. 여타 일부 야외 취미활동에서는 몰입이 중심적이지도 않고 전혀 나타나지 않는 경우도 있다. 산악 스크램블링[6], 백패킹, 승마 등에서도 몰입이 특징적이지는 않았다. 이와는 대조적으로 산악자전거나 크로스컨트리 활강 스키에서는 몰입이 특히 중요한 동기적 측면이 되고 있다. 응급 의료서비스와 화재진압 자원봉사 등과 같은 특정한 경력 자원봉사 분야, 순수 예술과 엔터테인먼트 예술 공연, 그리고 (특히 활동참여와 스포츠 그리고 경기대회와 같은) 활동적인 취미활동에서도 이와 유사한 유형의 몰입을 볼 수 있다.

일상적 여가와 프로젝트형 여가에서도 몰입을 경험할 수 있는가? 놀이동산에서 롤러코스터를 탄다거나 (스릴 넘치는 음악이 연주되고 있는) 교

---

6) 기술적인 장비를 갖추지 않고도 산정상까지 하이킹하는 것을 말한다.

향악 연주회 안내 자원봉사를 하는 경우에서 보듯이 분명히 스릴이 있다. 그러나 몰입 구성요소 1, 2, 6은 오직 진지한 여가(와 일부 형태의 일)에서만 발견되기 때문에 진지한 여가 조망에서는 특정한 종류의 진지한 여가에서만 몰입을 경험할 수 있다고 주장한다.

비용, 통제불가능성, 주변성

비용과 보상에 관한 이전의 논의에서도 살펴본 바와 같이, 아마추어, 취미, 자원봉사 핵심활동에 참여하고자 하는 욕망을 가진 일부 참여자들이 왜 일부 시간에 통제불가능하게 되는지는 명백하다. (둘 다는 아니라고 하더라도) 가용한 시간과 돈을 넘어서는 활동에 참여하고자 하는 욕망을 심어주기 때문이다. 한 바이올린 전문연주자가 자신의 딸에게 다음과 같이 카운슬링 했다. "레이첼, 아마추어 바이올린 연주자하고 절대 결혼하지 마라! 밤새 사중주를 하려고 들 테니까 말이다"(Bowen, 1935: 93에서 재인용). 더 좋은 골프클럽을 소유하려고 하고, 더 성능 좋은 망원경을 구입하려고 하고, 유명한 그래서 결과적으로 더 비싼 프로 댄서로부터 댄스 레슨을 받으려고 하는 것을 보면, 업그레이드 하려고 하는 거의 보편적인 욕망이 있는 것 같다. 이것은 취미활동가와 자원봉사자에게도 적용된다.

일부 열정적인 진지한 여가 활동가들은 핵심활동에 그들의 주요한 타자들(significant others)[7]이 동의할 수 있는 시간과 돈 보다 더 많은 시간과 돈을 사용할 것이다. 주요한 타자들은 곧 바로 열정적인 진지한 여가 활동가들이 파트너나 배우자보다 핵심여가활동을 더 좋아한다는 결론에 도달하게 된다.[8] 얼

---

7) 가족이나 절친한 친구처럼 자신의 인생에서 중요한 사람을 일컫는 사회학적 개념이다(역자 주).
8) 나의 야구연구 응답자 준 한명은 실제로 축구를 하지는 않지만 축구를 사랑하는 것보다 여자 친구를 더 사랑한다고 말했다(Stebbins, 1979). 농담하는 것 같지는 않았다.

마 되지 않아 이기적이라는 비난도 하게 된다. 진지한 여가에 대한 나의 연구에서 매력적인 활동과 이기심은 항상 붙어 다닌다는 것을 발견했다 (Stebbins, 2001a 제4장). 일부 일상적 여가 그리고 프로젝형 여가에서 조차도 통제불가능할 수 있지만, 주변성 가설(아래에서 언급하겠다)은 그와 같은 경향성이 일반적으로 진지한 여가 참여자들 사이에서 훨씬 더 강하게 나타난다는 것을 의미한다. 이기심은 여가학에서 거의 제기하지 않는 윤리 문제다.

진지한 여가 활동 참여자들의 중심적인 삶의 관심(central life interests) 이 행동으로 표출된 것이 통제불가능한 또는 통제가능한 진지한 여가 활동이라고 볼 수도 있다. 같은 제목의 책(Dubin, 1992)에서 로버트 두빈은 이러한 관심을 "사람들이 육체적/지적 활동 및 긍정적인 감정상태에서 에너지를 투여하는 총체적인 삶의 부분"이라고 정의한다. 사회학적으로 봤을 때, 중심적인 삶의 관심은 주로 삶의 주된 역할과 관련이 있다. 또한 긍정적인 감정상태에서만 나타나기 때문에 강박적이고 강압적인 활동은 결코 중심적인 삶의 관심이 될 수 없다.

마지막으로, 아마추어와 때로는 그들이 하는 활동도 사회에서는 주변적이라고 나는 여러 해 동안 주장했다. 아마추어는 단순 참여자(일상적 여가)도 아니고 전문가도 아니기 때문이다(Stebbins, 1979도 보라). 게다가 취미활동가와 경력 자원봉사자에 대한 연구에서도 취미활동가 및 경력 자원봉사자와 그들의 일부 활동이 동일한 이유로 주변적이라는 것을 보여주고 있다(Stebbins, 1996a; 1998d). 첫째, 상식적으로는 비논리적으로 보일지 모르지만, 경험적으로 보았을 때 진지한 여가는 상당히 적극적인 활동 참여의 특징을 갖는다(Stebbins, 1992a: 51-52). 이러한 관여를 측정하는

방법 중 하나는 헌신자와 참여자가 여가에 투여한 시간과 에너지의 양이
다. 둘째, 어빙 고프만(Goffman, 1963: 144-145)이 아마추어와 취미활동가
를 "말없는 비제휴자"(quietly disaffiliated)[9]라고 명명했던 것처럼, 진지한
여가에 상당한 의지를 보인다. 이러한 지향을 갖고 자신들의 여가를 하는
사람들은 대중적인 형태의 일상적 여가 활동을 하는 사람들과 비교했을
때 주변적이다.

경 력

진지한 여가에 대한 정의의 핵심 구성요소로서 그리고 여섯 가지 특징
중 하나로서 이전에 소개한 여가경력은 진지한 여가 형태의 기초를 탐구
하는 개념으로서 대단히 중요하기 때문에 더 자세하게 논의할 필요가 있
다. 이를 특별하게 다루는 이유는 여가 역할을 포함해서 어떤 복합적인 역
할을 함으로써 자신의 경력을 펼치고 있다는 자각을 하는 것 자체가 그 활
동을 하는 강력한 동기가 되기 때문이다.[10] 진지한 여가 조망에서 말하는
경력 개념에 대한 스탠리 파커의 비판(Parker, 1996: 327-328)에 반대하면
서, 나는 "객관적인" 것과 대비되는 "주관적인 경력"을 말하고 있다는 점을
분명히 하고자 한다(Stebbins, 1970a; 2001a: 129-131). 예를 들어, 스웨터
를 짜는 취미를 가진 여성이 친구로부터 높은 평가를 받고 있다면, 이 취미
를 통해서 이 여성은 자신의 능력에 대해서 무엇인가를 느끼게 될 것이고

---

9) 고프만이 '말없는 비제휴자'라고 명명한 사람들은 이탈자의 일종이다. 고프만은 장애의 사회심리학을 연구하
면서 규범에 얽매이지 않는 사람을 '이탈자'(deviator)라고 정의했다. 이탈자를 다시 내집단일탈자, 집단소
외자, 비제휴자 등 세 종류로 분류한다. 정치적 과격분자, 부유한 해외여행자, 국외추방자 등의 비제휴자와
달리 우표수집광, 자동차광 등과 같은 취미광들은 자신의 취미에 열정적으로 빠져들지만 별달리 주장을 하지
도 않고 두드러지지도 않는다(Goffman, 1995: 171-178). 그래서 고프만은 이들을 '말없는 비제휴자'라고
명명한 것이다(역자 주).
10) 여가의 사회심리학에서 연구하고 있는 바와 같이 "지속적 개입"(enduring involvement)은 여가경력 개념
과 밀접한 관련이 있다. 예를 들면, 상황적 개입(본장의 각주 5를 보라)과 달리 지속적 개입은 연속선을 지니
고 있다. 매킨타이어는 자신의 저서(Mcintyre, 2003)에서 이 개념의 이론과 연구를 요약해 놓고 있다.

그것을 계속하도록 동기를 부여받을 것이며 점점 더 복잡한 문양을 짜려고 시도할 것이다. 자신이 하고 있는 운동에서 우수상을 받은 육상선수도 이와 유사한 열정이 솟구치는 것을 경험할 수 있을 것이다.

진지한 여가 경력에 대한 탐색적 연구에서는 다소간 폭넓고 느슨하게 다음과 같이 여가경력을 정의해 왔다. 여가역할과 노동역할을 수행하는 아마추어, 취미활동가 또는 자원봉사자 중에서 한 유형의 전형적인 과정 또는 통과가 여가경력이다. 그것이 일이든, 여가든 아니면 그 무엇이든 간에 경력의 정수는 경력과 관련된 활동의 시간적 연속성이다. 게다가 우리는 이와 같은 연속성을 출발선에서부터 이 방향으로 나아가는 누적적인 보상과 위세 중 하나로 익숙하게 간주한다. 경력퇴보도 이러한 연속성에 포함되는데도 말이다. 스포츠와 엔터테인먼트를 예로 들면, 대중의 관심이 더 젊고 탁월한 선수나 예술가에게로 이전됨에 따라 위세와 보상이 줄어들기 전에 육상선수와 예술가의 기량은 정상에 도달한다. 나의 연구와 볼드윈과 노리스의 연구(Baldwin & Norris, 1999)에서 진지한 여가경력을 경험적으로 검토하고 있다.

경력연속성은 조직 내부에서, 조직 간에 또는 조직 외부에서 주로 발생할 것이다. 동네 관현악단이나 취미 동호회 등과 같은 조직 속에서 경력은 라이트 밀즈(C. Wright Mills) 식으로 말하자면 "관료제적 승진위계"(bureaucratic crawl)[11]의 도전과 거의 무관하다. 환언하면, 그들이 밟고 올라가야 할 경력위계는 없다는 말이다. 그럼에도 불구하고 아마추어

---

11) 1950년대에 미국사회학을 풍미했던 구조기능주의가 1960년대에 들어서 퇴조하기 시작하면서 가장 영향력 있는 구조기능주의의 비판가로 각광을 받기 시작한 사회학자가 라이트 밀즈다. 밀즈는 구조기능주의와 달리 개인의 니즈에 한층 더 많은 우선권을 부여하면서 개인의 사적인 문제와 보다 큰 사회문제가 서로 연결되어 있다는 것을 보여주었으며, 미국사회의 권력구조를 분석하면서 정치제도와 경제제도 그리고 군사제도의 최고 위치를 차지하고 있는 사람들이 파워엘리트를 형성하여 미국사회의 토대구조와 전반적인 방향을 결정한다고 주장했다(Johnson, 1981: 458-465). 밀즈는 자신의 저서『파워엘리트』에서 "미국의 부자들 중에서 기업에서 착실히 "관료제적 승진위계"(bureaucratic crawl)를 밟아 올라가서 갑부가 된 사람은 단 한 사람도 없다"(Mills, 1956: 112)고 신랄하게 비판하면서 이 말을 쓰고 있다(역자 주).

나 취미활동가는 특정한 형태의 진지한 여가에서 기량참여자와 경험참여자 그리고 지식참여자 등으로 경력이 지속적으로 발전한다는 것과 이러한 종류의 개인적 성장을 겪으면서 더욱 많은 성취를 하게 되면서 경력연속성에 대한 감각을 획득한다. 게다가 일부 자원봉사 경력은 조직 내부에서 일어나는데, 여기에 해당하는 좋은 사례를 바버숍 아카펠라 가수(the barbershop singer) 세계에서 찾을 수 있다(Stebbins, 1996a: 제3장).

일부 취미활동가 뿐만 아니라 많은 아마추어와 자원봉사자들은 여전히 두 개 또는 그 이상의 조직을 가로지르는 경력을 갖고 있다. 이들에게 있어서 경력 연속성은 숙련되고 풍부한 지식을 가진 여가실행가로서 명성이 증가하는 것에 뿌리를 두고 있으며, 이러한 이미지에 기반해서 서로 다른 팀, 관현악단, 조직, 토너먼트, 전시회, 학술지, 학술대회, 경기대회, 쇼 등과 같이 다양하고 더 좋은 여가기회를 찾는 데에 뿌리를 두고 있다. 다른 한편, 테니스, 그림, 삐에로, 골프, 엔터테인먼트 마술 등과 같은 비집단적인 여가를 추구하는 여타 아마추어와 취미활동가는 아주 작은 것이라도 조직과 관련된 것은 하지 않는다. 언제나 선의를 가지고 때로는 상당히 숙련되고 풍부한 지식을 가진 친구와 이웃의 조력자가 되는 비공식 자원봉사자의 조직 외적 경력이 바로 이 세 번째 유형에 속한다.

자신의 여가활동에 충실한 진지한 여가 참여자는 초심, 발전, 수립, 유지, 쇠퇴 등 다섯 단계로 이루어진 경력단계를 거친다. 그러나 참여자들은 뚜렷하게 의식하지 않은 채 한 단계에서 그 다음 단계로 넘어가기 때문에 이와 같은 단계들을 구분하는 경계는 그리 정확하지 않다. 초심단계는 여가활동에 대한 관심이 뿌리 내릴 때까지 지속된다. 여가활동에 대한 관심이 뿌리를 내리고 그 활동을 어느 정도 일상적이고 체계적으로 하게 되면 발전단계가 시작된다. 진지한 여가 참여자가 자신의 여가활동에 대한 기초를 배우는데 필요한 것들을 모두 학습하고 그것을 넘어서게 되었을 때 수립단계로 진입하게 된다. 유지단계에서는 그야말로 여가경력의 꽃을 활짝 피운다. 유지단계에 도달한 참여자들은 수립단계에서 가졌던 불확실성을 극복하고 이제 여가활동에서 즐길 수 있는 최상의 즐거움을 향유하게 된다. 모든 진지한 여가 참여자들이 필연적으로 쇠퇴단계에 접어들지는 않지만, 정신적 또는 육체적 기량이 퇴보한다면 쇠퇴단계에 접어들게 된다. 어느 정도 자주 그렇게 되는지에 대해서는 잘 모르겠지만 꽃이 시들어서 떨어지면, 즉 여가참여자들이 여가활동에서 얻어 가는 것이 점점 더 적어지면 쇠퇴단계에 접어들게 되는 것 같다. 이렇게 되면 성취할 수 있는 것은 더욱 적어지고 때로는 지겨워지기도 한다. 이제 새로운 여가활동을 찾아나서야 할 때가 온 것이다. 경력 작업틀과 다섯 단계에 대한 보다 상세한 기술과 경험적 지지를 찾아 볼 수 있게 되어있으니 참조하기 바란다 (Stebbins, 1992a: 제5장; 취미활동가의 경력에 대해서는 Stebbins, 1996a 와 Heuser, 2005를 보라)

저자가 여러 해 동안 관찰한 결과, 진지한 여가 경력 참여자들이 어떤 특정한 시점에서 어디에 속하는지에 따라서 달라지겠지만, 그들을 *헌신자(devotee)* 또는 *참여자(participant)*로 분류할 수 있다. 참여자는 적절한 관심을 갖고 있으며 이 관심은 진지하지 않은 참여자(dabbler)보다 훨씬 더 높다. 그러나 헌신자는 고도로 헌신적으로 자신의 여가활동을 추구한다. 헌신자보다 참여자의 숫자가 월등히 더 많다. 이러한 차원에 따라 조작적으로 헌신자와 참여자를 구분할 수 있다. 즉, 취미의 핵심활동을 하거나 취미를 훈련하거나 또는 취미를 준비하거나 아니면 취미에 관해서 책을 읽는 등과 같은 데에 투여한 시간량에 따라서 참여자와 헌신자를 구분할 수 있다.

그러나 이것은 진지한 여가 활동에 관여하는 강도를 측정하는 대단히 단순한 척도일 뿐이어서 지겐탈러와 오델(Siegenthaler & O'Dell, 2003: 51)로부터 그 약점을 지적받기도 했다. 이들은 노년의 골퍼와 성공적인 에이징에 대해서 연구하면서 다음을 밝혔다. 즉, "사회적 놀이꾼"(social player), "적절한 헌신자"(moderate devotee), "핵심 헌신자"(core devotee) 등 노년의 골퍼를 세 유형으로 분류해서 살펴보면 여가경력 자료를 보다 효율적으로 분석할 수 있다는 것이다. 적절한 헌신자가 참여자에 해당한다면, 사회적 놀이꾼은 진지하지 않은 참여자보다는 더 숙련되어 있고 더 깊이 관여하지만 적절한 헌신자(참여자)보다는 덜 숙련되어 있고 관여도도 떨어진다. 과거의 이론 및 연구 그리고 앞선 두 개념과 용어상 일관성을 유지하기 위해 나는 관여척도를 보다 정교하게 새로운 용어로 측정하기를 제안 한다: 참여자(participant), 적절한 헌신자(moderate devotee), 핵심 헌신자(core devotee). 진지한 여가 조망의 이 부분을 수정하는데 있어서 지겐탈러와 오델이 주요한 기여를 했음을 밝힌다.

레크리에이션 전문화

레크리에이션 전문화(specialization)와 진지한 여가는 복합적인 활동이라는 공통점을 갖고 있다. 서로 상이하면서도 고도로 연관되어 있는 측면들을 수행하기 위해서 구체적인 기술, 지식, 경험 등이 결합되어야만 하는 활동이다. 레크리에이션 전문화는 과정이면서 결과물이다. 과정이라는 말은 일반적인 행동에서 특수한 행동에까지 이르는 행동연쇄로서 복합적인 여가활동을 함으로써 관심을 좁혀나가는 과정을 뜻한다(Bryan, 1977: 175). 결과물이라는 말은 이와 같은 방식으로 여가활동에 참여한 사람이 자신의 관심을 좁힌 사실을 언급한 것이다. 숭어낚시 전문화에 대한 귀납적 참여관찰 연구는 이론적 개념의 경험적 토대가 되었다. 홉슨 브라이언 (Hobson Bryan)이 레크리에이션 전문화라는 용어를 만들었으며, 레크리에이션 전문화가 배태되어 있는 이론적 조망을 개척했다. 브라이언이 관찰한 것은 사람들이 숭어낚시에 빠져들면 들수록 더 전문화되는 경향이 있다는 것이었다. 즉, 예를 들면, 낚시꾼들은 특정한 종류의 숭어만을 낚는 낚시를 하거나, "미끼 없이" 낚시바늘만을 사용한 낚시, 인공 미끼만을 사용하는 낚시, 또는 흐르는 강물이나 호수에서만 하는 낚시를 하게 된다. 따라서 관심을 좁혀나가면서 장비도 전문화된다.

브라이언은 사람들이 그들의 전문성에 참여하고 관여하게 만드는 개인적 개입과 개선이 증가하는 것을 발견했다. 레크리에이션 전문화 문헌을 연구한 스코트와 샤퍼(Scott & Schafer, 2001)는 행동, 기술, 관여 등의 진전이 수반되는 과정으로 살펴 봄으로써 그들 자신만의 독특한 개념화를 발전시켰다. 즉, 복합적인 여가 활동의 기술, 지식, 관여 등이 증가함으로써 행동은 전문화된 측면에 더욱 초점을 맞추어 가는 경향이 있고, 정서적으로 개입하게 되면 될수록 전문화의 수준도 더욱 높아진다.

진지한 여가와 레크리에이션 전문화 간의 유사성과 차이점은 다른 책 (Stebbins, 2005g)에서 다루었다. 일반적으로 양자를 비교하는 가장 손쉬운 방법은 레크리에이션 전문화가 진지한 여가 작업틀에 부합한다는 점을 보여주는 것이다. 진지한 여가의 한 측면으로서 전문화는 전문화 기회에 관심을 집중하고 있는 참여자들에게 복합적인 활동 경험을 제공하는 여가

경력의 한 부분으로 간주할 수 있다. 특히 전문화가 일어날 때 개발단계 또는 수립단계의 한 과정 또는 양자에 모두 걸쳐 있는 과정으로 전개되거나, 참여자가 전문성에 변화를 주어야 할 때 유지단계의 한 과정으로 전개된다. 경력 용어에서 전문성 계발은 경력 전환점이 된다.

결 론

진지한 여가에 대한 기초적인 개념화 작업을 했다. 핵심용어를 정의하고자 하는 나의 최근 노력을 포함해서, 진지한 여가에 대한 나의 최근 사고를 보여준 것이다. 이는 관련 개념에 대한 참조와 보다 심도 있는 구체화까지도 포괄하고 있기 때문에 기초적인 진술의 명료성과 깊이를 더해주고 있다. 따라서 진지한 여가 조망의 역사상 최초로 여기에서 제약, (폭넓은 의미에서) 혜택, 그리고 개입 등에 대한 정보를 두루 다루었다. 아직은 피상적인 수준에 머무르고 있으며 통합된 개념으로서 세 가지 형태의 여가를 진지한 여가 조망으로 통합하기 위해서는 해야 할 일이 많이 남아있다. 그러나 적어도 첫 삽은 뜬 셈이다. 주제에 대한 논의를 겨우 시작하기는 했지만, 내가 여기에서 최초로 한 것과는 대조적으로, 레크리에이션 전문화에 대해서는 이미 많은 주의를 기울이고 있다. 진지한 여가 조망의 진지한 여가 측면에서 보다 가시적인 역할을 하고 있는 것이다. 여기에 덧붙여서 앞으로는 이론적 작업도 해야 할 것이다.

일전에 나는 동기와 진지한 여가에 관한 논의를 하면서 몰입을 도입했다 (언제 시작했는지에 대한 추가적인 정보는 제6장을 보라). 몰입과 진지한 여가 양자에 관해서 쓸 때마다 두 개념을 묶는 방법을 더 많이 발견하고 있다. 이미 언급한 바와 같이, 많은 종류의 진지한 여가에서 몰입을 경험하지는 못하지만, 몰입을 경험하는 경우에 그 가치는 매우 크다. 핵심활동에 참여하는 강력한 이유가 되기 때문이다. 따라서 몰입과 진지한 여가에 관한 현재의 작업이 최종진술은 아니다. 몰입에 대해서는 계속 연구할 것이고, 결과적으로 이 분야의 이론은 계속 성장하고 변화할 것이다.

몰입 분야에서 연구와 이론화를 계속해서 진행하는 한 진지한 여가의 여타 측면에 대해서도 연구와 이론화를 계속할 것이다. 이제 진지한 여가 형태의 최근 경험적 연구를 살펴볼 차례다.

제 2 장

최근 진지한 여가 연구

『사회과학에 대한 탐색적 연구』(Stebbins, 2001c) 제8장에서는 대략 2000년 이전에 출판된 진지한 여가를 연구한 이론적·경험적 문헌을 검토했다. 그 연구들은 다양한 차원에서 진지한 여가 조망의 몇 가지 측면들을 지지하는데 기여했다. 이제 본 장에서는 그 이후로 출판된 문헌들을 살펴보고자 한다. 이를 위해서 전 장에서 진지한 여가 조망의 기본적인 내용을 살펴본 것과 같은 방식으로 검토할 것이다. 일반적으로 진지한 여가와 관련된 가장 최근의 이론적·경험적 저술은 제1장의 기본적인 진술 속에서 통합적으로 다루었다. 본 장에서는 보다 특징적인 아마추어 여가활동에 관심을 보인 저술을 먼저 다루고 다음으로 취미 여가활동, 자원봉사 여가활동 등을 차례로 다룬다. 『사회과학에 대한 탐색적 연구』(Stebbins, 2001c) 에서도 이미 그렇게 했던 것처럼 전적으로 그런 것은 아니라 할지라도 대부분은 진지한 여가 활동에 초점을 맞춘 저술들을 중점적으로 다룬다. 그러나 본 장에서 진지한 여가에 대한 최근의 연구를 전부 다 다룬 것은 아니다. 일부는 진지한 여가 조망의 혼합을 다루면서 검토했고(제4장), 다른 일부는 진지한 여가 조망의 확장을 다루면서 검토했다(제5장).

아마추어 여가활동

보다 경제학적이면서도 단순한 정의를 내리기 위해 전문가에 대한 사회학적 정의를 포기하겠다고 한 제1장에서 내린 결정은 최근에 생긴 많은 아마추어 여가활동 그리고 취미 여가활동과 꽤 잘 어울린다. 이 새로운 분야 중 일부에서 경제학적인 전문가 노동은 전문적인 사회학적 연구로 진화할 정도로 오래된 것이 아니다. 실제로 아마추어와 취미활동가 중 일부는 절대로 전문직업인으로 진화하지 않을 것이다. 필연적으로 그렇게 되어야 하는 것도 아니기 때문이다. 스크랩부킹(scrap booking), 프리스비(ultimate frisbee), 스포츠 사냥, 산악 트래킹 등과 같은 일부 취미 여가활동 분야(대부분은 참여활동, 스포츠, 게임 등의 하위분야)에서 지난 여러 해 동안 전문직업인이 아닌 형태로 머물러 있는 경향을 보여주었다.

아마추어, 취미활동가, 전문가 간의 이론적 관계에도 불구하고 아마추어와 취미활동가에 대한 연구는 이 문제를 거의 언급하지 않고 있다(예외는 본 장의 취미활동 부분에서 다룰 것이다). 이 문제를 다루지 않았다고 하더라도 이 연구에서 수집한 자료마저도 허위화되는 것은 아니지만 연구는 개념적 혼란에 빠지게 된다. 나는 연구하고 있는 아마추어 집단과 전문가 간 관계의 본질을 수립하기 위해 항상 노력했다(예를 들면, Stebbins, 1993a[마술사]; 1982b[천문학]). 취미 여가활동과 관련해서는 경제학적인 의미의 전문직업인은 존재하지 않는 다는 것을 결정하고자 했다(예를 들면, Stebbins, 1996a[바버숍]; 2005c[산악 취미 여가활동]). 진지한 여가 조망에서 이론적 발전은 이러한 궤적을 따르게 될 여타 연구자들에게도 바람직한 일이 될 것이다.

마지막으로, 두 번째 분헌조사 이래로(Stebbins, 2001a), 취미 여가활동가와 경력 자원봉사 여가활동가에 대한 연구는 엄청나게 많은 반면 아마추어의 진지한 여가에 관해서 보고하고 있는 문헌이 상대적으로 적다는 것을 살펴보는 것도 재밌는 일이다. 이것을 살펴보고자 하는 이유는 아마추어에 대한 연구로부터 진지한 여가 조망이 시작되었고 초기의 연구 중 대부분은 아마추어의 여가에 대한 것이었기 때문이다. 현재는 그 격차를 메울 수 있을 정도로 취미 여가활동과 경력 자원봉사 여가활동 분야에 대한 연구가 배가되었지만, 진지한 여가조망의 이 부분은 여전히 경험적인 연구에 토대를 두고 있다.

이러한 상황에서 나온 푸데파트(Puddephatt)의 체스 선수에 대한 최근 연구는 아마추어 여가활동 연구를 확장하고 있다. 이 분야에 대한 그의 첫 번째 출판물은 대부분 상징적 상호작용론 분야에서 제기된 문제를 다루고 있기는 하지만, 열정적인 아마추어 체스 선수들의 경기 중 몰입(flow) 경험을 보고하고 있다(Puddephatt, 2003: 272-278). 그는 이를 "몰입"(engrossment)이라고 말하면서 선수들이 이러한 마음의 상태를 경험하게 되면 재미와 기량을 동시에 발견하게 된다는 것을 보여주고 있다. 몰입하게 되면 경기를 이기는데 꼭 필요한 집중도도 높아지기 때문이다. 이후의 보고서에서는 체스 선수의 여가경력을 집중적으로 다루고 있다(Puddephatt, 2005). 여기에서 그는 아마추어 여가활동가들이 어떻게 모두 여섯 단계를 거쳐서 발전해 가는 지를 보여주고 있다. 처음에는 초심자 단계에서 시작하지만 경쟁력과 자기확신이 증가하면서 동호회의 초급선수와 중급선수를 거쳐 상급선수(expert)가 되고 마침내 달인(master), 그리고 최종적으로는 최고달인(grand master)에 도달하게 된다.

이 분야의 전문가에 대해서는 언급하지 않고 있지만 푸데파트의 연구는 진지한 여가 조망이라는 틀 속에서 체스 선수를 연구한 최초의 연구다. 내가 아는 한, 이는 또한 몰입이론을 체스에 적용한 최초의 연구다. 더군다나 그의 연구는 여가경력에 대한 비상한 자료를 제공하고 있다.

취미 여가활동

취미 여가활동가에 대한 대부분의 새로운 연구는 활동참가 취미, 스포츠와 게임 취미, 인문학 취미 등 세 가지 하위유형으로 집중되고 있다. 바트람(Bartram, 2001)은 취미 카약에 익숙한 남성과 여성 카야커의 여가경력을 검토했다. 그녀는 남성과 여성의 진지한 여가경력 다섯 단계를 연구하면서 다음과 같은 사실을 발견했다. 즉 취미 여가활동에 참가하는 남성과 여성을 계층화할 수 있다는 것을 알게 된 것이다. 일례로, 취미 여가활동을 하는 남성과 여성을 비교해 보면, 남성이 신체적으로 위험할 수도 있는 상황에서 여성보다 더 위험을 감수하고 보다 공격적으로 몸을 사용하는 경향이 있다는 것을 발견했다. 그렇기 때문에, 남성의 관점에서 보면, 여성보다는 남성이 카약 파트너로 더 적합하다. 케인과 진크(Kane & Zink, 2004)도 카야커의 여가경력을 연구했다. 이 연구에서 그들은 카야커들이 습득한 카약 기술과 지식 그리고 경험을 발휘하거나 모험적으로 카약을 함으로써 주요한 전환점을 맞이하는 단계 또는 "메이커"(maker) 수준으로 발전하는 단계가 있다는 것을 지적하고 있다. 케인과 진크는 그들의 연구대상을 "아마추어"라고 기술했다. 아마추어 카야커들은 여행가이드 역할을 하는 전문 카야커의 안내를 받기 때문이다.

스테빈스(Stebbins, 2005c)노 카야커, 스노우보디, 신악등반가, 빙벽등반가 등의 위험에 대해서 연구한 바 있다. 일반적으로 남성과 여성 모두 "관리할 수 있는"(manageable) 위험만을 감수하는 것을 대단히 중요하게 생각하고 있었다. 따라서 참가자의 기술과 지식을 벗어나지 않았다고 느끼는 그와 같은 위험은 여덟 가지 몰입 조건 중에서 한 가지를 충족시키고 있다. 우연한 조건에서 또는 사회적 압력 때문에 개인의 능력과 지식을 넘어서게 되면 위험은 관리할 수 없게 되는데, 바로 이 때 몰입감은 후퇴하게 되고 더 이상 여가가 아니게 된다. 몰입과 여가는 엄청난 수준의 공포, 즉 뭔가가 망가질지도 모른다는 공포, 영원한 또는 장기간에 걸친 부상의 공포나 심지어는 죽음의 공포로 변환된다.

세 연구 모두 특정한 한 장르의 여가활동 참가자로서 카야커의 여가경력에 대한 유용한 민속지적 자료를 제공하고 있다. 그러나 이들의 연구에서 카약을 스포츠로 하는 한에 있어서 경쟁을 전적으로 배제하고 있는 것은 아니다. 실제로 스테빈스의 응답자들 중 소수는 다른 사람들과 경쟁할 때도 있다고 말한다. 물론 대부분의 경쟁은 강이나 계곡과 같은 자연과 하는 것이기도 하고 이는 거의 모든 응답자들이 선호하는 바이기도 하다. 뿐만 아니라 케인과 진크의 연구는 취미로서 아마추어 여가활동을 분석하는 한도 내에서 카약은 거의 전문화하는 수준에 도달한다고 제안한다.

진지한 여가 취미로서 스포츠에 대한 연구는 끊임없이 계속되고 있다. 전장에서 다룬 비용과 보상 리스트를 활용하여 경쟁적 달리기를 연구한 메이저의 연구(Major, 2001)는 비용과 보상을 검토한 달리기 분야의 연구 중 최초다. 열 두 명의 남성 러너와 동수의 여성 러너를 표본으로 한 연구에서 성공적 완주 그 자체가 가장 핵심적인 보상이라는 것을 발견했다. 이 외에도 주요한 보상으로 언급하고 있는 것은 건강과 사회적 결속이었다.

이러한 보상과 함께 부상과 같은 다양한 비용은 실망감을 안겨줘서 취미 여가활동을 포기하게 만들기도 한다.

　헤이스팅즈(Hastings)는 수영에 대한 종단적 연구 프로젝트를 20년 이상 계속하고 있다. 헤이스팅즈와 케이블(Hastings & Cable, 2005)은 최근 취미 여가활동으로서 수영이 전지구적으로 확산되고 상품화되는 것을 검토했다. 즉, 진지한 여가에 끼치는 여가상품 에이전트의 역할은 전장에서 배스 낚시꾼을 기술하면서 언급한 C-PC-AP 체계에 국한되지 않는다. 실제로 이와 같은 일부 중급 스포츠 취미활동가들은 특정한 스포츠 용품을 사용하고 있다는 보증을 해 주는 것이나 해당 스포츠 용품을 후원 받는 것 등과 같은 두 가지의 주요 전환점을 거쳐서 경력을 전환하여 경제적 전문가의 지위를 획득하는 주경로로 들어가게 된다. 최근에는 취미여가활동으로서 탐조(探鳥, bird watching)를 진지한 여가 조망과 레크리에이션 전문화를 결합하여 검토한 경우도 있다. 이진형과 데이비드 스코트(Lee & Scott, 2006)는 미국탐조협회(the American Birding Association) 회원들의 대규모 표본을 경험적으로 연구하여 탐조라는 취미 여가활동을 통하여 취미활동가들이 어떻게 비용과 보상의 균형을 맞추고 리더십을 발휘하는지를 규명했다. 전문화가 자기결정감을 감소시키는 리더십의 자리로 내모는 것과도 관련이 있지만 리더십을 수용하게 만드는 것과도 관련이 있다는 모형을 개발하고 검증했다. 연구결과는 탐조활동가들의 전문화가 증가함에 따라 탐조경험에서 얻는 이익이 비용을 압도한다는 것을 보여주고 있다. 이진형과 스코트의 연구는 진지한 여가 활동에서 비용과 보상을 부과하는 과정을 규명한 드문 사례에 해당한다.

영국 축구팬에 대한 존스의 연구(Jones, 2000)는 진지한 여가의 여섯 가지 특징의 타당성을 더욱 지지하고 있다. 뿐만 아니라 축구팬들이 응원하는 팀이 경기에서 지는 경우와 같이 비용이 보상을 상회할 때에도 팬으로서의 역할을 어떻게 지속하는지에 대한 모형을 만들기 위한 탐색적 자료를 활용한다. 그는 내집단 우호주의(in-group favouritism), 외집단 험담(out-group derogation), 비현실적 낙관주의(unrealistic optimism), 주장(voice) 등과 같은 네 가지 보상 중에서 한 가지 또는 그 이상을 강조하거나 지속함으로써 이처럼 불행한 상황을 수용가능하게 만든다는 것을 발견했다. 비현실적 낙관주의는 집단 구성원이 그 집단에 속함으로써 얻을 수 있는 가능한 보상이 알려진 비용보다 더 클 것이라고 기대하는 경향을 일컫는다. 주장은 팬이 속한 집단의 긍정적인 측면만을 선택적으로 집중하게 되는 과정을 말한다. 깁슨, 윌밍 그리고 홀드낙(Gibson, Willming, & Holdnak, 2002)은 이 연구를 미식축구 분석에 적용함으로써 통제불가능한 명제를 지지하는 자료를 제공하고 있을 뿐만 아니라 여섯 가지 특징을 지지하는 추가적인 자료를 제공하고 있다. 또한 이들은 팬을 끌어들이는 미식축구팬의 사회세계를 풍부하게 기술하고 있다. 이 두 연구는 스포츠를 대단히 좋아하는 사람들의 인문학 취미를 다루고 있지만 제1장에서 살펴 본 일상적 여가로서 스포츠 소비자와는 구별된다.

케네트(Kennett, 2002)는 인문학 취미 참가자로 개념틀을 부여한 언어학습에 대한 연구를 최초로 수행했다. 특히 케네트는 문화관광객 중에서 언어와 관련 문화에 대한 심화학습목표로 관심을 갖게 된 중급 일어에서 고급 일어로 넘어가는 여섯 명의 호주인을 대상으로 인터뷰를 진행했다. 이 연구는 호주의 문화관광객에 관한 민속지적 자료에 덧붙여서 여섯 가지 특징에 대한 더 많은 증거도 제공하고 있다.

여타 취미 여가활동

여타 취미 여가활동의 네 가지 하위유형과 비교해 보았을 때 여가 만들기와 바꾸기는 연구가 미진한 상태에 머물러있다. 이 때문에 미국 퀼트 짜는 사람들(quilters)에 대한 킹의 연구(King, 2001)가 더 빛을 발한다. 킹의 응답자들은 퀼트짜기(quilting)에 대한 대단한 열정을 가지고 있었으며,[12] 자기표현, 레크리에이션(recreation), 재생(regeneration), 사회적 매력 등과 같은 보상을 언급했다. 퀼트짜기를 하는 모든 여성들은 특수한 자기표현의 보상을 얻고 있다는 것을 킹은 발견했다. 즉, 퀼트를 만듦으로서 다른 여성들이 이해할 수 있는 매체를 통해 자신을 여성으로 표현한 것이다.

"애견 스포츠"(dog sports)를 하게 된 사람들에 대한 길레스피와 레플러 그리고 레르너의 연구(Gillespie, Leffler & Lerner, 2002)도 취미 여가 활동 만들기와 바꾸기로 분류할 수 있을 것이다. 일부 개 주인들은 그들의 애견을 복종, 사냥, 썰매 끌기 경주, 선발대회 등과 같이 다양한 경쟁상황에서 잘 경쟁할 수 있도록 조련한다. 이러한 측면에서 애견 주인들은 그들의 개를 경쟁력 있는 동물로 "만들고" 있다(이 범주에 대한 보다 자세한 논의는 Setebbins, 1994a를 보라). 다른 많은 여가와 마찬가지로 이러한 종류의 진지한 여가도 강도 높게 추구된다는 것과, 가족, 일, 종교 등과 같은 여타 일상생활과 긴장을 초래하는 과정에서 창조된다는 것을 길레스피 등은 발견했다. 이와 같은 긴장으로 말미암아 취미 여가 활동을 계속하기 위해서 그

---

12) 일부 응답자들은 "중독성이 있다"(addictive)고 말하기도 했다.

리고 그로 인한 책임도 달게 지기 위해서는 여러 차원들과 끊임없이 협상을 해야만 할 필요성이 대두된다. 실제로 이 연구에서는 이러한 긴장을 진지한 여가 활동에 참여하는 데에서 오는 비용의 범주 중 하나로 간주하고 있다.

필라델피아 파운틴 바에서 노래하는 가라오케 가수들에 대한 드루의 연구(Drew, 1997)는 일상적 여가에서 진지한 여가 경력 초기단계로 이동하게끔 북돋우는 조건들 중 일부를 볼 수 있게 한 드문 연구다. 전문가와 대비되는 아주 기본적인 증거도 없이 드루는 자신이 인터뷰한 사람들을 "아마추어"라고 말한다. 나는 드루의 연구가 갖고 있는 진지한 여가 측면에 대해서 취미 여가활동 참가의 일종으로 논의할 것이다.[13] 드루의 조사는 무대 공포증을 극복하는 방법을 배우고 재능과 경험을 갖춘 가수라는 자의식을 갖기 시작하면서 진지하지 않은 참여자(dabbler)가 어떻게 노래부르기에 더 빠져들게 되는지에 대한 혜안을 주고 있다. 그의 연구는 참가자들이 진지하지 않은 참여라기보다는 보다 중요한 핵심활동에서 뭔가를 할 수 있다는 사실을 어떻게 발견하게 되는지를 보여준다.

자원봉사 여가활동

2000년 이후로 취미 여가활동에 대한 학문적 관심이 그 이전에 비해서 눈에 띄게 증가하기는 했지만, 가장 두드러진 것은 역시 경력 자원봉사 여가활동 분야다. 이 분야 중에서 스포츠 자원봉사는 특히 많은 연구가 집중되고 있는 영역이다. 쿠스켈리, 해링톤 그리고 스테빈스(Cuskelly,

---

13) 어떤 측면에서 가라오케는 바버숍 아카펠라(barbershop singing)와 유사하다. Stebbins, 1996a를 보라.

Harrington & Stebbins, 2002; 2003)는 호주 스포츠 행정 자원봉사 여가활동에 대한 표본조사를 실시한바 있다. 응답자들 중 일부는 스포츠 조직에 시간을 할애하는 것 자체를 즐겁게 생각하는 주변적 자원봉사자였고, 다른 응답자들은 여섯 가지 독특한 특징을 충족시키는 경력 자원봉사자들이었다. 조직헌신의 수준은 시간의 흐름에 따라 달랐지만 경력 자원봉사자들이 진지한 여가에 더욱 헌신하면서 계속하는 경우가 주변적 자원봉사자들 보다 현저하게 많았다. 이 연구는 경력이라는 관점에서 진지한 여가 개입을 검토하는 것이 얼마나 중요한지를 제대로 평가하지 않았다. 경력이라는 관점에서 진지한 여가 개입을 검토하면 해를 거듭할수록 여가에 참여하는 동기는 더욱 요동을 친다. 그러나 일부 스포츠 자원봉사 여가활동은 스포츠 행사에 도움을 주기 위해서 자원봉사를 하는 것이기 때문에 최근 새롭게 등장한 개념인 프로젝트형 여가 활동이라는 작업틀로 더 잘 해석될 수 있을 것이다(제3장에서 검토하고 있는 두 연구를 보라).

간헐적이기는 하지만 야날과 도울러(Yarnal & Dowler, 2002; 2003)는 자원봉사 소방관에 대한 비이윤부문 연구와 여가연구를 장기간에 걸쳐서 계속하고 있다. 그들은 펜실바니아에서 소방관을 연구하면서 소방관들 사이에 일련의 긴장이 일어나는 것을 관찰했다. 자원봉사 소방관들 사이에서 발생한 긴장은 그들이 아마추어이면서 동시에 자원봉사자라는 사실에서 발생했다. 즉, 자원봉사를 하는 전문 소방관들이 있었고 이들의 기준에 따라 자원봉사 아마추어 소방관들의 작업을 평가했던 것이다. 동시에 아마추어들은 자신의 시간을 이타적인 활동에 바침으로써 전형적인 자원봉사를 한 것이다. 이러한 종류의 진지한 여가를 연구한 다른 사람들은 이처럼 열정적인 사람들은 순수한 자원봉사자라고 주장했다(예를 들면 Benoit

& Perkins, 1997; Thompson, 1997a).

바로 이처럼 자원봉사자라는 딱지가 가장 잘 어울리는 것은 비전문적인 소방관의 경우인 것처럼 보인다. 그들은 아마추어들이 제공할 수 없는 서비스를 제공한다. 또한 자원봉사 여가활동을 통해서 전문적인 자원봉사 서비스를 제공하는 것도 드문 일이 아니다. 예를 들어, 피어스는 그녀의 연구(Pearce, 1993: 142)에서 동일한 핵심활동을 수행하고 있는 비이윤 집단 내에 유급 전문가와 자원봉사자 간에 불화를 언급하고 있다. 피어스가 관찰한 바에 따르면, 전문가들은 공식적으로 훈련을 받았기 때문에 정당성을 갖고 있고 자원봉사자들은 이타심으로 헌신하고 있기 때문에 양자 사이에서 그와 같은 긴장이 발생한다. 그녀는 또한 그와 같은 긴장이 두 집단의 전문성(expertise) 수준에서 발생한다는 것을 발견했다(Pearce, 1993: 143-144). 즉, 전문가집단은 공식적인 훈련으로 획득하고, 자원봉사자집단은 오랜 경험으로 획득한다. 야날과 도울러도 자신의 연구에서 이와 같은 마찰이 심하게 일어나는 것을 관찰했다. 여가활동 분야에서 전문가가 존재하느냐 아니면 존재하지 않느냐 하는 문제는 아마추어 여가활동가로부터 취미 여가활동가를 분류해 내는 것에 국한되는 것처럼 보인다.

가장 최근에 실시한 진지한 여가 문헌연구 이래로 박물관 자원봉사 역시 상당한 주목을 받고 있다. 노린 오르(Noreen Orr, 2003; 2005)도 자원봉사자들이 진지한 여가에 참여하고 있는 것인지 아닌지를 알아보기 위해 잉글랜드의 박물관 여섯 곳에서 활동하고 있는 자원봉사자들을 검토했다. 오르는 면접을 통해 가설을 확증했다. 이에 덧붙여서 그녀는 자료를 통해 피면접자들이 진지한 여가에서 전형적으로 발견되는 상당히 많은 보상, 특히 자기만족, 자아만족, 자아실현, 자아표현 등과 같은 보상을 경험했다고 밝혔다. 10가지의 보상 중에서 응답자에게 가장 덜 중요한 것은 자아 풍요였다. 에드워즈(Edwards, 2005)는 호주에 있는 예술박물관에서 일하고 있는 자원봉사자를 관찰했는데, 그녀도 자원봉사자들이 자원봉사 역할에서 오는 경력감에 의해 더 크게 동기를 부여받는다는 것을 발견했다. 일부 다른 종류의 자원봉사자들과 마찬가지로 에드워즈의 표본은 이타주의보다는 자기관심에 따라 더 동기화되었다. 그레이엄(Graham, 2004)은 박물관 자원봉사에 관한 문헌과 스코틀랜드에 있는 박물관에서 실시한 여가 자원봉사에 관한 자료 보고서를 개괄하고 있다. 에드워즈는 일부 참여자들에게 있어서 유산 자원봉사는 지역의 유산에 관한 보다 광범위한 새로운 지식을 계발하고 그 지식을 유지하는 것과 같은 독특한 보상을 제공하고 있다는 것을 발견했다.

경력 자원봉사가 스포츠든 박물관이든 아니면 다른 무엇이든지간에 그리고 그와 같은 활동에 대한 질문이 여가든 아니면 다른 무엇이든지간에, 그것이 자원봉사자들에 관한 것이라면 대답하기 힘들어 보인다. 스테빈스는 캐나다 자원봉사자들에게 바로 이와 같은 질문을 했다(Stebbins, 2001c). 자원봉사가 일인지, 여가인지 아니면 이도 저도 아닌 제3의 범주에 속하는 것인지를 조사하는 같은 숫자의 질문을 자원봉사자들에게 한 것이다. 이론적인 차원에서 이 질문에 대한 해답을 찾았고, 자원봉사자들 사이에서는 이런 질문이 제기되지 않고 있었으며, 질문이 제기되면 혼동이 일어난다는 것도 발견했다.

사회적 자본과 시민노동

자원봉사 여가활동은 시민노동(civil labor)을 통하여 생산되고 축적되는 사회자본(social capital)이다. 문제가 되고 있는 자원봉사는 주로 경력 자원봉사 그리고 따라서 여가다. 그러나 이러한 명제를 적절한 때에 인식하는 사상가는 별로 없다. 로젝은 이 사례를 보다 직접적으로 다룬다. "진지한 여가는 공동체를 위한 돌봄, 도움, 교육적 기능 등을 자발적으로 그리고 비공식적으로 지원함으로써 사회자본을 확충한다"(Rojek, 2002: 25). 탈노동사회(postwork society)에 대한 분석에서, 벡과 기든스를 예로 들면서, 이를 다음과 같이 관찰한다. "여가사회라는 발상은 금방 끝나버리고 만다"(Rojek, 2002: 30). 한 해 먼저 나도 리프킨의 저서[14] 그리고 아로노위츠와 디파치오의 저서[15] 에 대해서 이와 유사한 불만을 토로한 적이 있다(Stebbins, 2001a: 149-152).

이 문제는 아직까지도 제대로 이해되지 못하고 있다. 일례로 할펀(Halpern, 2005)의 사회자본에 대한 탁월한 사고와 연구개관은 자원봉사에 근접하고 있다. 사회자본이 어떻게 생성되는지에 대한 그의 추론은 내가 끊어진 연결고리라고 부른 것을 언급하고 있다. 그 연결고리는 여가에 있고, 진정으로 자원봉사 활동을 하는 것도 자원봉사가 여가일 경우이다. 자원봉사는 여가활동이기 때문에 여가로 다루어야 한다. 그러나, 할펀에게 책임을 물을 일은 아니라고 할지라도, 할펀은 자원봉사를 이와 같은 맥락에서 개념화하지 못했다. 그렇다면 여타 종류의 여가는 어떤 역할을 하는가? 아마추어 여가활동과 취미 여가활동, 즉 시민관현악단에서 연주를 하거나, 축구팀에서 축구경기를 하거나, 퀼트를 짜거나, 모형 기차를 만들기 위해서 매월 만나는 등과 같은 공동체 생활을 영위하는 다양한 경로에서 사회자본도 상당히 증가한다. 사회자본의 발흥 또는 쇠퇴를 이해

---

14) Rifkin, Jeremy. 1996. 『노동의 종말』(*The End of Work*). 민음사.를 말한다(역자주).
15) Aronownitz, S. & DiFazio, W. 1994. *The Jobless Future*. Minneosta University Press.를 말한다(역자주).

하기 위해서 사람들은 왜 다른 많은 것들을 제쳐놓고 그와 같은 여가에 참여했는지를 알아야 하겠지만 어떤 조직의 영향 때문에 이와 같은 방식으로 여가에 참여했는지를 알 필요도 있다. 바로 이와 같은 방식으로 퍼트남(Putnam, 2000)은 자신의 저서 『나 홀로 볼링』(*Bowling Alone*)에서 여가를 다루고 있다.

일군의 연구들이 여가로서 자원봉사를 직접적으로 그리고 집중적으로 다루고 있다는 것과 여가로서 자원봉사를 시민노동과 사회자본에 기여하는 것으로 보고 있다는 점을 지적할 필요가 있다. 아라이(Arai, 2000)는 캐나다 자원봉사자들이 자발적으로 시민들의 (도시)계획에 참여하고 어떻게 그들의 노력이 시민권과 민주적 참여에 기여했는지를 연구했다. 아라이의 응답자들은 세 개의 서로 다른 사회적 계획기구에서 임원으로서 또는 서비스 자원봉사자로서 진지한 여가를 추구하는 경력 자원봉사자들이었다. 아라이가 했던 것처럼 버든(Burden, 2000; 2001)은 자원봉사자를 진지한 여가 참가자로 규정하고 개인적 자원봉사활동을 지원하는 사회적 신뢰 연결망(social networks of trust)의 발전을 연구했다. 버든의 행위연구 프로젝트는 호주의 여성 자원봉사자들이 시민극장에서 운용에 관한 자원봉사를 하면서 극장 운용에 대해서 배우게 되고 그 과정에서 권한을 위임받아 직접 운영할 수 있는 역량을 계발하는 것을 도왔다. 또 이와는 완전히 다른 분야에서 퍼킨과 베누아(Perkins & Benoit, 2004)는 자원봉사 소방관들이 지역의 사회자본 형성에 기여한 것을 열거하고 있다.

브라만테(Bramante, 2004)는 브라질에서 청년들의 시민노동을 자극함으로써 그들이 고향의 사회자본에 기여할 수 있도록 자신이 실시한 훈련 프로젝트에 대해서 기술하고 있다. 청년들은 개인과 공동체 양자의 이익을 위해서 경력 자원봉사에 참여함으로써 훈련을 받았다. 이 훈련에는 공동체를 위한 자원봉사의 중요성, 공동체 자원봉사에서 예술과 스포츠의 역할, 개인의 심리적 발전, 자원봉사와 미디어, 자원봉사활동의 미래 등에 대한 교육이 포함되어 있다. 브라만테의 프로그램은 참여자들로 하여금 자원봉사활동에 참여하고 있다는 감각을 계발하는 능력을 길러주었다. 지난 2001년에 시작해서 지금까지 계속하고 있는 이 프로그램의 핵심개념은 진지한 여가와 일상적 여가다.

여타 자원봉사 활동의 종류

캐시와 할페니(Cassie & Halpenny, 2003)는 캐나다 자연보존 활동가들의 표본에서 경력 자원봉사자들의 동기화에 대한 정성적 증거를 제공하고 있다. 진지한 여가 동기로는 자연에 관한 학습, 보존의 원리와 실천, 자원봉사 역할을 하는데 필요한 기술 개발, 자연에서 제기되는 문제와 맞닥뜨리는 것 등이 있다. 이 분야의 자원봉사자들에게는 이타주의도 중요한 동기였다. 저자가 기술한 바에 따르면 복잡한 자기만족의 보상(제5번 보상)은 쉽게 잊혀져버리기도 하지만, 이들 자원봉사들은 "재미"있게 즐기기도 한다. 캐시와 할페니가 일상적 여가 참가자로 분류한 자원봉사자들은 특별한 기술이나 지식 또는 훈련 없이도 자원봉사자로서 자신의 역할을 감당할 수 있기 때문이다. 그럼에도 불구하고 나는 이들을 이와 같은 일상적 여가에서 그들의 진지한 여가 경력을 이제 막 시작한 초보 경력 자원봉사자로 간주하는 것이 보다 더 정확할 것이라는 점을 주장하고자 한다. 이들이 기술, 지식, 경험 등을 획득하게 되면 자기계발, 자아성취 등으로 나아가게 되고 이러한 종류의 진지한 여가에서 경력을 쌓게 된다.

웨어링(Wearing, 2004)은 지속가능한 대안여행을 제공하는 대안관광의 일종으로서 "자원봉사 관광"(volunteering tourism)에 대한 분석을 개척했다. "지속가능한 대안여행을 제공하는 것을 목적으로 하는 대안관광은 공동체의 발전, 과학연구 또는 생태복원 등을 도울 수 있다. 뿐만 아니라 자연, 경제, 사회, 문화 등의 환경에 기여하는 이념적으로 건전한 여행경험이다"(Wearing, 2004: 217-218). 오로지 경제분석 만으로는 밝힐 수 없는 잠재적인 혜택을 이해할 수 있게 해 주고 구체화시켜주는 자원봉사 관광은 경력 자원봉사 활동의 하위유형에 속한다고 웨어링은 주장한다. 즉, 자원봉사 관광으로 말미암아 환경에 미치는 영향은 최소화되기 되기 때문에 지속가능하고, 전문화된 인프라를 거의 요구하지 않는 전형적인 소규모 관광이기 때문에 지속가능하다. 따라서 자원봉사 관광은 생태관광과 여타 형태의 관광이 의존하고 있는 환경에 거의 위해를 가하지 않는다. 동시에 진지한 여가로서 자원봉사 관광은 개인의 자기계발에 기여한다(Wearing, 2001).

혼합 진지한 여가

혼합 진지한 여가라는 생각을 처음 고려한 것은 지난 2001년에 출판한 『진지한 여가 이론과 연구의 신경향』 (Stebbins, 2001a: 126-127)에서 였다. 당시까지만 하더라도 공식적인 정의도 내리지 않은 상태에서 생각을 피력했지만 이제는 다음과 같이 정의를 내린다. 혼합 진지한 여가란 참가자들이 두 가지 중 한 가지 자유시간 활동만을 하는 것이 아니라 그 보다 더 포괄적인 자유시간 활동을 통합적으로 구성하는 진지한 여가 추구로서 두 가지 또는 그 이상의 진지한 여가 유형 또는 그 하위유형에 개입(관여)하는 것을 일컫는다. 시민관현악단의 바이올린 주자(아마추어 예술가)이면서 동시에 조직의 장(자원봉사자), 별자리 관측자(아마추어 과학자)이면서 동시에 천체사진가(아마추어 예술가), 엔터테인먼트 마술사(아마추어 엔터테이너)이면서 동시에 마술의 역사에 대해서 탐독하는 사람(인문학 취미활동가) 등 여기에 해당하는 사례는 무수히 많다. 이렇게 범주화하지 않더라도 혼합 진지한 여가는 여가 라이프스타일(leisure lifestyle)의 영역에 속하는 "최적화된 것"(optimal) 중 하나라는 것이 명백하다(제4장을 보라).

혼합 진지한 여가는 역사적 재현의 장에서 특히 명백한데, 이런 연구에 관해서 나는 이미 구체적으로 밝힌바 있다(Stebbins, 2001a: 127). 그 이후로 헌트(Hunt, 2004)는 미국남북전쟁협회(the American Civil War Society)의 활동을 선별적으로 연구함으로써 관련 문헌을 추가했는데, 이는 협회의 활동을 진지한 여가 유형의 취미로 다룬 것이었다. 대부분의 재현 연구는 생생한 역사의 재현을 여가추구 중 하나로 그려내지 못하고 있다. 따라서 어떤 사람들이 회원이 되는지 그리고 그들은 왜 회원으로 계속 활동을 하는지에 대해서 제대로 답변하지 못하고 있다. 진지한 여가 작업틀로 영국에 있는 미국시민전쟁협회 회원들을 표본 추출하여 연구한 헌트는 회원들이 자신의 활동을 여가로 간주하고 있다는 것을 밝히고 있다.

해링턴과 쿠스켈리 그리고 올드(Harrington, Cuskelly & Auld, 2000)는 호주 모터스포츠에서 자원봉사/아마추어 양자가 "혼종"(hybrid)되었을 때 어떤 역할을 하는지에 대해서 연구했다. 결론적으로, 동일한 사람이 기수 또는 시간계측자(자원봉사)가 될 수 있으며, 모터스포츠 팀원이나 드라이버(아마추어)로서 경주에서 겨룰 수도 있다. 저자들은 또한 모터스포츠에

서 상품 중개인들을 자원봉사자와 아마추어의 사회세계에 위치시킴으로
써 이들이 어디에나 끼는 것을 분석하고 있다. 중개인들은 자동차나 오토
바이 등과 같은 모터스포츠 장비와 각종 경주 장비를 제공한다. 고도로 가
시적인 판매 및 판측 전략의 일환으로 이렇게 하는 것이다. 이와 유사한 상
품집약적 사회세계는 알파인 스키와 피겨 스케이팅, 주요 팀 스포츠, 그리
고, 우리가 제1장에 살펴 본 바와 같이, 배스 낚시, 달인 수영 등에서도 확
인할 수 있다.

결 론

출판된 진지한 여가 이론과 경험적 연구를 대충 계산해 봐도 1991년에
서 1999년까지의 이론과 경험적 연구보다 2000년에서 2005년 사이의 이론
과 경험적 연구가 약 60% 가량 더 많다. 같은 두 시기에 내가 출판한 이론
과 경험적 연구를 제외했는데도 그렇다. 진지한 여가 분야에서 연구가 급
증한 것 자체가 본서의 필요성을 역설적으로 보여주고 있다. 즉, 이제 진지
한 여가에 대한 모든 연구를 정리할 때가 되었다.

진지한 여가에 대한 새로운 연구활동들이 엄청나게 늘어나고 있는 상황
에서 기존에 진행되고 있는 연구활동도 검토해야 하기 때문에 이제는 진
지한 여가를 탐색적으로(exploratory) 연구할 필요성도 제기되고 있다. 뿐
만 아니라 진지한 여가 조망 분야에서도 공식적인 근거를 수립함으로써
확고한 토대를 갖춘 정교한 확증적(confirmatory) 연구의 필요성도 제기되
고 있다. 이러한 연구분야 중 하나가 여섯 가지 독특한 특징(distinguishing
qualities)이다. 2000년 이후의 연구를 김도한 본서와 1990년대의 연구를

보고하고 있는 스테빈스의 저서(Stebbins, 2001a)는 대부분의 진지한 여가 연구자들이 여태까지 연구하지 않았던 여가활동이라고 단순하게 선언하는데 그치지 않았다는 것을 잘 보여주고 있다. 거기에서 한 발 더 나아가 여섯 가지의 특징 모두 또는 대다수를 경험적으로 보여주고자 노력했다.

이를 달성하기 위해서는 정성적인 탐색적 현장 연구에 상당한 시간과 노력을 경주해야만 한다. 게다가 이러한 경험적 연구로부터 획득한 자료들은 직접적으로 검토한 여가활동에만 일반화할 수 있다. 이를 보다 효율적으로 수행할 수 있는 측정 척도의 필요성이 절실하다.[16] 다행스럽게도 본서를 출판한 직후부터는 진지한 여가의 여섯 가지 특징을 측정할 수 있는 척도를 연구자들이 활용할 수 있게 될 전망이다.

이 척도를 만든 주저자는 제임스 고울드(James Gould)로서 자신이 개발한 척도를 SLIM 또는 "진지한 여가 목록 및 측정"(Serious Leisure Inventory and Measure)이라고 명명했다. 54개 항목으로 구성된 축소판과 72개 항목으로 구성된 확장판 등 두 개로 개발된 이 척도와 척도에 대한 설명을 담은 책(Gould, Moore & Stebbins, 근간)이 곧 출판될 예정이다.[17] 이는 고울드의 클렘슨대학교(Clemson University) 박사학위 논문에서 비롯된 결실이다. 고울드는 척도를 개발하기 위해서 여러 표본에 두루 적용한 큐소트, 전문가 패널 조사[18] 등을 실시하였고, 확증요인분석에서도 수용할 수 있는 신뢰도(reliability)와 적합도 수준을 보여 주었다.

나는 10개의 보상을 측정하기 위한 비교척도 개발에 대한 관심을 환기

---

16) 이런 척도를 개발한 사람이 있느냐는 질문을 받은 지도 벌써 10년은 넘은 것 같다.

17) 같은 해에 학술지에 출판되었다. 출판정보는 다음과 같다. Gould, J., Moore, McGuire, & Stebbins (2008). "Development of the Serious Leisure Inventory and Measure". *Journal of Leisure Research*. 40: 47-68. 황선환과 서희진의 논문에서는 확장판 척도의 번역본을 확인할 수 있다. 황선환, 서희진 (2009). "진지한 여가척도의 타당성 및 신뢰도 검증". 『한국체육학회지』 48(3): 387-396 (역자주).

18) 일례로 나는 그가 제안한 다양한 진지한 여가 개념에 대한 측정의 타당도(validity)에 대해서 빈번하게 자문을 했다.

시키고자 노력했다. 진지한 여가 활동에서 경험한 바를 물어 보고 응답자들이 그 여가활동에서 어떤 보상을 받았는지 순서대로 답하게 함으로써 개별적 독특성을 보여주는 서열척도를 만들 수 있다. 나는 내가 탐구한 모든 종류의 진지한 여가에 적용했고, 전체 참여자 표본에서 보상 순위를 구성할 수 있었다. 나는 지금도 대규모 모집단으로부터 진지한 여가를 하는 동기를 경험적으로 연구하는데 필요한 일반화된 보상척도를 구성할 수 있다고 믿고 있다. 그 전까지는 일상적 여가 참여자로부터 진지한 여가 참여자를 구분해 내고 진지한 여가 활동을 확인하는데 SLIM을 활용할 수 있다. 적절하게 구성된 보상척도가 있다면 사람들이 진지한 여가 활동에서 획득하는 특정한 보상에 뿌리를 두고 있는 마음의 상태로서 자아성취를 정량적으로 측정할 수 있다.

간단히 말하자면 전체 진지한 여가 조망 중에서 진지한 여가는 방법론적으로 봤을 때 더 이상 탐색적이라고만 말할 수는 없다. 실제로 본장에서 살펴 본 몇몇 연구들과 마찬가지로 정량적 방법을 사용하고 있고, 그 중 일부는 해석적 통계치에 대한 분석을 시도하고 있다. 그렇지만 이러한 연구 중에서 확증적 방법을 사용한 경우는 거의 없다. 명백하게 가설을 진술하고 검증하는 경우는 매우 드물었지만 그럼에도 불구하고 그 단계로 나아가고 있다는 점은 명백하다. 현재 전개되고 있는 진지한 여가에 대한 이론 그리고 연구와 함께 진지한 여가 조망을 구성하고 있는 여타 형태의 여가도 검토해야 하겠다.

일상적 여가와 프로젝트형 여가 : 기본 개념

언젠가는 진지한 여가처럼(제1장과 제2장) 일상적 여가와 프로젝트형 여가를 연이은 장에서 다룰 것이지만 일상적 여가와 프로젝트형 여가의 개념 작업틀이 최근에서야 형성된 것이라 이 책에서는 본장(제3장)과 제6장으로 나누어 설명할 것이다. 좀 더 명확히 말하자면, 일상적 여가라는 개념은 진지한 여가만큼 오래된 개념이지만 1990년대 말이 되어서야 일상적 여가를 학문적으로 연구하기 시작하였다(Stebbins, 1997a; 2001b). 그리고 프로젝트형 여가의 경우엔 그보다 더 최근인 2005년에 와서야 알려졌다(Stebbins, 2005a). 일상적 여가와 프로젝트형 여가에 관해서는 그동안 다른 이론적인 범주 아래에서는 널리 연구되어 왔지만 일상적 여가와 프로젝트형 여가 형태로의 연구는 뒤쳐져 있다. 그리고 진지한 여가 연구가 독립된 장에서 자세히 다루는 것과 달리 일상적 여가와 프로젝트형 여가는 그 기본적인 개념 위주로 본장에서 함께 다루고 있다. 제5장은 진지한 여가의 최근 연구처럼 일상적 여가와 프로젝트형 여가의 가장 알맞은 형태에 대해 다루고 있고 제6장은 진지한 여가와 비교하여 나머지 두 여가형태인 일상적 여가와 프로젝트형 여가의 등장에 대한 자세한 내용을 보여준다.

일상적 여가

"일상적 여가"(casual leisure)란 용어는 그의 이란성 쌍둥이와도 같은 "진지한 여가"(serious leisure)만큼 오래된 것이며 진지한 여가의 초기개념을 언급한 1982년에 최초로 등장했다(Stebbins, 1982a). 그 후 몇 번의 연구에서 진지한 여가 의미를 명확하게 하기 위하여 일상적인 혹은 진지하지 않은 여가와 자주 비교하곤 한다. 예를 들면, 낮잠이나 공원산책, 혹은 텔레비전 시청이나 신문 보기 등이 일상적 여가라 할 수 있겠다. 게다가 일상적 여가는 진지한 여가의 영역 밖에 있는 모든 것이라 정의하기도 한다. 수년간 다른 저자들 또한 내가 제시한 여가의 예시들을 토대로 진지한 여가를 위의 두 가지 방법으로 기술하고 있다.

그리하여 1982년부터 지금까지 진지한 여가 연구자들 사이에서는 일상적 여가란 나머지의 역할로 여겨졌고 그 점에 관해서는 내 책임이 크다. 왜냐하면 진지한 여가를 돋보이게 하기 위해 일상적 여가와 차별화하여 구별해왔기 때문이다(Stebbins, 1992a: 6~7). 진지한 여가 활동 참여자란 단순 참가, 놀이, 또는 취미 예술애호 수준의 기본적인 일상적 여가 활동이 아닌 그 이상의 열정적인 여가활동을 추구하는 참여자라고 설명해왔다. 그리하여 사실 그동안 때때로 일상적 여가가 저평가 받아왔고 이와 대조적으로 가치 있다고 인정되는 진지한 여가와 비교하였을 때는 더욱 일상적 여가의 가치를 인정받지 못했다(Stebbins, 1996a; 1996b). 여가활동이 그 특징에 따라 다른 가치평가를 받아온 것이다. 그럼에도 불구하고 모든 여가활동이 속한 세계에서 일상적 여가의 위치란 개개인의 관점에 따라 다르다. 즉, 다시 말하면 여가 연구자들뿐만 아니라 일상적 여가 참여자들도 일상적 여가에 내해 서로 다른 관점을 가지고 있다. 현재 진지한 여가 참여자나 연구자들은 진지한 여가가 제일 중요한 것이라 여기므로 일상적 여가를 부수적인 것으로 치부한다. 그러나 진지한 여가 연구자나 진지한 여가 참여자 영역을 벗어나서 보면 일상적 여가는 주변부 위치에 있는 것이 아니므로 진지한 여가보다 일상적 여가 참여자들이 훨씬 많다. 또한 아마추어, 취미나 경력 자원봉사 활동으로 진지한 여가를 하는 사람들과 인터뷰를 해보면 그들은 일상적 여가 또한 즐기고 있으며 일상적 여가의 가치를 인정하고 있다. 이것만 보더라도 일상적 여가에 관한 좀 더 명확한 개념정리와 자세한 설명이 필요하다. 그리고 이런 노력들은 일상적 여가와의 차별화를 통해 진지한 여가를 이해하는데 도움이 되기도 하겠지만 본장에서는 일상적 여가의 뚜렷하게 구별되는 특징에 중점으로 두어 일상적 여가의 이론적인 설명을 하려한다.

일상적 여가의 종류

일상적 여가는 진지한 여가에 비해 덜 지속적이며 경력을 제공해주지도 않고 여가활동을 즐기기 위한 특별한 훈련도 거의 필요하지 않지만 즉각적이고 내재적인 보상과 상대적으로 단기간 유지되는 즐거움을 제공하는 핵심 여가활동이다(Stebbins, 1992a; 1997a: 18). 수년간의 연구를 통해 여덟 가지의 일상적 여가가 확인되었다.

- 놀이 (단순 참가와 취미 예술애호 포함)
- 휴식 (예: 착석, 낮잠, 산책)
- 수동적인 오락 (예: 텔레비전시청, 독서, 음악청취)
- 능동적인 오락 (예: 게임)
- 사교적인 대화 (예: 가십, 잡담)

- 감각적인 자극 (예: 섹스, 식사, 음주, 관람)
- 일상적 자원봉사 (예: 전단지 돌리기, 봉투에 광고지 넣기)
- 유쾌한 에어로빅 활동

처음 여섯 가지 종류는 스테빈스의 연구(Stebbins, 1997a)에서 자세히 다루고 있고 일상적 자원봉사는 스테빈스의 책(Stebbins, 2003b)에서 다루고 있다. 마지막이자 새롭게 등장한 유쾌한 에어로빅 활동(pleasurable aerobic activity)이란 호흡과 심장박동수를 현저히 증가시키는 노력이 필요한 육체적인 활동을 말한다. 넓은 의미에서 "에어로빅 활동"(aerobic activity)이란 (좁은 의미에서의)에어로빅 강습을 통한 단체 활동이나 텔레비전이나 비디오를 보면서 하는 개인적인 에어로빅 활동을 모두 포함한다(Stebbins, 2004e). 그런 의미에서 수동적이거나 능동적인 오락과 더불어 즐거운 에어로빅 활동은 실질적으로 일상적 여가라 할 수 있다. 이와 같은 일상적 여가 활동은 아주 최소한의 기술, 지식, 또는 경험만 있으면 되는데 해쉬 하우스 해리어(the Hash House Harriers)[19]나 킥볼(kickball)[20], 그리고 숨바꼭질 같은 아이들의 게임도 일상적 여가 활동의 범주에 있다.

사람들은 여덟 가지 종류의 일상적 여가를 각각 따로 즐기기도 하지만 그 중 두세 가지 여가활동을 함께 즐기기도 한다. 예를 들면, 놀이와 휴식을 같이하거나 수동적인 오락과 휴식을 같이한다면 모든 종류의 일상적 여가는 다 휴식이 될 수 있다. 그리고 놀이와 감각적인 자극과의 다양한 조합도 가능한데 약물복용, 성적 활동과 스릴추구를 함께 하기도 한다. 뿐만 아니라 사교적인 대화는 휴식과 능동 혹은 수동적인 오락으로 이루어진

---

19) 야외에서 하는 보물찾기 놀이의 일종
20) *Economist 2005a* 소개된 축구와 야구를 접목한 놀이의 일종

세션과 함께 가능하기도 하고 약물복용, 진실게임, 또는 노출게임과 같은 감각적인 자극을 동반하기도 한다. 물론 사교적인 대화는 휴식과 오락의 세션이나 감각적인 자극으로 인해 중단된다.

간단히 일상적 여가의 종류를 살펴본 결과 일상적 여가에는 쾌락 (hedonic)이라는 적어도 한 가지 중요한 공통적인 특징이 있다는 것을 알 수 있다. 좀 더 정확히 말하자면, 모든 일상적 여가 활동은 일상적 여가 참여자에게 어느 정도 의미 있는 순수한 기쁨과 즐거움을 준다. 좀 더 넓은 의미에서 구어체로 말하자면, 일상적 여가는 자연스럽게 이루어지는 행동이다. 역설적이지만, 일상적 여가 활동을 통해 짧지만 완연한 기쁨과 즐거움을 느낄 수 있으므로 일상적 여가란 절대 하찮은 것이 아니다. 더구나 일상적 여가는 순식간에 사라져버리는 순간적인 쾌락의 특성을 지니고 있긴 하지만 일상적 여가를 즐기면서 얻는 쾌락이라는 혜택은 일상적 여가 연구를 계속할 만한 가치를 주기에 충분하다.

진지한 여가로 얻을 수 있는 보상인 "성취"(fulfillment)와 "보상" (rewardingness)과는 다르게 일상적 여가의 보상으로는 "유쾌함"(pleasure)과 "즐거움"(enjoyment)이 적절하다. 적어도 진지한 여가를 즐기는 사람들과 인터뷰를 해보면 그들은 유쾌함이나 즐거움보다는 성취와 보상으로 그들의 여가활동 참여를 설명한다.[21] 일상적 여가와 진지한 여가가 모두 자기만족 (제1장 보상 5번째 항목을 보라)이란 쾌락적인 보상을 준다는 점에서 서로 겹치는 부분이 있다. 진지한 여가보다는 일상적 여가에서 재미란 요소가

---

21) 유쾌한/즐거운(pleasurable/enjoyable) 과 만족스러운/보상을 주는 (satisfying/rewarding)의 구별은 상식적인 세계의 여가 참여자들에게는 유효하지만 여가의 사회심리학에서는 종종 인지되지 않을 수도 있다. 이 영역에서는 즐거움이란 관련된 헌신, 웰빙, 혹은 일반적인 여가와 관련되어 있다. 예를 들면 하워드와 힐 (Howorth & Hill, 1992)과 하워드와 드러커의 연구(Howorth & Drucker, 1991)를 보라. 매넬과 클레이버는 만족이란 것을 제1장에서 성취라고 정의한 것과 같은 방법으로 정의한다(Mannell & Kleiber, 1997: 185-186). 그 뿐만 아니라 본 장에서 설명했듯이 그들은 보상과 동기를 만족이란 개념과 연결시킨다.

훨씬 뚜렷하게 나타나지만 진지한 여가 활동에서도 재미를 찾을 수 있다.

시누와 패리는 일상적 여가의 흔하지 않은 연구를 했다. 대학생 음주와 불법적인 약물 소비 등에 빠져있는 대학생 740명의 연구를 통해 일상적 여가의 쾌락적인 특성을 이해하는데 도움을 주었다(Shinew & Parry, 2005). 특히 일상적 여가 중 사교적인 대화와 "재미"(fun)를 주는 감각적인 자극, 이 두 가지 활동을 추구하는 참여자들을 연구해본 결과 일상적 여가 참여자들의 패턴에서 성별, 인종별, 친목단체별에 따른 다른 점은 없었다. 불법적인 약물 복용연구는 일탈된 일상적 여가로서 필요한 자료들을 제공했다.

커, 후지야마, 그리고 캄파노는 일본 테니스 선수들의 표본 조사를 통해 스포츠의 정서적인 보상에 관한 연구를 했다(Kerr, Fujiyama, & Campano, 2002). 그 중의 일부는 진지한 여가 참여자들이었고 또 다른 일부는 일상적 여가 활동을 즐기는 이들이었다. 연구결과 일상적 여가가 진지한 여가보다 "반드시 더 유쾌하다고 할 수는 없다"(Kerr, Fujiyama, & Campano, 2002: 286)는 점을 발견했다. 이 조사결과는 자아만족이란 피상적인 즐거움과 깊은 만족의 결합이라는 최근 개정된 자료의 여가활동 보상의 다섯 번째 항목을 뒷받침한다(제1장을 보라). 개정된 내용이 스테빈스의 연구(Stebbins, 2001a: 13)[22] 에서 처음으로 발간되었는데 커와 그 동료들은 그 개정판을 보지 못하고 자아만족을 단지 피상적인 즐거움만으로 설명한 개정 이전의 보상내용 만을 참고한 것으로 보인다.

그뿐만 아니라 나의 관찰대로라면 일상적 여가의 중요한 보상인 쾌락이나 자아만족은 반드시 다른 한 두 가지의 보상들과 함께 주어져야 한다. 그러므로 모든 일상적 여가는 모든 종류의 진지한 여가처럼 일정기간 참여

---

22) Stebbins, Robert, 2001a, "New directions in the theory and research of serious leisure", *Mellon Studies of Sociology*, 28(3);13

와 의무적인 활동을 통해 여가활동 참여자가 *재창조(re-create)* 혹은 재생산(regenerate)하도록 도와줄 수 있다. 어떤 종류의 일상적 여가나 진지한 여가는 여가활동 중에 *사회적 관심(social attraction)*이란 보상을 여가 참여자에게 제공한다. 그러나 이렇게 일상적 여가와 진지한 여가는 어떤 면에서는 같은 보상을 얻기도 하지만 경험적인 면에서는 완전히 다른 방법으로 이루어진다는 것을 이 연구는 보여줄 것이다. 예를 들면, 바버숍 아카펠라 합창단(barbershop chorus)이나 회사 동호회 배우들은 서로 전문적인 직업관련 대화를 나누지만 파티게임이나 보트여행을 하는 사람들은 서로 직업에 관련된 전문적인 대화를 거의 하지 않는다는 점에서 참여하는 여가활동에 따라 사회적 관심이 다르다는 것을 알 수 있다.

혜 택

나는 지금까지 일상적 여가의 다섯 가지 혜택(benefits) 혹은 결과를 확인했는데 단지 이것은 나의 첫 시도이자 초기 리스트이므로 앞으로 더 보완될 것이라 생각한다(Stebbins, 2001b).

일상적 여가의 첫 번째로 지속되는 혜택은 우연히 나타나는 창의성이나 새로운 발견이다. 우연(Serendipity)이란 "비공식적인 실험, 우연한 발견, 그리고 자연발생적인 발명의 결정체"(Stebbins, 2001c)이며 일상적 여가와 매우 밀접한 연관이 있다. 일상적 여가 활동을 할 때 우연이란 요소는 언제 어디서나 아주 다양한 결과를 낳는다. 예를 들면 집안 가사 도구나 정부 정책을 우연한 기회에 알게 되기도 하고 거주지 주변의 특정한 식물이나 조류 혹은 같은 악기에서 소리를 내는 다른 방법 등을 우연하게 발견하게 된다. 이런 창의성이나 발견은 의도하지 않은 것이므로 우연히 일어난다. 뿐만 아니라 이러한 우연은 일상적 여가 활동을 하는 사람들의 본래 의도가 아니다. 왜냐하면, 일상적 여가 참여자들은 일상적 여가를 통해 문제 해결을 원하는 것이 아니기 때문이다. 해결책이 찾아지는 문제점들은 일 이나 일이 아닌 다른 의무나 진지한 여가 활동에서 나타난다.

또 다른 혜택은 *에듀테인먼트(edutainment)*인데 영화나 텔레비전 혹은 음악이나 대중잡지와 기사 등의 대중오락 참여로 가능하다(Nahstedt, 2000). 테마파크나 박물관등도 에듀테인먼트의 중요한 근원이다. 이러한 일상적 여가 활동을 통해서 사람들은 현재 그들이 살고 있는 세상의 본질에 대해 우연히 알게 된다고 한다. 일상적 여가 활동 참여자들은 여가활동을 통해 즐기는 동시에 배우는 것이다.

세 번째로 일상적 여가는 재생산 혹은 재창조의 혜택이 있다. 진지한 여가가 때때로 격렬하다는 점에서 보면 진지한 여가에 비해 일상적 여가에서 재생산이나 재창조의 혜택이 더 많다고 할 수 있다. 여가학자들은 여가란 일반적으로 휴식이나 오락을 제공하며 휴식과 오락은 일상적 여가의 중요한 혜택인 재생산과 재창조의 주요 구성요소이다. 그러나 최근 관찰에서 일상적 여가와 진지한 여가를 구별하게 하는 휴식과 오락의 새로운 효과를 발견했는데 진지한 여가 참여자들의 격렬한 활동 사이에서 평정심에 도움을 주는 인내하는 효과를 말한다. 이러한 평정심에 도움을 주는 휴식과 오락의 참는 효과가 진지한 여가를 일상적 여가와 구별하게 한다. 그러나 클레이버는 이런 휴식의 중요성이 여가학 연구에서는 중요한 관심사가 되지 못하고 있다는 것이 이상하다고 지적했다(Kleiber, 2000).

네 번째 혜택은 일상적 여가 활동에 참여함으로써 이루어지는 상호관계의 유지와 발전에 있다. 일상적 여가 활동 중 하나인 사교적인 대화에서 이러한 상호관계가 풍부히 이루어진다. 때때로 감각적인 자극과 수동적이거나 적극적인 오락이 함께 이루어지는 동안에도 참여자 간의 상호관계 유지와 발전이 가능하며 이는 사교적인 대화와 같은 효과를 가진다. 사람들 간의 상호관계는 다양하게 이루어지는데 친구들, 배우자 그리고 가족구성원들 사이에서 형성된다. 여가활동 참여자간의 상호관계는 새로운 공통된 관심사를 서로에게 불러일으키므로 개인의 지적능력이 향상되고 긍정적인 자신감을 갖게 된다고 허친슨과 클레이버는 설명한다(Hutchinson & Kleiber, 2005).

웰빙은 일상적 여가 활동 참여의 또 하나의 혜택으로 여가 영역의 관점에서 보면 최고의 웰빙은 *최적의 여가 라이프스타일(optimal leisure lifestyle)*을 발전시킬 때 이루어진다. 최적의 라이프스타일이란 "개인의 여가시간에 어느 정도의 일상적 여가와 더불어 한 가지 이상의 지속적인 진지한 여가를 영위하는 아주 만족스러운 여가활동의 추구"이다(Stebbins, 2001a). 사람들은 개인적인 여가활동을 통해 각자의 잠재력을 깨닫고 삶의 질과 웰빙을 향상시키면서 최적의 여가 라이프스타일을 발견한다. 프로젝트형 여가 활동 또한 개인의 여가라이프 사이클을 향상시킨다. 카약, 스노보드, 그리고 산악이나 빙벽 등반 등의 여가활동 연구(Stebbins, 2005c)에 의하면 이러한 진지한 여가를 즐기는 사람들의 대부분은 그들의 자유시간에 다양한 일상적 여가를 즐기고 있음을 알 수 있다. 진지한 여가가 중심적인 삶의 관심(a central life interest)이긴 하지만 자유시간에 일상적 여가를 즐김으로써 휴식, 재충전, 사교, 오락, 그리고 진지한 여가보다는 덜 격렬한 다른 활동들로 전체적인 웰빙을 이루어낸다.

여러 연구를 통해 일상적 여가 활동의 혜택들을 발견한 허친슨과 클레이버(2005)에 의하면 웰빙이란 자유시간에서 얻는 것 이상의 그 무엇이다. 일상적 여가는 스트레스완충 또는 스트레스를 극복함으로써 자신을 보호하는데도 기여한다. 또한 일상적 여가는 자기 자신을 유지하거나 되찾게 해줄 수도 있다. 표본 조사에서 사람들은 일상적 여가를 통해 근본적인 개인 혹은 가족의 가치 또는 보호자로서 그들 자신의 관점을 재발견했다고도 했다.

프로젝트형 여가

과거엔 모든 여가 영역이 진지한 여가와 일상적 여가로만 이루어져 있다고 주장해왔다. 예를 들면 "아마추어나, 취미, 또는 경력 자원봉사활동으로 분류되지 않은 모든 나머지 여가를 일상적 여가로 정의하였다"(Stebbins, 2001b: 305). 그러나 현대 여가를 관찰하면서 지금은 여가란 진지한 여가와 일상적 여가만 있는 것이 아니란 점을 깨닫고 "프로젝트형 여가"(projected-based leisure)를 세 번째 여가형태로 새롭게 정의하였다. 물론 일상적 여가보다 흔하지 않고 진지한 여가보다도 흔하지 않지만 프로젝트형 여가 활동을 하는 사람들을 위해서는 프로젝트형 여가의 특성을 구분하여 다른 새로운 형태의 여가로 정의하는 것이 중요하다.

스테빈스(Stebbins, 2005a)에 의하면 프로젝트형 여가란 자유시간에 자주는 아니지만 짧은 기간 동안 이루어지는 아주 단순하지도 또는 아주 복잡하지도 않은 일회성 또는 비일회성의 창의적인 여가활동이다. 상당한 계획과 노력 그리고 때때로 기술과 지식이 필요하지만 그렇다고 진지한 여가는 아니며 진지한 여가 추구를 하는 것도 아닌 여가활동이다. "비일회성"(occasional)이란 것은 종교적인 페스티발, 생일파티, 또는 국경일 등과 같은 자주는 아니지만 의례적인 행사를 일컫는다. "창의적"(creative)이란 기존 기술과 지식에서 상상하여 새롭거나 다르게 보여주는 것이다. 대부분의 프로젝트는 끝날 때까지 계속되어야하지만 몇 주, 몇 달, 또는 몇 년 동안 중단되기도 한다(예를 들면 집 정원을 돌담으로 꾸미는 것은 만약 등을 다쳤다면 회복하는 기간 동안 중단될 수도 있다).

깜짝 생일 파티, 정성스럽게 마련한 주요 휴일 준비, 그리고 스포츠 이벤트 혹은 예술 페스티발을 위한 자원봉사 등이 프로젝트형 여가 활동이다. 프로젝트형 여가 활동은 사회 세계의 주변부에 있긴 하지만 상당한 노력과 기술, 지식을 수반한 창의적인 특징이 있으며 (족보 프로젝트, 크리스마스 축하파티를 통하여) 친구들과 이웃 그리고 친척들을 모으고 또는 (스포츠 이벤트 혹은 중요한 컨벤션 자원봉사를 통해서) 개인적으로 참가하는 참여자를 조직적인 환경 속으로 이끌어낸다.

프로젝트형 여가 활동은 의무를 수반하는 특징이 있기도 한데 여가를 자발적인 활동이라고 보면 프로젝트형 여가 활동에서의 의무란 참여자가 "동의하는"(agreeable) 것이다 - 프로젝트형 여가 활동이 의무든 아니든 여가 참여자는 성취감을 추구한다(이에 관한 심층적인 연구는 Stebbins, 2000a를 보라). 그리고 프로젝트형 여가 활동에서 해야 하는 의무가 즐겁고 흥미롭다면, 급여종사자가 여가 같은 프로젝트에 참가할 때의 성향과 특징에 대해서 더 연구해볼만한 가지가 있다. 더 나아가 이 논의는 프로젝트형 여가 활동으로 인정되는 또 다른 조건인 기본적으로 강요받지 않은 만족스러운 활동과도 조화를 이루는데 *프로젝트형 여가 창조자(the project creator)*에게서 볼 수 있다. 마지막으로 프로젝트형 여가는 밤하늘의 별을 헤아리는 아마추어 천문학이나 기차모형을 모으는 수집 등의 진지한 여가 활동 영역의 일부는 아니다.

그동안 경시되었던 프로젝트형 여가 활동을 찾아서 구분하기 위한 작업틀을 발전시키기 위하여 진지한 여가 작업틀을 사용할 수 있을 만큼 프로젝트형 여가는 진지한 여가와 유사하다. 프로젝트형 여가와 진지한 여가의 가장 중요한 차이점은 프로젝트형 여가 활동에서는 경력으로 발전되지 않는다는 점이다. 그럼에도 불구하고 어느 정도의 기술이나 지식 그리고 노력이 불가피하게 필요로 한다. 그러나 프로젝트형 여가의 좋은 점은 진지한 여가만큼 복잡하지 않으면서도 그만의 정체성과 인정할만한 혜택이 있고 때때로 사교적인 활동까지 가능하다는 것이다. 그리고 처음에는 진지한 여가처럼 참여하지는 않다가 그 프로젝트의 숙련되고 지적인 면들이 흥미로워져서 취미나 아마추어 활동으로서의 여가 경력으로 만들어 가기도 한다.

(제1장에 잘 설명되어 있지만) 프로젝트형 여가는 진지한 여가에서 얻을 수 있는 보상들을 같이 경험할 수 있는데 프로젝트형 여가 활동을 통해 얻는 이런 보상들은 아주 만족스러운 활동을 추구하는 동기부여가 된다.

그뿐만 아니라 여가 프로젝트를 수행하는 동기가 여타 다른 여가활동처럼 조직체의 근간일 수도 있다(Stebbins, 2002). 내 관찰에 의하면 소규모 그룹, 풀뿌리 협회(Smith, 2000), 그리고 (스태프들이 자원봉사자들의 도움을 받는) 자원봉사 조직 등이 프로젝트형 여가 활동의 가장 흔한 종류이다.

동기부여 관점에서 보면 프로젝트형 여가는 진지한 여가처럼 오랜 기간 동안 여가활동에 참여하지 않아도 되므로 동기부여하기에 좋다. 가끔씩 수행하는 프로젝트는 원한다면 언제든지 그만둘 수 있기 때문이다. 그래서 프로젝트형 여가는 중심적인 삶의 관심은 아니다(Dubin, 1992). 반면에 프로젝트형 여가는 일상적 여가만큼은 아니지만 상대적으로 빨리 (단순한 즐거움이나 쾌락과는 구별되는) 만족감을 경험할 수 있다.

프로젝트형 여가는 여가 라이프스타일에 있어서 그만의 특징으로 어떤 일상적 여가와 같은, 그러나 대부분의 진지한 여가와는 다른 틈새 여가활동으로서 적합하다. 그러므로 프로젝트형 여가는 개인의 "최적의 여가 라이프스타일"(optimal leisure lifestyle)을 형성하는데 도움이 된다(Stebbins, 2000b). 예를 들면, 프로젝트형 여가는 진지한 여가나 일상적 여가를 계속 즐기는 것을 원하지 않는 여가활동 참여자들에게 편하다. 프로젝트형 여가 활동은 과도한 업무에 시달리는 사람들이나 주부와 어머니, 그리고 과중한 책임을 지고 있는 아버지들이나 직업을 구하고 있으나 현재 실업상태에 있어 일회성 프로젝트형 여가 활동을 할 시간적 여유가 있는 사람들 등이 원한다. 진지한 여가 활동을 추구하는 사람들 중에서도 여가 라이프스타일에 일시적인 변화를 주고 싶어 하는 사람들이나 은퇴해서 여유시간이 많은 사람들은 그들의 여가 라이프스타일의 다양성을 위해 프로젝트형 여가 활동을 선택하기도 한다. 이런 특별한 범주의 여가 참여자들 이외에도 프로젝트형 여가는 자유시간에 일상적이지도 진지하지도 않은 뭔가 재미있고 흥미로움을 찾는 모든 성인, 청소년 그리고 아이들에게 효과적인 여가 형태를 제공한다.

마지막으로 프로젝트형 여가는 다른 대부분의 진지한 여가와 비교하면 기껏해야 주변부의 위치에 있다. 그러나 프로젝트형 여가는 그만의 독특한 방법으로 (가족 족보 프로젝트를 통해) 친구, 이웃, 친척들을 모으고, 또는 (스포츠 이벤트의 자원봉사를 통해) 개인적인 활동에서 조직적인 환경으로의 참여로 이끈다. 프로젝트형 여가는 두 가지 방법으로 커뮤니티를 형성한다. 첫 번째, 프로젝트형 여가 활동은 그 프로젝트가 아니면 굳이 만날 필요가 없는 사람들을 만나게 하고, 두 번째, 이벤트 봉사나 다른 이타적인 활동을 통해 커뮤니티 이벤트나 프로젝트에 기여한다. 그러나 프로젝트형 여가는 진지한 여가로 분류되는 시민노동은 아니다(Rojek, 2002).

프로젝트형 여가의 종류

프로젝트형 여가가 다 똑같지 않다는 것은 이미 주지한 바 있다. 현재까지의 체계적인 연구를 통하여 밝혀진 바에 따르면, 프로젝트형 여가 활동에는 일회성 여가(one-shot projects)와 비일회성 여가(occasional projects)가 있다. 이 분류는 이전에 개발한 진지한 여가분류에 사용한 아마추어, 취미, 자원봉사 활동으로 분류한 작업틀을 이용한 것이다(Stebbins, 1998d, 제2장에서 제4장까지 보라).

일회성 프로젝트

일회성 프로젝트에는 책을 읽거나 어떤 코스를 수강하거나 하는 어떤 지침을 따라야하는 프로젝트도 있긴 하지만 일반적으로는 여가 참여자들이 현재 가지고 있는 재능이나 지식을 이용하는 것이 일반적이다. 진지한 여가의 취미형 여가를 닮은 프로젝트형 여가 활동은 어떤 기초적인 기술이 필요하기도 하다. 그러나 일회성 프로젝트란 때로는 그 프로젝트의 배경지식에 관한 준비가 필요하기도 하지만 기본 목적은 그 프로젝트를 성공적으로 잘 이행하는 것이다. 설문조사 결과를 토대로 보면 대부분의 프로젝트형 여가는 취미형이며 그 다음으로 자원봉사형이다. 먼저 이제까지 확인된 취미형 프로젝트형 여가 활동은 다음과 같다.

만들고 수리하기

- 실로 짜고 꼬고, 매듭 만들기
- 조립 프로젝트(예: 스테레오 튜너, 수공예 프로젝트)
- 최소한의 기술과 지식만 있으면 가능하며 기본적으로 자기만족을 위한 DIY 프로젝트(돌담이나 펜스 만들기, 지하실 방 만들기, 특별한 정원 만들기)
- 규칙적이진 않지만 여러 해에 걸친 연속적인 시리즈가 될 수도 있고, 단순 참여자에서 취미활동가가 될 수도 있다.

인문학

- 족보학 (지속되는 취미는 아님)
- 관광 : 개인 관광프로그램의 연장이 아닌 전 세계의 다른 지역, 대륙을 방문하는 특수 관광
- 활동참가 : 장기간의 백팩관광, 카누여행; 일회성 산악 등반(후지산, 레이니어산, 킬리만자로)

일회성 프로젝트 중 자원봉사형 프로젝트는 흔히 이루어지는 프로젝트형 여가 활동이지만 취미형 프로젝트나 극장이란 공간에서 이루어지는 아마추어형 프로젝트보다 흔하지는 않다.

자원봉사

- 지역사회, 국내 혹은 국제적인 규모의 컨벤션이나 컨퍼런스 자원봉사. 지역사회, 국내 혹은 국제적인 규모의 스포츠 대회 자원봉사
- 아트 페스티발이나 박물관의 특별전시 자원봉사
- 허리케인, 지진, 기름유출 혹은 산업재해 등의 인재나 자연재해로 인한 개인

이나 야생생물의 생활환경을 복구하는데 도움을 주는 자원봉사

엔터테인먼트 극장

· 스케치 형태의 촌극이나 일회성 지역행사; 꼭두각시 쇼, 홈무비, 비디오, 슬라이드나 사진 준비; 대중연설 준비

비일회성 프로젝트

비일회성 프로젝트는 일회성 여가프로젝트보다는 기분 좋은 의무란 특성이 있다. 요리, 장식 그리고 집이나 일터에서의 종교적인 행사나 생일파티를 위한 다양한 창의적인 활동 등을 포함한다. 국경일이나 그와 비슷한 축하행사나 기념행사에 가끔 여가 참여자들의 창의적인 비일회성 프로젝트를 준비하기도 한다.

그러나 일회성 프로젝트와는 달리 비일회성 프로젝트는 새로운 창의성이나 만족감이 없는 의례적인 일이 되어 버릴 여지가 있다. 북미사람들은 매년 성탄절을 같은 방식으로 장식한다. 사실, 몇 년간은 매번 같은 방식으로서 성탄절 장식이 가능하겠지만 더 이상 흥미롭지 않을 수도 있다. 그렇게 되면 내키지 않는 의무가 되면서 더 이상 여가가 아닌 것이 된다.

그리고 일회성 여가활동 역시 기쁘지 않을 수도 있다는 점을 간과하면 안 된다. 취미형 족보학자는 가족의 상세한 족보나 그 자세한 날짜들을 확인하는 일에 질려버릴 수도 있다. 한때 여가라 생각했던 활동에 시간과 노력을 들이다가 지금은 더 이상 좋아하지 않게 되거나 그와 마찬가지로 어떤 프로젝트에 자원봉사로 여가활동을 하는 것이 마땅히 존중되어야 함에도 불구하고 괴로워지고 내키지 않는 의무로 변하기도 하는데 그렇게 되면 더 이상 여가라 할 수 없다.

프로젝트형 여가의 기본적인 개념(2005)이 최근에 나온 것이므로 체계적인 연구는 그동안 없었다고 할 수 있겠다. 물론 아트 페스티발이나 스포츠 이벤트, 역사적인 입법제정 등의 프로젝트아래 다양한 연구들이 있었지만 그것은 이벤트 분석, 관광연구, 자원봉사 연구 등의 다른 이론적인 작업틀을 이용한 연구 과정이었다. 여가가 연구과제에 자주 등장하지도 않았고 프로젝트형이라는 용어에 대한 개념도 없었다.

그동안 일상적 여가나 진지한 여가가 여가학 연구의 주제가 되어왔지만 그 둘 중 어느 것도 이런 프로젝트형 종류의 여가 경험을 프로젝트형 여가의 작업틀만큼 잘 설명할 수 없다. 트위남, 패럴, 그리고 존슨은 세계 주니어 컬링 토너먼트(World Junior Curling Tournament)에서의 자원봉사 여가활동을 진지한 여가의 자원봉사 동기로 설명하려 했으나 맞지 않다는 것을 알게 되었다(Twynam, Farrell, & Johnston, 2002-2003). 스포츠이벤트는 진지한 여가에서처럼 여가활동을 경력으로 발전해 나가기에는 너무 짧은 기간에 이루어진다. 그러나 프로젝트형 여가에 대한 개념은 컬링토너먼트 연구 이후에 나왔기 때문에 그 연구자들이 프로젝트형 여가의 개념으로 설명하지 못한 것을 비난할 수는 없다.

스테빈스는 진지한 여가에서 경력과 일, 그리고 전문성과 부합하는 진지한 여가의 몰두, 기술발전, 도전, 성과, 그리고 전문가로서의 특성을 강조했다. 그러므로 스포츠 이벤트의 자원봉사로서의 특성은 다른 방법으로 개념화되고 정의되어야 한다. 그래야만 진지한 여가의 동기를 제대로 이해할 수 있다 (Twynam 외 2002-2003: 375-376).

진지한 여가는 여가활동 참여 동기를 설명하는데 있어 획일화된 방법 (Procrustean bed)[23] 으로만 설명하므로 프로젝트형 여가라는 새로운 여가 형태에 대한 새로운 인식이 필요했다. 그라벨과 라로크는 2001년 캐나다 에서 개최한 프랑스어를 사용하는 경기(francophone game)에서 자원봉사 여가활동 연구에서 진지한 여가의 자원봉사 여가 참여로서의 동기로 설명 하려했다(Gravelle & Larocque, 2005). 그러나 "그 게임에 장기간 참여할 수 없었다"(Gravelle & Larocque, 2005: 50). 그럼에도 불구하고 스포츠 이 벤트 프로젝트에서 자원봉사로 여가활동참여를 위한 배경지식과 기술의 부족으로 인내가 필요했고 프로젝트형 여가에서 자원봉사가 중요하다고 하면서 응답자의 46%가 때때로 자원봉사활동을 한다고 대답했다.

그린과 차립은 시드니 올림픽 게임 자원봉사 여가활동을 진지한 여가 의 경력 자원봉사 작업틀로 연구했다(Green & Chalip, 2004). 그들은 스포 츠 이벤트에 참여하는 동기에 대해 여러 가지 가설을 세웠는데 스포츠 이 벤트 참가자들의 참여활동 이유는 이벤트가 끝나고 난 후 그 이벤트를 경 험했다는 참여자들의 만족과 함께 전문적이거나 사회적인 혜택뿐만 아니 라 명성, 열광, 그리고 누군가를 돕거나 무언가를 배울 수 있는 기회와 같 은 혜택이란 것을 설문조사를 통해 알아냈다. 가족이란 프로젝트형 여가 를 연구하는 가장 유용한 영역일 수 있다. 어떤 부모들은 그들 자녀들의 자 유시간에 할 수 있는 프로젝트를 개발하기도 한다. 사실 쇼와 도슨은 이것 을 목적형 여가라 부르며 프로젝트형 여가 활동의 다양한 범주 안에서 나 타난다고 했다(Shaw & Dawson, 2001). 그리고 쇼와 도슨은 가족 여가란

---

23) 무리한 획일화, 또는 복잡한 현실을 관념적으로 처리하려는 것의 비유. 프로크루스테스는 그리스 신화에 나오 는 도둑 에레우시스의 여인숙 주인으로 쇠 침대에 여행자를 누워서 침대 길이에 맞도록 여행자의 다리가 침대 보다 길면 자르고 여행자의 다리가 짧으면 늘리면서 즐겼다고 함(역자 주).

"특정한 단기간 혹은 장기간의 목적을 위해 부모가 계획하고 실행하는 일종의 목적형 여가"라 했다(Shaw & Dawson, 2001: 228). 이러한 목적형 여가활동에서 부모는 표면적으로는 아이들을 위한 여가활동이지만 실질적으로는 가족 전체의 여가활동으로 구성하기도 한다. 집안 내부에서도 가능한데 즐겁지 않은 의무에서 목적형 여가로 이름을 변형하여 정원 가꾸기부터 침실이나 놀이방 개조까지 하기도 한다.

결론 : 여가, 복합성 그리고 생애과정

지금까지 진지한 여가 조망을 구성하고 있는 세 가지 여가 형태의 기본 개념을 살펴보았다. 사람들은 흥미로운 핵심 여가활동을 찾기 때문에 일상적 여가, 프로젝트형 여가, 진지한 여가나 그 하위 영역의 다양한 여가활동에 매료된다. 물론 모든 사람들이 같은 활동에서 똑같이 느끼는 것은 아니다. 한 사람의 여가는 다른 사람에게는 독이 되기도 한다. 어떤 이는 복싱을 좋아하고 다른 이는 뜨개질을 가장 좋은 여가라 생각한다. 뜨개질을 하는 사람은 복싱을 끔찍한 여가활동이라 생각하고 복싱하는 사람은 뜨개질을 시시한 여가활동이라 여긴다.

여가를 구성하는 핵심 활동은 단순하거나 복잡하다. 이 두 가지 개념은 단순함으로부터 복잡함에 이르는 여가 연속체의 양극이다. 이 여가라는 연속체에서 핵심 활동이 그 여가활동의 매력을 설명한다. 대부분 일상적 여가는 단순함이 중심이 되는 활동이다. 여기 게으른 여가를 즐기는 호모 오티오수스(*homo otiosus*)는 텔레비전 시청이나 풍경 감상을 하고 와인 한잔을 마시거나 (포도주 애호가는 아니지만) 다른 이와 잡담을 나눈다. 일상적 여가의 복잡함은 주사위 보드게임, 보물찾기, 또는 보이 스카우트에서의 병줍기나 종교 의식 후 차나 커피를 만드는 자원봉사 활동에서 나타난다. 캐나다 상위 중산층 (대량)관광에 대한 해리슨의 연구에 의하면 방문한 관광지 경험에서 어느 정도의 복잡한 특성을 보인다는 점을 발견했다(Harrison, 2001). 단순한 삶(Simple Life)을 열망하는 사람들이 여가에서 추구하는 것이다.

그러나 복잡함을 원한다면 다른데서 찾아야한다. 본장에서 설명한 프로젝트형 여가 활동목록을 보면 알겠지만 프로젝트형 여가는 일상적 여가보다 복잡하다. 그러나 진지한 여가만큼 복잡한 것은 아니다. 아마추어 트럼펫 연주자, 취미 우표 수집가, 그리고 응급요원 자원봉사자들의 축적된 지식, 기술, 훈련과 경험은 광범위할 뿐만 아니라 그들이 핵심활동을 하는 동안 축적된 지식, 기술, 훈련 등이 어떻게 적용되는지에 관한 완전한 설명은 불가능하다. 물론 진지한 여가를 처음 접하는 신참들에게는 그들 스스로 만족할 수 있을 만큼 습득하길 원하겠지만 진지한 여가 활동을 하는데 필요한 지식, 기술, 훈련, 그리고 경험으로는 부족하다.

진지한 여가 조망은 핵심활동의 모든 수준의 복잡함을 포함한다. 그 결과 이 조망은 단순한 것에서 복잡한 형태의 모든 핵심활동을 연구, 비교할 수 있게 한다. 또한 어떻게 사람들이 그들의 일생에서 좀 더 혹은 좀 덜 복잡한 여가를 원하고 혹은 그들의 일상생활에서 그들에게 맞는 다른 핵심활동을 정하는가에 대해 알 수 있도록 한다. 진지한 여가 조망은 사람들의 생애과정의 여가시간에 어떤 면에서는 복잡한 여가활동과 또 다른 면에서는 단순한 여가활동을 행하는 등 인생에서 필요한 요구와 기회를 어떻게 적용하는지 효과적으로 연구할 수 있게 한다. 그리고 사람들이 그들의 여가 라이프스타일에 있어 최대한 높은 수준의 긍정적인 여가 활동을 많이 경험하기 위해 단순하거나 복잡한 핵심 여가활동들을 어떻게 서로 균형을 맞추는지도 알 수 있다.

분석적으로 보면, *생애과정(Life Course)*을 가로지르는 여가를 연구할 때 진지한 여가 조망은 필수 개념이다. *생애과정(Life Course)*이란 특정한 역할을 하는 경력이란 개념보다는 좀 더 넓은 의미다. 반대로 개인의 일생을 통해 한 개인의 여가활동과정은 진화하거나 통합되기도 하고 선택되거나 버려지기도 하는 복잡한 역할을 한다(Bush & Simmons, 1981: 155-157). 사회학적으로 볼 때, 생애과정은 연령별 역할과 세대 효과와도 관련이 있다.

세 가지의 여가 형태를 같은 틀에 두고 개별적으로나 서로 조합하여 분석적으로 살펴보자. 한 가지나 두 가지 여가 형태만을 집중적으로 보더라도 나머지를 다 볼 수 있다. (예를 들면 성별, 종교, 교육, 도시-교외 주거에 따른) 개인별, 세대별, 그리고 다양한 인구 범주의 생애 과정을 통한 여가 활동을 볼 수 있다. 예를 들면 중년에 격렬하고 육체적인 스포츠를 즐겼던 사람들은 노년에는 그런 복잡한 여가활동은 하지 않고 텔레비전 시청이나 가벼운 독서 등 단순한 형태의 여가를 즐긴다. 그리고 자녀들이 모두 성장해서 떠나고 없는 부모들(empty nest)은 아이들을 키울 때 했던 단순한 여가활동에서 좀 더 만족추구가 큰 진지한 여가로 바꾸는 경향이 있다.

생애주기에 따른 여가활동을 분석하기 위해 사용하는 진지한 여가 조망(the serious leisure perspective)은 합리적으로 일관되는 것이 가장 좋다. 왜냐하면 개인의 관심, 필요, 그리고 생활환경에 따라 핵심활동의 복합성에 있어 다양한 여가활동이 가능하기 때문이다. 일관성이란 이 세 가지 형

태의 여가를 서로 엮은 개념으로 주의 깊고 논리적인 통합의 결과로 얻어
진다. 이 세 가지 형태 여가의 관련된 다양한 개념을 이용하고 서로 연결시
켜 진지한 여가조망의 종합(the Perspective synthesis)을 이끄는 일관성을
갖는 것이 제4장의 목표다.

제 4 장

진지한 여가 조망의 종합

진지한 여가와 일상적 여가, 그리고 프로젝트형 여가, 이 세 가지 형태 여가들의 통합된 이론적 관점 형성에는 수년간 생겨난 많은 사회과학적인 개념들의 도움을 받았다. 이 세 가지 여가형태를 잘 분류하여 정리함으로써 완성되는 종합적인 통합은 넓은 사회과학적 맥락에서 보면 사실상 실험적이다(세 가지 형태 여가는 각각의 핵심활동에서 뚜렷한 특징을 경험할 수 있다). 세 가지 여가 형태의 개별 개념이 커다란 사회 과학적 연구에서는 나누어져 있는 반면 진지한 여가나, 일상적 여가 혹은 프로젝트형 여가에서는 한 가지나 그 이상의 여가형태에서 공통적으로 나타난다. 다시 말하면 그 각각의 개념들은 세 가지 여가 형태 중 두 가지나 세 가지 여가 형태에 있어 어떤 공통적인 기반을 갖고 있지만 그 안에서는 명백하게 차별화되어 세 가지 여가 형태가 진지한 여가 조망으로 종합된다.

그러나 여기서 실수가 없도록 하자. 이 통합된 개념들은 기본 개념으로서의 진지한 여가 조망의 일부란 점이다. 이 기본 개념을 강화하는 내용은 제1장과 제3장에 설명되어 있다. 이런 기본개념들은 세 여가 형태를 설명하는데 도움을 주며 세 가지 형태 여가의 공통점, 차이점, 그리고 상호 관계 연구를 포함하여 진지한 여가 조망 연구의 가이드로서 역할을 한다. 이렇게 통합된 여러 개념들은 기존의 관련된 연구들과 함께 본 장에서 다루어진다. (1)조직(그룹, 협회, 사회 세계 등), (2)공동체(가족, 일, 젠더, 사회계급, 시민사회를 포함한 시민참여와 사회적 자본에의 기여, 일탈), (3)역사, (4)라이프스타일(자유재량 몰두시간을 포함한 최적의 여가 라이프스타일), (5)문화(몰두, 의무, 가치, 이기심)

조 직

어떤 형태의 여가활동이라도 흔히 한 가지 혹은 그 이상의 다양한 방법으로 흔히 조직된다. 중요한 예외인 자원봉사 형태를 제외하고는 많은 다른 여가 형태는 "흔히" 혼자서 가능하다. 피아노나 기타 연주, 수석이나 조개껍질 수집, 백일몽, 또는 복잡한 전자 장비 조립 등은 모두 혼자서 가능한 활동이다. 그러나 자원봉사라는 것은 넓은 의미에서 보자면 본질적으로 조직적인 활동이다. 개인이나 그룹으로 또는 직접적이거나 간접적으로 다른 사람에게 봉사하는 것이다. 그렇다면 '넓은 의미'에서의 조직이란 개념은 무엇인가?

"조직"(organization)이란 여가생활에 사회적이고 심리학적인 구조를 더한 구성체 범위의 약칭이다. 구성체는 이인 조직, 삼인 조직, 소그룹, 그리고 사회 연결망으로부터 더 큰 다양한 종류의 조직을 거쳐 부족, 사회세계, 그리고 사회운동 같은 가장 폭넓은 구성체로까지 확장된다. 따라서 여기서는 광범위한 공동체 방식(sweeping communitarian arrangements)에서 볼 수 있는 여가 공동체나 여가 사회 조직이 아닌 다양한 종류의 여가 조직에 중점을 두어 논의할 것이다.

여가 조직에 대한 좀 더 깊은 이해를 원하는 독자가 있다면 나의 다른 책(Stebbins, 2002)을 보면 된다. 본서는 여가 활동에서 흔한 여러 종류의 조직들에 대한 개요만을 보여준다. 그래서 어떤 여가는 이인 조직(부모를 위한 깜짝파티를 준비하는 형제자매, 영화 보려는 두 명의 친구), 삼인 조직(낚시여행을 가는 세 명 그룹, 클래식 음악 연주 트리오) 또는 소규모 그룹(교회 농구팀, 하이킹 가는 친구그룹, 매달 식당에서 모임 갖는 커플 네 명) 등으로 이루어진다. 이 세 종류의 조직은 세 가지 여가활동 형태에서 모두 나타난다.

여가영역에서 이러한 형태의 조직을 연구한 소수의 연구에 가장 적합한 정의는 엘리자베스 보트가 내린 것이다(Elizabeth Bott, 1957: 57). 사회연결망에 관한 그녀의 정의는 간단하다. 사회연결망이란 "공통 경계가 없는 일련의 사회관계다." 이 정의에 의하면 연결망은 구조적이지 않다. 사회연결망에는 참여자들이 인지할 수 있는 경계가 없고 계층이나 중앙에서 조정하는 기관이 없기 때문이다. 그럼에도 불구하고 사회연결망 안에서 다른 사람들과의 상호연결은 존재한다. 어떤 사람들은 서로 직접적인 접촉을 하는 반면 다른 사람들은 직접적으로 연락을 하지 않기 때문이다.

개인들은 그들의 관심 있는 여가활동을 추구하면서 어떤 식으로든 그들의 관심사에 관련된 친구들이나 지인들을 접촉하는 연결망을 발전시킨다. 개인의 관심사가 많아질수록 그의 연결망 수도 증가한다. 그 중 어떤 구성원들은 서로 겹치기도 한다. 예를 들면 존(John)의 애견 동호회(dog breeding) 연결망의 일부는(그들은 개 공급자, 수의사, 혹은 다른 개 사육사일 것이다.) - 그의 골프 네트워크 회원들이기도 하다(그들은 공급자, 골프코스직원이거나 다른 골퍼들일 것이다). 사람들의 여가 연결망을 아는 것은 그들이 사회적으로 여가시간을 어떻게 구성하고 있는지를 설명하는데 도움이 된다. 이런 점에서, 블랙쇼와 롱이 지적하듯이 우리는 여가 라이프스타일에 관한 새로운 점을 배울 수 있다(Blackshaw & Long, 1998: 246).

여가 연결망의 몇 안 되는 연구 중 스테빈스(1976)는 아마추어 클래식 연주자 연결망을 연구했다. 사회연결망의 한 가지 분석적인 특징은 도달가능성(reachability)[24]이다. 네트워크 속에서 타인으로의 접근을 위해 접촉해야만 하는 매개자들의 숫자다. 매개자가 없거나 거의 필요 없을 경우 도달가능성이 크다고 하겠다. 그래서 지역 오케스트라의 콘서트마스터는 보통 그 앙상블 안의 다른 연주자들에 비해 도달가능성이 아주 크다고 할 수 있다. 콘서트마스터는 책임감 때문에 대부분의 단원들과 직접적인 접촉을 하게 되는데 예를 들면 부지휘자나 중요한 인사 담당자나 훈육주임을 동시에 담당하기도 하며 오케스트라의 부리더가 되기도 한다. 여가학에서 스토코프스키는 사회연결망에 관심을 갖고 연구해왔다(그녀의 사회연결망 분야에 대한 기여를 개관 하고자 한다면 Stokowski, 1994를 보라).

조직체의 다음 단계로 풀뿌리 협회(grassroots associations)가 있다. 진지한 여가에서 두드러지게 나타나지만 일상적 여가에서도 일부 보인다. 그러나 프로젝트형 여가의 근본적인 속성에는 풀뿌리 협회로의 발전을 방해하는 요소가 있다. 스미스에 의하면, "풀뿌리협회는 지역 기반이고 매우 자치적이며 자발적으로 운영되는 공식적인 비영리 그룹으로서 자발적인 이타심을 표방하는 연합적인 형태의 조직이다. 그래서 자원봉사자들의 공식적인 회원제로 운영되며 비영리 활동으로 이루어진다"(Smith, 2000: 8).

공식적이란 용어는 운영과 구조의 규모에 관한 것인데 실제 협회에서는

---

24) 사회연결망 분석에서 도달할 수 있는지의 여부를 나타내는 개념이 도달가능성이다(김용학, 2007:58, 120-122). 경로 거리 행렬에서 '0'이나 빈칸이 아닌 쌍들은 모두 도달가능한 쌍들이다. 도달가능성을 '1'로 표현한 것을 도달가능성 행렬이라고 부르는데, 이 숫자의 비율을 연결망 전체의 결속을 나타내는 지표로 사용한다(역자주).

비공식적, 준공식적, 또는 공식적이기도 한다. 더구나 자원봉사 조직으로서 다음 단락에서 다루게 될 임금을 받는 자원봉사 그룹(volunteer group)과 풀뿌리 협회(grassroots associations)와의 차이는 사실 희미하고 정도의 차이로만 구별가능하다. 둘 다 *자원집단(voluntary groups)*의 범주 안에 있다. "풀뿌리 협회이거나 임금을 받는 조직이거나, 조직의 범위가 지역, 국내, 혹은 국제적이거나 관계없는 모든 종류의 비영리 조직을 말한다"(Smith, 2000: ix). 따라서 이전 단락에서 설명한 집단은 모두 풀뿌리 협회인데 걸스카우트, 우표수집 동호회, 싱글즈 클럽, 또는 무법 폭주족 등의 공식적인 독립체도 모두 풀뿌리 협회들이다.

그에 비해 자원봉사 조직들은 경력기반 혹은 일상적 자원봉사 그리고 프로젝트를 수행하는 자원봉사자들에게 여가활동을 제공하는 조직이다. 자원봉사 조직은 임금을 지급받는 직원들이 있다는 점에서 풀뿌리 협회와 구별된다. 직원들은 여가시간을 즐기는 것이 아니고 목적을 위해 일하는 것이다. 직원들은 목적 달성을 위해 자원봉사자들에게 도움을 구한다.

피어스는 이제까지 이런 조직들 중 가장 많은 자원봉사자 활동을 연구했다(Pearce, 1993: 15). 그러나 어떤 자원봉사조직은 모두 임금을 지급받는 직원들로 구성되어있고 자원봉사자들은 보수를 받지 않는 이사회 구성원으로서 관여하고 있다. 병원과 학교가 대표적인 사례인데, 많은 재단들도 비슷하게 분류될 수 있다. 다른 자원봉사 조직들은 보수를 받는 직원들과 자원봉사자들이 함께 구성되어있다. 그린피스, 국제사면위원회, 그리고 적십자가 그러하다. 마지막으로 어떤 자원봉사조직은 한 두 명의 고용 직원이 있고 자원봉사자들이 많은 일을 하기도 한다. 이런 조직들도 기본적으로 조직의 일상적인 운영에 도움을 주는 누군가를 고용한다는 점에서 실질적으로는 복합적으로 성장한 풀뿌리 협회이다.

방금 정의한 대로 분류하자면 여가 서비스 조직들은 자원집단이 아니다. 특정한 고객들에게 한 가지 이상의 여가 서비스를 제공하고 급여를 받는 직원들로 구성되어 있는 집합체이다. 고객들은 여가 서비스 조직을 통해 특정한 여가 활동을 하지만 이러한 여가서비스 조직은 이 책에서 설명하는 여가 조직들과는 다르다. 온천, 놀이공원, 그리고 볼링장 등을 통해 영리를 추구하거나 이러한 여가활동 서비스를 계속 제공할 수 있을 정도의 수익을 창출하고 있다. 비영리 자선단체인 (노인이나 장애자를 위한) 식사배달서비스(Meals on Wheels)나 YMCA 혹은 YWCA 그리고 엘더호스텔(Elderhostel)[25] 프로그램의 목적이 그러하다.

다음 두 가지 종류의 조직 중 사회세계는 제1장에서 설명한 진지한 여가에 근접하고 부족(tribe)의 경우는 본 장에서 설명할 프로젝트형 여가에 가깝다. 사회세계는 진지한 여가에서 가장 명백하고 풍부하게 다루어지고 만약 일상적 여가나 프로젝트형 여가에서 사회세계가 보인다면 그건 상대적으로 단순한 형태이다. 이에 관한 설명은 사회운동 단락에서 할 것이다.

첫 번째 질문은 사회운동(social movement) 참여가 여가활동인가 하는 점이다. 답은 그렇기도 하고 아니기도 하다. 왜냐하면 어떤 종류의 운동인가에 따라 다르기 때문이다. 사회운동참여란 참여자들의 의지에 달린 것이므로 강제적인 것이 아니다. 또는 신체단련이나 건강한 식사에 관한 가치에 중점을 둔 종교적인 운동도 있다. 그러나 이런 경우 참여자들에 대해 밖으로부터의 압력이 없지 않다. 의사로부터 운동이나 체중감량을 처방받거나 또는 조기사망이라는 진단을 받게 되는 경우처럼 말이다. 그래서 사

---

25) 1975년에 설립된 실버계층 대상으로 강의, 오락, 현장학습 등을 제공하는 프로그램(역자 주)

회운동은 여가로서 참여하기도 하고 (여가가 아닌)강제로 참여하게도 된다. 전 세기 초에 있었던 금주운동이나 근대의 활발한 금연 운동에서처럼 사회운동을 통해 사람들은 자신의 원동력을 발견하고 어떤 강한 의무감으로 참여의지를 불태우기도 한다. 총기 규제법이나 핵확산 방지 운동 등이 그러하다. 사회운동이 여가인지 아닌지는 경험적으로 사회운동에 참여한 사람들의 인터뷰를 통해 규정해야 한다.

사회운동은 여가이거나 강제된 것이거나 혹은 그 두 가지의 결합된 것이며 근대와 후기 근대사회에 중요한 역할을 했다. *사회운동*이란 연결망이 제도화되어있지 않고 소규모이면서 중요한 가치로 응집된 공식적인 조직으로 사회운동 참여자들이 변화를 도모하거나 혹은 변화에 저항하게 한다. 그래서 사회운동은 그 자체만 고려해볼 때는 조직체 중에서 뚜렷하게 다른 형태의 조직이며 자원봉사자들에게 진지한 여가나 일상적 여가를 제공한다. 뿐만 아니라 모금 캠페인이나 대규모 랠리를 조직할 때 혹은 어떤 법안을 로비할 때 등의 사회운동은 한정된 기간에 참여하게 되므로 자원봉사자들에게 프로젝트형 여가로서도 제공된다.

공 동 체

공동체란 거대한 주제이다. 그리고 진지한 여가 조망이라는 작업틀 안에서 공동체의 모든 가능한 면이 다 나타나는 것도 아니다. 그럼에도 불구하고, 가족, 일, 젠더, 사회계급, 공동체에 대한 세 가지 형태 여가의 기여 또는 일탈에 대한 연구나 논의가 있다. 먼저 가족에 대해 살펴보자.

가족

"가족"(family) 이란 배우자, 파트너, 남자친구, 여자친구, 그리고 대가족 형태에 속하는 구성원들을 총칭하는 용어다. 나는 가족이란 주제에 대해 전반적으로 다루지 않던 점을 차별화하여 다룰 것이다.

진지한 여가 참여자 중 아마추어에 대한 나의 연구는 여가 참여자와 그 가족과의 관계도 다룬다(Stebbins, 1992a: 108~111을 보라). 이전에 설명했던 통제불가능성이란 개념은 여가활동에 있어 시간과 금전 소비 같은 쟁점으로 인해 때때로 가족관계에서 다툼이 있거나 화를 내는 상황이 생길 수도 있다는 것을 알려준다. 이러한 논의 속에서 통제불가능성 개념이 탄생했으며 가끔 다투면서 이혼이란 말이 나오기도 하고 그러다가 때로는 갈라서기도 한다. 이러한 돈과 시간에 대한 통제불가능성은 진지한 여가 참여자들이 응답한 헤어지게 되는 이유 중 제일 첫 번째 항목이다.

그러나 위의 아마추어에 대한 연구는 진지한 여가가 가정생활에 긍정적인 영향도 있다는 점을 보여주기도 한다. 예를 들면 가족모두가 여가활동의 관심사를 서로 공유할 때 진지한 여가는 두 명 혹은 그 이상의 참여자 사이에서 강한 유대감을 형성하기도 한다(같이 즐기는 가족은 함께 산다). 가족 중 한사람의 진지한 여가 활동이 다른 구성원에게 이어지는 형태가 되어 부모나 배우자가 (동의하는 즐거운 의무라 여기며) 아마추어나, 취미 또는 자원봉사 활동으로의 진지한 여가 참여를 지지한다. 대부분의 진지한 여가로 얻어지는 웰빙이란 것은 가족전체에 우호적인 영향을 주기도 한다. 그 결과 여가활동 참여자는 만족을 느끼고 의기충전하며 가정에서 다른 구성원들을 잘 받아들인다.

일상적 여가와 프로젝트형 여가에서는 진지한 여가에서의 가족 연구와 같은 여가와 가족과의 관계에 관한 연구는 없다. 일상적 여가와 프로젝트형 여가 연구는 각각의 범주 하에서 연구가 이루어져야 한다. 진지한 여가에서 보이는 많은 것들이 일상적 여가나 프로젝트형 여가에서도 관찰되지만 다르게 표현된다. 그래서 아내의 눈에 비친 남편은 텔레비전 시청에 빠져있거나 동네 술집에서 너무 많은 시간을 보내고 있다고 여겨지므로 자주 언쟁을 불러일으킨다. 반대로 부부가 영화관에서 재미있게 시간으로 보낼 수도 있고 저녁을 먹거나 산책을 할 수도 있다. 일반적으로 일상적 여가 활동은 진지한 여가에 비해 스케줄이나 규칙에 얽매어 있지 않고 덜 연대화되어 있으므로 가족 안에서의 분쟁 소지가 거의 없다. 그러나 일상적 여가와 가족과의 관계는 대부분 연구되지 않은채로 남아 있으며, 추측이 아니라고 말할 수 있는 여지는 별로 없다.

그런 점에서 프로젝트형 여가도 일상적 여가와 같이 프로젝트형 여가와 가족과의 관계에 대한 연구는 아직 없다. 프로젝트형 여가 활동은 상대적으로 제한된 기간에 이루어지는 것이므로 다른 가족 구성원이 프로젝트형 여가 참여자가 여가 활동에 만족을 느끼더라도 그 활동은 곧 끝날 것이므로 받아들이기가 쉽다. 그리고 다른 구성원도 관심사를 함께 공유하고 흥미를 느낀다면 같은 프로젝트형 여가 활동에 함께 참여할 수도 있다. 그렇지 않더라도 새 스웨트만들기, 돌담쌓기, 혹은 지하실 개조 같은 프로젝트를 통해 한 명 혹은 그 이상의 가족 구성원에게 혜택을 줄 수도 있다.

일

진지한 여가 중 아마추어 여가 활동 참여자에 관한 나의 연구는 여가활동 참여자와 진지한 여가의 관계처럼 여가활동 참여자와 그들의 일과의 관계도 다룬다(Stebbins, 1992a: 111-114를 보라). 진지한 여가에서 아마추어 여가활동은 직업과 충돌을 자주 일으키는 편은 아니다. 모든 진지한 여가 참여자들은 대부분 그들의 여가시간에 대한 열정과 대치되는 직업은 되도록 피하려고 한다. 진지한 여가에서 취미 여가활동으로 등산을 즐기는 세 명의 연구에서도 이런 점이 잘 드러나는데 많은 응답자들은 유연시간제로 일할 수 있는 근무환경조건을 찾았고 그들의 취미생활이 그의 직업에 비해 얼마나 재미있고 흥미로운가를 알려주었다(Stebbins, 2005c: 108-111). 물론 일반적으로는 일과 진지한 여가 사이에서 일이 우선이다.

맥쿼리는 관리관점으로 진지한 여가 활동 분야에 관한 특별한 연구를 했는데 점심시간 오락준비나 마라톤참여 목적으로 다른 도시로의 여행을 위한 휴가지원 등과 같은 직원들의 여가 활동에 대한 조직 지원에 관한 연구를 했다(McQuarrie, 1999; 2000). 그녀의 연구결과를 보면 여가활동 참여 직원들에 대해 조직으로부터의 지원이 널리 다양하게 이루어지고 진지한 여가 활동에 대한 조직 지원은 직원들의 직무태도에도 긍정적인 효과를 준다는 것을 발견했다. 더 나아가서 관리자들이나 일반 직원들의 지원 정도는 다른데 일반 직원들에 대한 지원이 더 고무적이라는 점 또한 발견했다.

가족의 경우와 같이 일과 일상적 여가 활동과의 관계 또는 일과 프로젝트형 여가 활동과의 관계에 대한 특정 연구는 부족하다. 맥쿼리의 연구를 보면 직장에서 직원들에게 아침시간 수면, 오후 해변 휴식, 혹은 지역 축제 참가를 위한 휴가를 제공하는 관대한 고용주는 상상하기 어려운 일이다. 그러나 전형적인 피고용인들에겐 그들이 경제 생활을 위해 유지해야 하는 직업보다 일상적 여가가 훨씬 나아보일 수도 있다. 보쉐네(Beauschesne, 2005)에 의한 캐나다 온라인 취업정보 사이트의 설문조사(Workopolis poll) 자료를 보면 캐나다 피고용인 다섯 명 중 한 명은 일하러 나가는 것이 괴롭고 다섯 명 중 세 명은 일이란 동의하지 않은 의무로서 단순히 직업이라 여긴다. 일을 떠났던 취업연령에 있는 여성들에 관한 벨빈(Belbin, 2003)의 면접 조사에서 많은 사람들로부터 일에 비해 여가생활이 더 흥미롭다는 결과를 얻었다. 그러나 진지한 여가가 널리 알려져 있지 않아서 여가활동 참여자들의 대부분의 여가는 일상적 여가 범주에 있다(Stebbins 1992a, 125-126).[26] 프로젝트형 여가로서 일회성 자원봉사활동이나 다른 활동이나 모두 지역공동체에 명백한 혜택을 주므로 프로젝트형 여가 활동이 아마 더 끌릴 것이다.

이제 여가와 일의 다른 관계를 알아보자. 직원으로서의 자원 봉사활동 참가의 경우에서도 세 가지 형태 여가활동을 경험할 수 있다. 톰슨의 관찰에 의하면 고용주의 요구에 의한 피고용인들의 자원봉사활동은 동의한 것일 수도 있고 동의하지 않은 의무일 수도 있다(Thompson, 1997b). "회사"(corporate) 또는 "직원"(employee)과 관련된 "자원봉사 프로그램" (volunteer programs)은 직장이라는 조직 안에서 고용주가 고용자에게 자원봉사자 역할을 하게 하도록 하는 것이 가능하기 때문이다. 그 여가활동이 일상적 여가이거나, 진지한 여가의 경력이거나, 아니면 프로젝트형 여가이거나 모두 마찬가지다.

마지막으로 직장이라는 조직은 진지한 여가나 일상적 여가 활동을 제공한다. 회사가 사내 골프대회 혹은 먼 곳에서의 낚시 캠프를 주최하는 것은 진지한 여가의 범주다. 반면에 회사 피크닉이나 연례 크리스마스 파티 그리고 만찬은 일상적 여가로 분류된다.

---

26) 폴손(Polson,2006)은 여가 참여자의 15% - 25%가 '진지한 여가' 라 불리는 여가활동에 참여한다고 추정한다.

　진지한 여가의 성별 특성에 대해서는 이미 연구한바가 있다(Stebbins, 2001a: 158~159). 그 이후부터 진지한 여가에 대해서 많은 연구가 있었는데 바트람은 카약여행에서 여성 카약인들이 구조 시 위험이나 부상에 대한 적극적인 위험감수가 부족하다는 이유로 종종 남성 카약인들에게 참가를 거절당하는 것을 발견했다(Bartram, 2001). 킹은 여성들이 주로 많이 하고있고 "여성의 특징"(women's voice)을 표현하는 퀼트에 관한 연구를 했다(King, 2001). 메이저는 여성과 남성 주자(runner) 사이에는 여성이 개인 신변안전에 대한 두려움이 있다는 것에서 성별차이가 있다는 것을 발견했다(Major, 2001).

　일상적 여가나 프로젝트형 여가에 대한 체계적인 연구를 해보면 성별간의 차이가 때때로 드러난다는 것을 알 수 있다. 예를 들어 *파티쇼핑(Party shopping)*의 경우, 거의 여성들에 의해 이루어지고 그녀들이 초대한 손님과 친구, 그리고 친지 등에게 물건들을 팔기위한 이벤트이다. 이러한 일상적 여가 활동으로의 (사교대화/감각적인 자극의 하위종류) 모임에서는 사교적인 대화를 나누며 손님들이 전시된 물품들을 둘러보는 동안에 일정 정도의 음식과 음료가 제공된다. 주최자는 남는 물품을 다시 돌려주는 조건으로 판매하고 제조업체와 도매상들과 이익 배분을 미리 정한다. 50년 전 파티용품 트렌드로 시작된 가정용품인 타파웨어가 건강용품인 샤크리(Shaklee), 부엌용품인 팜퍼드 세프(Pampered Chef), 보석용품인 5번가 보석 등과 서로 경쟁하고 있다. 여가활동으로서 파티쇼핑에 관한 흔하지 않은 관찰 연구를 한 스톨(Storr, 2003)은 영국에서 란제리와 성인용품 파티인 앤 서머즈 파티(Ann Summers Parties)를 연구했고 레즐리 벨라(Leslie

Bella, 1992)는 프로젝트형 여가 활동으로 요리, 제빵, 선물구입, 엄마나 부인의 집안 크리스마스 장식 등의 "크리스마스 프로젝트"(imperative)를 연구했다. 그러나 벨라는 캐나다인들과 면접 조사에서 이러한 이벤트성 여가가 내키지 않는 의무, 즉 고된 일로 생각된다는 것을 발견했다. 진지한 여가, 일상적 여가, 그리고 프로젝트형 여가에서 성별에 의한 여가활동 차이가 항상 나타나는 것은 아니지만(Shinew & Parry, 2005) 이 세 가지 형태의 여가를 연구할 때는 성별을 "감응적 개념"(Senstizing Concept)[27] 으로 보는 것이 현명하다. 감응적 개념은 블루머의 기본적 사회과학 개념으로서 아무런 제한을 두지 않는 개방적인 연구로 안내해 준다(Blumer, 1969). 따라서 연구 주제에 대한 새로운 자료를 획득하게 한다. 우리가 연구하고 있는 여가 활동에 중요한 성별 이슈가 있다면, 우리 스스로에게 끊임 없이 질문함으로써 실제로 성별 이슈를 간과하지 않도록 해야 할 것이다.

사회계급

사회계급과 진지한 여가의 관계에 관한 연구는 이미 이루어진 바가 있다(Stebbins, 2001a: 112). 진지한 여가의 많은 부분이 아직까지 중산계급 참여자들에 대한 연구로 이루어져 있다. 스테빈스의 연구(Stebbins, 2001a: 106)에서 보인 바와 같이 중산계급과 노동자계급의 참가 비율이 거의 반반이거나 노동자계급의 참가비율이 더 많을 수도 있다. 노동자계급의 여가

---

27) 사회이론인 상징적 상호작용론(Symbolic interactionism)을 만든 블루머(George Herbert Blumer)가 제안한 방법론적 개념이다. 블루머는 사회과학자가 경험적인 사회세계에 가까이 다가가서 깊이 있게 연구하는 두 가지의 연구모드를 제안했다. 탐사(Exploration)와 탐구(Inspection)가 그것이다. 연구자가 직접적으로 관찰하거나 대화를 듣고 신문이나 잡지를 읽음으로써 친숙하지 않거나 모르는 사회생활에 대한 이해를 도모한다. 전문가 집단과의 토의를 통해서 사회생활의 문제가 무엇인지를 파악한다. 이것이 탐사과정이다. 탐구과정에서는 본격적인 분석이 이루어 진다. 이 단계의 연구과정에서 블루머가 제안한 것이 '감응적 개념'이다. 감응적 개념을 통하여 연구자가 경험적사례에 접근할 수 있는 감각(Sense)을 익히고, 무엇을 보아야 할지에 대한 방향을 잡게 된다(Wallace & Wolf, 1986:215-221). 즉, 감응적 개념은 분석이 이루어지는 탐구과정을 안내해 준다. 그래서 블루머는 현실세계를 왜곡하는 기존의 사회학적 개념 대신에 감응적 개념을 제안했다(역자주).

활동은 포켓볼, 스노모바일링, 스노보딩, 비포장도로경주, 모터스포츠, 그리고 무도 등이 대부분이다. 다트, 사냥 그리고 낚시 등은 노동자와 열정적인 중산계급 참여자들이 서로 섞여 있다. 내가 인터뷰했던 스노보더들에서도 알 수 있는데 직업과 교육수준 등으로 구분하여 측정했다(Stebbins, 2005: 112). 스노보더 여가활동 참여자 중 젊은 층(평균연령 24세)의 일부는 중산계급이 될 것이다. 해링턴, 쿠스켈리, 그리고 올드는 자원봉사 참여자들을 포함한 호주의 모터스포츠 연구를 통해서도 대부분의 참여자들이 노동자 계급임을 알아냈다(Harrington, Cuskelly, & Auld, 2000: 432). 아도르자니와 러브조이는 호주작가 로버스트 바레트(Roberst G. Barrett)의 소설을 이용하여 진지한 여가 활동참여 의도에 반대의견을 제시했는데 그 소설의 주인공들은 중산계급에 대항하기 위해 일상적 여가에 빠져든다는 것을 발견했다(Adorjany & Lovejoy, 2003).

일상적 여가에서는 계급이 쟁점이 되진 않는다. 넓은 의미에서 보자면 모든 계급이 어떤 식으로든 일상적 여가에는 참여하고 있기 때문이다. 물론 돈, 시간, 그리고 취향 등에 따라 어떤 종류의 여가인지 누가 그리고 왜 하는지 나누어지므로 일상적 여가 연구를 할 때 주의를 기울여야 한다. 프로젝트형 여가도 일상적 여가와 마찬가지 경우이다. 기본적으로는 계급 간의 구분은 없지만 계급 간 다른 종류의 일상적 여가 활동을 할 수도 있다(예를 들면, 노동자 계급의 돌담 쌓기 대비 상위 중산계급의 먼 곳으로 비싼 일회성 여행 떠나기).

종합해보면, 진지한 여가만이 세 가지 형태의 여가 중 계급에 관한 편견이 있다. 대부분 소득수준과 교육수준이 높은 사람들이 진지한 여가 활동에 참가할 것이라는 왜곡된 생각이다. 파커는 이러한 패턴은 중산계급에서 보이는 패턴이라고 주장하였다(Parker, 1996). 그러나 이 문제에 대해서는 많은 연구가 이루어졌다. 진지한 여가가 모두 비싼 것은 아니기 때문에 (예를 들면, 독서, 잎이나 돌 같은 자연물 수집, 많은 자원봉사활동 등) 저소득층도 참여할 수 있다. 사실 무엇보다 여가 교육이 중요한 문제다(제5장을 보라). 그래서 진지한 여가 조망과 그 하위영역에 어떤 여가활동들이 있는지 알려주는 것이 중요하다.

그리고 진지한 여가 활동에 있어서 모든 계급의 사람들이 여가활동에서 여가경력을 발견할 것인가의 여부가 중요한 문제다. 일 경력에 관해서는 파커가 주장한 것처럼 어떤 노동자들에게는 전혀 와닿지 않을 수도 있지만 여가 경력은 다른 문제이기 때문이다. 제1장에서 관찰한 바와 같이 여가 경력은 핵심 여가 활동에 있어서의 기술, 지식 등의 습득에 관한 문제이다. 내가 아는 한 어떤 진지한 여가 활동의 경우에는 많은 시간과 돈이 든다는 단점을 인정하고서라도 진지한 여가 활동에 필요한 기술, 지식 등은 계급에 관계없이 누구나 습득이 가능하다.

공동체 기여

진지한 여가 참여자의 기여에 관한 내 연구에 의하면 진지한 여가 활동 참여자들은 지역 공동체가 문화적으로 풍부해지도록 기여한다. 그래서 지역시민 오케스트라는 클래식 뮤직을 제공하고 지역 천문학 동호회는 매년 "별자리의 날"을 제공하여 회원들이 망원경으로 하늘을 관찰할 수 있는 기회를 제공한다. 그리고 지역 철도모형 수집가들은 가끔 그들이 수집한 물품을 전시하기도 한다.

공동체(때때로 좀 더 큰 사회까지도)에 대한 넓은 의미의 기여는 진지한 여가 활동 추구와 프로젝트형 여가 활동 참가에서 비롯된다. 이러한 기여는 "공동체 참여"(community involvement) 또는 "시민 노동"(civil labor)이라고 알려져 있다. 공동체 참여는 비영리 그룹이나 공동체 활동에 자원하여 참가하는 활동이다. 스미스, 스테빈스, 그리고 도버에 의하면 이러한 공동체 참여의 목적은 공동체 삶을 향상시키는 것이다(Smith, Stebbins, & Dover, 2006). 시민 노동은 공동체 참여와 비슷하지만 사회적 자본의 무임금 갱신(unpaid renewal)과 확장에 중점을 준다는 점에서만 다르다. 로젝(Rojek, 2002: 21)과 벡(Beck, 2000: 125)에 의하면 시민노동은 가정, 가족, 동호회, 그리고 자원봉사에 관한 일로 이루어져 있다. 그러나 이것은 매우 넓은 개념으로 무임금 노동 또는 무임금 의무라는 넓은 영역을 포함한다. 로젝은 대부분의 경우 시민노동은 진지한 여가 활동에서 아마추어, 취미, 그리고 경력 자원봉사활동 등으로 공동체에 기여하는 것이라 주장한다(Rojek, 2002: 26-27). 그러나 시민노동이란 일반적인 사회적 자본을 생산하는데 여기서 사회적 자본이란 사회 연결망 안에서의 개인간 연결, 신뢰, 상호 규범에 따른 행동, 그리고 공동체나 그보다 큰 사회에서 발달되는 것들로 정의된다(Putnam, 2000: 19). 시민 노동은 인적자본과 물리적 자본(예를 들면 자연자원, 금융자원 등)과 유기적 관계에 있으며 회원들끼리의 건전한 상호 관계를 통해 그들의 관심사 증진과 혜택을 얻는 모든 종류의 그룹에 중점을 둔다.

일상적 여가의 자원봉사활동을 제외하고는 일상적 여가는 이러한 공동체 기여가 없다는 것이다. 사실, 사람들은 가끔 이방인들과 특히 요즘은 인터넷을 통해 일상적 여가 활동에 함께 참여한다. 이전 대량소비시대의 잔재그룹, 특이한 취향으로 구별되는 그룹, 라이프스타일, 그리고 사회조직

형태 등의 *부족(Tribes)* 에서도 나타난다. 마페졸리는 후기 근대 현상인 부족주의를 정의하고 설명하며 이 부족주의가 국가경계를 확장한다고 했다(Maffesoli, 1996). 이러한 관점에서 마페졸리는 해체된 대중문화를 관찰하고 헤비메탈 마니아들과 이에 열광하는 젊은이들도 포함한 부족의 다양성을 일깨웠다. 부족은 일상적 여가의 특별한 종류인 여가활동으로 구성된다. 또한 부족은 진지한 여가에서 발견되기도 하지만 프로젝트형 여가에서는 찾아보기 힘들다(Stebbins, 2002: 69~71을 보라). 부족, 사회세계, 일상적 여가 그리고 진지한 여가는 그림 4.1 에서처럼 서로 연관되어 있다.

그림 4.1 구조적 복잡성 : 부족부터 사회세계까지

취향기반 부족 (아마추어, 음악)	활동기반 부족:소비 자(재즈, 배구)	활동기반 부족:광 (스타트랙, 오페라)	사회세계 (아마추어,경력 자원봉사)
가장 덜 복잡 ——————————→————————— 가장 복잡			
일상적 여가	일상적 여가	진지한 여가	진지한 여가

출처: 스테빈스(2002: 70)[28]

일상적 여가는 공동체에 기여가 없다고 했으므로 시민 노동 자격으로는 부족하다. 그러나 자원봉사로서의 일상적 여가는 예외다. 일상적 여가의 자원봉사활동은 시민노동이다. 왜냐하면 자원봉사활동은 이전에 만난 적이 없는 사람들에게 이루어지기 때문이다. 그래서 이러한 시민 노동은 진지한 여가나 프로젝트형 여가의 자원봉사로 한정할 것이 아니고 일상적 여가에서도 발견된다고 결론지을 수 있다.

프로젝트형 여가의 경우, 적어도 두 가지 방법으로 공동체를 만들 수 있는 여지가 있다. 첫 번째, 만날 이유가 없거나 적어도 자주 만날 일 없는 사

---

28) R. A. Stebbins, 2002, *"The organizational basis of leisure participation: A motivation exploration"*, State College, PA, Venture Publishing.

람들을 만나게 한다. 두 번째, 이벤트 자원봉사나 다른 이타적인 집단 활동으로 공동체 이벤트나 프로젝트에 기여하게 된다. 다르게 말하면 프로젝트형 여가 활동(대부분 일회성 프로젝트로 보인다)은 시민 노동이라고 정의내릴 수 있다. 이러한 활동은 진지한 여가에만 한정되어있는 것은 아니다. 스테빈스의 연구에서 보면 취미로 등산을 즐기는 사람들은 종종 프로젝트형 여가 활동(대부분 자원봉사)에 참여함으로서 그들의 여가 라이프 스타일을 완성시킨다(Stebbins, 2005c).

일 탈

크리스 로젝(Chris Rojek, 1997: 392-393)은 유일하게 그의 여가 연구 비평에서 "여가일탈에 관심을 가졌다" 출판물을 가지고 학자들이 이 분야에서 이 형태의 여가를 알고 싶어 한다면 범죄나 일탈 연구로 전향해야만 한다고 로젝은 말한다. 그럼에도 불구하고 여가일탈 연구는 여가연구에서 대단히 중요하기 때문에 "여가학도는 여가 활동의 어두운 영역을 조명하려고 할 뿐만 아니라 정상적인 여가 실행의 규칙들이 어떻게 작동하는지에 대해서 보다 명확하게 이해하는데 기여하고자 할 것이다."

여가일탈에 관해 다루는 것은 이제 시작이며[29] 여가일탈에 관심 있는 독자들은 이와 같은 자료들로 고무될 수 있다. 진지한 여가 조망의 관점에서 중요한 것은 여가일탈은 일상적 여가나 진지한 여가 형태에서 모두 나타날 수 있다는 것이다(프로젝트형 여가일탈은 없다). 아마도 여가일탈 활동은 진지한 여가보다는 일상적 여가에서 더 널리 흔하게 나타날 것이다.

일상적 여가 일탈이나 진지한 여가 일탈은 "용인할 수 있는 일탈"

---

29) Stebbins, 1996d, 1997; Rojek, 2000, chap 4; Cantwell, 2003; special issue of *Leisure Loisir*, 2006: 30(1)를 보라.

(tolerable deviance)이라는 설명이 가장 적합할 것이다(예외는 아래에서 다룬다). 사회에서 어떤 도덕적인 규범 이탈은 대부분의 사회 구성원에 의해 행해지며 사회 환경에 어느 정도 위협을 주지만 이러한 여가일탈을 제어하려는 유효한 혹은 효과적인 공동의 시도는 없다(Stebbins, 1996d: 3-4). 일상적 여가와 마찬가지로 쾌락을 추구하는 용인할 수 있는 일탈의 범주에는 복장도착(이성옷 입기), 동성애, 음란물 관람(예를 들면 스트립 쇼, 포르노 영화) 그리고 스와핑이나 그룹 섹스 등을 포함한 성적 일탈활동 등이 포함된다. 알코올 중독이나 강제 도박이 아닌 과음이나 도박은 대마 초 복용이나 불법적이고 쾌락적인 조제된 약물복용처럼 용인할 수있는 일 상적 여가일탈 형태의 범주에 들어간다. 사회적 누드주의 역시 용인할 수 있는 일탈 조망으로 분석했다(이러한 여가 형태는 스테빈스의 여가 특징 연구(Stebbins, 1996d: 제3장-제7장, 제9장)에 잘 설명되어 있다).

마지막으로 성적 자극으로의 일상적 여가일탈의 근원은 특히 여가일탈 활동이 주는 쾌락에 있다. 대부분의 사람들은 이러한 여가일탈을 즐기겠 다는 생각을 하지도 않고 적어도 감히 할 생각도 못하지만, 다른 이들의 여 가일탈에 대해서는 용인한다. 그러면서도, 그들은 몇 안 되는 일상적 여 가 일탈활동 같은 경우에는 적극적으로 비난한다. 예를 들면, 근친상간, 밴 달리즘, 성폭행, 그리고 잭 카츠(Jack Katz, 1988: 제2장)가 "은밀한 전율" (sneaky thrills)이라고 일컫는 것들(특정한 도둑질, 가택침입, 절도, 폭주 등)[30]에 대해서는 강력한 경찰단속을 요구한다. 그러나 은밀한 전율이란 쾌락욕구가 아니고 사회생활의 기조에 반항하는 흥분욕구인 것이다.

용인되거나 용인되지 않거나 하는 일상적 여가 일탈이면에는 기본적으

---

30) '재미'가 목적인 연쇄 살인과 폭력에 관한 글은 이미 언급한 *Leisure/Loisir* 특별판을 보라

로 일탈된 종교, 정치, 과학으로 구성된 진지한 여가일탈이 있다. 정치일
탈은 급진적인 좌, 우익 이상주의자들로 구성되어 있는 반면 종교일탈은
전형적인 현대 사회의 종파와 컬트에서 명백히 드러난다. 트루지(Truzzi,
1972)에 의하면 과학일탈은 다섯 가지 초자연적인 현상인 점성술, 마녀-악
마숭배, 초감각적 인지, 동방종교사상, 그리고 그 외의 다양한 신비한 현상
(UFOs, 수맥탐지, 그리고 호수 괴물 등)에 중심을 두고 있다(좀 더 자세한
내용은 Stebbins, 1996d: 제10장을 보라). 그래서 진지한 여가 일탈은 주로
인문학적 취미나 활동 참가에서 보여지며 마법과 점술 영역에서도 추구되
는 활동이다.

어떤 형태의 진지한 여가 일탈 참여자는 남녀구분 없이 과학, 종교, 혹은
정치의 주류로부터의 공격에 대한 방어와 더불어 특별한 믿음이라는 시스
템을 얻기 위해 많은 노력이 필요하다고 느낄 것이다. 그 뿐만 아니라 주
변부 사회세계에서 변함없이 따라오는 자기계발과 그 독특한 장르 안에서
부분적으로 기반을 둔 특별한 개인 정체성이라는 상당히 중요한 두 가지
추가적인 보상을 발견하게 될 것이다.

청년기 일탈

아이소-아홀라와 크롤리(Iso-Ahola & Crowley, 1991)의 여가학 연구는
자유시간의 지루함이 일탈 여가의 전조증상이라고 한다. (가장 흔하게 연
구되는 그룹인) 지루함을 느끼는 청년들은 약물이나 알코올 혹은 스릴을
느끼는 범죄 이를테면 패 싸움, 불법도박, 그리고 폭주드라이브를 통해 자
극을 추구한다. 연구자들은 일탈 여가 참여자들이 반복적이거나 지속적인
것을 좋아하지 않으며, 비 남용자들보다 스릴이나 모험을 더 추구한다는

연구를 인용하면서 중독성 남용자들에게 주로 관심을 보였다. 달리 말하면, 일탈여가활동에 참여하는 청년들은 번지 점프나 롤러코스트같은 단발적인 여가활동이 아니고, 그렇다고 오랫동안 지루한 준비가 필요한 축구나 스케이트보드 같은 것도 아닌 규칙적인 활동이면서 동시에 최적의 각성(arousal)을 주는 여가활동을 찾기 때문이었다.

청년들은 지속적이고 반복적인 경험은 별로 하고 싶지 않거나 하기 싫다고 하는데 그렇다면 어떤 종류의 여가가 그들의 지루함을 경감시킬 수 있을까? 몇몇 일상적 여가 활동은 청년들의 참여가 가능하고 그들의 지루함을 덜 수 있지만 단지 아주 짧은 순간 동안만 성취 가능하다. 그러한 여가활동은 순간적인 것(fleeting)이라 정의된다. 물론 진지한 여가 활동처럼 악기를 배우거나 운동을 위한 훈련을 하는 반복적인 준비가 필요한 것은 아니지만 모든 여가활동은 상당한 수준의 인내가 필요하다. 예를 들면 자원봉사 활동이나 인문학 취미 여가활동도 진지한 여가 활동처럼 반복적인 준비가 필요한 것은 아니다. 아마추어 과학이나 취미로하는 수집, 다양한 게임들, 그리고 많은 활동참여 영역에서도 마찬가지이다. 동굴탐험, 오리엔티어링, 그리고 어떤 종류의 스포츠 자원봉사활동은 반복적이지 않는 진지한 여가이며 모두 흥미롭고 상당히 모험적이다. 그러나 문제는 아무것도 하지 않거나 혹은 뭔가 지겨운 일을 하는 것보다 진정한 여가에 이르는 알려져 있거나 접근가능한 정보와 방법의 부재에 있다(Stebbins, 2003a). 강제됨이란 현재 상황에서 기분 좋게 탈출은 할 수 없다는 것이다. 돈이 필요하니 일해야 한다. 혹은 강도에게 돈을 내놓지 않으면 총이나 폭력의 위협을 받는다. 그러나 이와 같이 지루한 활동에 대한 기분좋은 대안들은 일부는 여가 일탈로, 또 다른 일부는 일탈적이지 않은 여가로 존재한다.

그럼에도 불구하고 이런 상황이 여가교육의 중요한 목적을 밝히는데도움이 되는 것은 아니다. 그러므로 (여가 카운슬러들이나 여가 자원봉사자들을 포함한) 여가 교육자들은 만성적으로 지겨워하는 청년들에게 무엇을 가르쳐야 하는가? 일반적으로 다음 장에서 다루게 될 여가교육과 조화를 이루려면 여가교육자들은 일상적 여가가 아닌 진지한 여가와 프로젝트형 여가에 초점을 맞추어야한다. 따라서 추가적인 논의가 필요하다.

역 사

여가에는 일반적인 역사가 있다. 진지한 여가, 일상적 여가, 그리고 프로젝트형 여가는 그 중 일부분이다(Cross, 1990을 보라). 그러나 진지한 여가 조망의 종합에서의 관심은 세 가지 여가 형태 중 한 가지 혹은 그 이상의 여가활동에 따라 정의되고 설명되는 여가 활동의 역사다. 그래서 본 절의 중요한 점은 역사적인 관점에서 여가활동을 어떻게 구조화할 것 인가이다. 의문이 드는 여가활동을 설명하거나 분석하고 이해하기 위해 들여다본 역사에서 여가의 또 다른 면과 맥락을 볼 수 있다.

많은 진지한 여가 활동들은 역사를 가지고 있는데 특히 아마추어 영역과 취미나 자원봉사활동 영역의 일부에서 볼 수 있다. 역사적인 틀을 이용한 연구 자료는 엔터테인먼트 마술, 캐나다 풋볼, 스탠드업 코미디, 바버숍 아카펠라 합창단, 자원봉사활동, 그리고 엄선된 등산 취미 등에서 찾아볼 수 있다(Stebbins, 1993a; 1993c; 1990; 1996a; 1998d; 2005c). 겔베(Gelbe, 1999: 11-12)는 미국에서 취미로 하는 진지한 여가 활동에 대한 일반적인 역사를 제시한다. 어떤 일상적 여가는 역사적인 틀에 잘 맞다. 예를 들면 텔레비전 시청에 관해서는 풍부한 역사적인 자료가 있다. 대량 관광(mass tourism), 외식, 사회적 누드주의(social nudism), 레크리에이션으로 하는 약물복용, 그리고 시네마후원 등의 연구처럼 말이다. 다른 일상적 여가 활동들, 예를 들면, 낮잠, 윈도우쇼핑, 그리고 비공식적인 사교대화 등은 역사적인 자료를 만들기가 쉽지 않다. 프로젝트형 여가 활동은 일상적 여가 활동과 같이 역사적인 자료가 가능하기도 하고 쉽지 않은 경우도 있다. 주요 이벤트에 참여하는 자원봉사 같은 종류의 프로젝트형 여가 활동은 역사적으로 설명하거나 분석하기에 적당하다. 그러나 개인적인 프로젝트형 여가 활동(족보학, 바위정원, 깜짝 파티) 등은 개인의 결정과 행동의 연대기가 있긴 하나 형식을 갖춘 역사는 아니다. 프로젝트형 여가 활동은 짧은 기간에 이루어지는 특성상 역사적으로 다루기가 쉽지 않다.

라이프스타일

진지한 여가 조망에 적합한 *라이프스타일(lifestyle)*의 정의는 다음과 같다. 일관된 관심사나 사회적 조건 혹은 두가지 모두에서 형성되고 공유된 뚜렷하고 실질적인 행동양식인데, 어떤 상황 아래에서 여가 활동 참여자의 개별적이고 공통된 사회적 정체성의 근간이 되는 관련된 가치, 태도, 그리고 동기로 설명되고 정당화된다(Stebbins, 1997b와 Veal, 1993을 보라). 실제 여가 라이프스타일이란 사람들이 자유 시간 추구에 있어 그들의 분, 시, 일, 주 등을 분배하는 방식에 중점을 두고 있다. 여가학에서 자유시간이란 한 개인의 목적 달성의 중요한 자원으로 오랫동안 다루어져 왔다.

다르게 말하면 사람들은 그들의 여가를 *자유재량몰두시간(discretionary time commitments)*이라 여긴다. 자유재량몰두시간은 기본적으로 강제되지 않은 어느 정도의 분, 시, 일, 혹은 사람들이 활동을 추구하거나 혹은 추구하고 싶어 하는 시간에 대한 다른 기준의 분배를 일컫는다(Stebbins, 2006e). 몰두는 과정인 동시에 생산물이다. 사람들이 그들 자신의 몰두시간(생산품)을 정하거나(과정) 혹은 다른 이들이 정하는 그러한 몰두(즉, 동의하는 유쾌한 의무)를 기꺼이 받아들이거나 하는 것이다. 다른 이들로부터 혹은 상황에 의해 강제된 유쾌하지 않는 의무의 경우에는 개인행위자의 자유재량 몰두시간이 되지 못한다. 줄여 말하면, 몰두시간의 개념은 여가와 일의 즐거운 측면에서 그 표현을 찾을 수 있다(사실상 여가로서 몰두시간에 대한 개념은 Stebbins, 2004b를 보라).

그러나 때때로 우리는 직장에서나 혹은 직장 밖에서 유쾌하지 않은 활동에 참여해야 한다. 그러한 활동시간을 *강제된 참여시간(coerced time commitments)*이라 부르며 분명히 자유 재량적이지 않다. 그러므로 이러한 강제된 참여시간은 이 논의의 범주를 벗어난다. 여가범위를 벗어난 재미있는 예외들도 있다(제1장 여가 비용에 관한 논의를 보라).

좀 더 일반적으로 말하자면 일, 여가 그리고 일이 아닌 의무의 영역에서 과거, 현재 그리고(자유 재량적이고 강제적인) 미래 몰두시간에 대한 것이다. 사람들이 만드는 시간몰두의 종류는 그들의 일과 여가 라이프스타일을 형성하는데 도움을 주고 그러한 라이프스타일을 구성한다. 여가영역에서 그러한 몰두의 특징은 세 가지 여가 형태를 걸쳐 다양하게 나타난다. 진지한 여가 활동은 다른 두 가지 여가활동에 비해 더 많은 시간을 필요로 한다. 다른 이유가 아니라 진지한 여가는 오랜 시간 추구해야하는 여가활동이기 때문이다. 또한 인내를 포함하여 몰두, 노력, 그리고 경력 등의 진지한 여가 특징들은 아마추어, 취미, 그리고 자원봉사활동 여가 참여자들이 어떻게 그들의 자유 시간을 배정하는지, 진지한 여가 활동에 얼마만큼의 시간을 쓰는지, 그리고 진지한 여가 활동을 어떻게 추구하는지 인지할 수 있도록 한다.

　많은 사례들이 있다. 신체적인 기술의 발전과 숙달에 기반을 둔 아마추어 그리고 취미 활동들(예를 들면 저글링, 피겨 스케이트, 퀼트, 그리고 피아노)에 필요한 기술들을 닦고 익히기 위해 여가활동 참여자들은 때때로 수년간의 열정과 규칙적인 몰두시간이 필요하다. 그리고 한번 습득한 기술과 관련된 신체적인 조건은 여가활동 참여기간 동안 유지되어야 한다. 부가적으로 어떤 진지한 여가 활동의 열정적인 참여자들은 어떤 특정한 시간이나 장소에 그들의 참가를 요구하는 기분 좋은 의무들(예를 들면, 리허설, 시합, 미팅, 이벤트)을 받아들인다(Stebbins, 2000b). 진지한 여가의 본질인 가장 중요한 핵심활동은 한 개인이 충분히 시간몰두를 할 만큼 매우사람의 마음을 끈다. 달리 말하면 이미 언급한 바와 같이 진지한 여가는 *통제 불가능한(uncontrollable)* 상황에 자주 접근해 있다. 진지한 여가는 여가활동 참여자들에게 있어서 그들에게 가능한 돈이나 시간 그이상을(돈과 시간 두 가지 모두가 아니라면) 추구하려는 욕구에 빠지는 위험이 있다. 그래서 우표 수집이나 가구제조 같은 취미활동 참여자들은 이와같은 취미활동이 충분히 매력적임에도 불구하고 대부분 정해진 스케줄이나 약속이 필요없으므로 가능할 땐 언제나 진지한 여가에 시간을 배정한다. 프로젝트형 여가 활동도 비슷한 상황에서 이루어진다. 프로젝트형 여가 활동은 종종 정해진 스케줄이나 책임이(둘 다는 아니더라도) 수반된다. 짧은 범위이긴 하지만 통제불가능성이란 요소도 하나의 고려대상이다. 그러나 프로젝트형 여가 활동에서는 신체적인 기술을 갈고 닦거나 보유하지 않는다는 점이 자유재량 시간 사용에 있어서 진지한 여가와 중요한 차이점이다. 더구나 프로젝트형 여가는 시간 배정에 있어서도 진지한 여가와 다르다. 시간배정이 정해져있고 한정적이며 미리 주지된다(예를 들면 언제 운동경기가 끝나는지, 언제 돌담이 완성되는지, 언제 깜짝 파티가 이루어지는지 등). 사실 아무리 매력적인 프로젝트라도 긴 시간 동안의 몰두가 예상되는 것은 아니다.

마지막으로, 일상적 여가는 매주 한 시간 정도 텔레비전을 보거나 자주 동네 커피 간담회 등에 참여하는 것이다. 특히 텔레비전 시청 같은 어떤 일상적 여가 활동은 매우 매력적이다. 왜냐하면 "즉흥적인 자유재량 시간몰두"(spontaneous discretionary time commitment)라 불리는 순간적인 인지(moment's notice)가 가능하기 때문이다. 이 점은 자유재량몰두시간과 강제된 참여시간 사이의 간극을 매울 수 있고 그 과정에서 지루함을 덜 수도 있다. 또한, 일상적 여가의 자원봉사 활동은 주말 환경정화회원 활동, 저소득층을 위한 추수감사절 무료 만찬 제공 행사, 가가호호 방문모금 활동, 또는 거리에서 자선 기부금 모금 등 보통 단기간에 가능한 여가활동이다.

더구나 그들이 여가 라이프스타일을 완성하는데 있어서 사람들은 세 가지 여가형태 중 한가지나 그 이상의 여가활동에 그들의 시간을 사용하거나 참여하고 또한 서로 섞기도 하고 조정하기도 한다. 이런 점에서 어떤 사람들은 "최적의 여가 라이프스타일"에 맞추어 그들의 자유 시간을 구성한다(Stebbins, 2000a). 그리고 자유시간에 추구하는 진지한 여가 형태의 한가지나 그 이상의 여가활동이 주는 깊은 보상과 재미추구는 일상적 여가나 프로젝트형 여가 활동 혹은 두 여가활동 모두로 보완된다. 사람들은 개인적으로나 단체 여가 활동 참여를 통해 그들의 잠재력을 발견하고 자아성취나 웰빙 또는 삶을 질을 증가시키는 최적의 여가 라이프스타일을 찾는다.

문 화

여가 영역에서 넓은 의미로서의 문화로 일반화하기위해 톰린슨(Tomlinson, 1993)의 "몰두의 문화"(culture of commitment)란 아이디어를 가져왔다. 톰린슨은 진지한 여가 활동 참여자들의 문화적인 생산품 창조를 관찰 연구하여 "일상의 문화적 삶의 집합적 형태들에 대한 인간 행위자들의" 몰두에 관해 썼다(Tomlinson, 1993: 9). 톰린슨의 개념을 일반화하면 여가와 관련된 의무, 핵심 가치, 그리고 이기심의 문화에 대해 말할 수 있다. 그 문화란 진지한 여가나 프로젝트형 여가의 문화적인 생산품들을 창조하는 것과 관련되어 있다. 더구나 여가활동참여자가 생산자이자 소비자가 되는 것이 문화이다. 그러므로 소비적이기만 하고 생산적이지 않는 대부분의 일상적 여가는 이 논의에서 제외되어야 한다. 이미 주지한 바와 같이 일상적 여가 중 자원봉사활동만이 중요한 예외다.

몰두

첫째, 상식적으로 생각하면 비논리적으로 보일수도 있지만 경험적으로 보면 진지한 여가 추구는 상당한 정도의 긍정적인 몰두라 할 수 있는 명제이다(Stebbins, 1992a: 51-52). 이러한 몰두는 여러 방법 중에서 여가 애호가나 여가 참여자들의 상당한 시간과 에너지 투자로 측정된다. 에데리지와 니아폴리탄은 미국의 공예 예술가들을 연구했다(Etheridge & Neapolitan, 1985). 연구 자료에 의하면 훈련량과 공예 잡지를 읽는 경향을 측정해본 결과 진지한 여가 아마추어들이 단순 참가자들에 비해 공예작업에 훨씬 진지함을 보였다는 것이다. 게다가 단순 참가자들은 이 공예 활동을 일상으로부터 전환 역할인 레크리에이션으로 여기지만 아마추어 진지한 여가 활동참여자들은 이 공예활동에서 완성도와 예술가적인 창조성에 강한 몰두를 보이며 뭔가 깊은 의미를 추구했다(Green & Chalip, 2004 의 프로젝트형 여가의 몰입에 관한 연구 제 3장을 참조하라).

몰두란 진지한 여가나 프로젝트형 여가 활동의 전조나 부가물이 아니라 오히려 아주 심오한 결과물 중의 하나이다. 사람들은 그들이 매우 가치 있게 생각하는 핵심 여가활동의 깊은 관여와 애착에 기반을 둔 여가역할에 몰두한다. 호모 오티오수스는 여가활동 참여 과정에서 어떻게 핵심 과제를 성취해 가는지 발견한다. 이러한 몰두는 헌신적인 노동에서도 가능하다(Stebbins, 2004b: 17~18). 그러나 여가, 특히 진지한 여가나 프로젝트형 여가 형태와 구별되는 것은 여가가 아닌 일에서 나타 나는 몰두와 관련된 형태이다. 이제까지 논의한 여가 활동에 깊은 개입이나 애착은 "가치 몰두"(value commitment) (Stebbins, 1970b: 527)라 알려져 있다. 그것은 진지한 여가나 프로젝트형 여가 활동 참여자들이 여가활동에서 찾는 많은 강력한 보상으로부터 나오는 것이다. 그러나 사람들은 여가활동에 갇혀있다는 느낌으로서의 몰두가 될 수도 있다. 그들은 "지속 몰두"(continuance commitment)(Becker, 1960; Kantor, 1968; Stebbins, 1970b)를 경험한다. 역할에서 지속이란 개념은 역할에 대한 보상보다는 손실에 강조를 둔다.

"여가활동을 변경함으로서 생기는 사회적인 불이익 위험 때문에 다른 여가 활동을 선택하는 것은 불가능하다는 것을 깨닫는 것" 이다(Stebbins, 1970b: 527). 만약 여가활동을 추구하는 비용이 너무 많은 경우(제1장에서 논의됨) 여가활동 참여자는 그 여가활동을 그만두고 싶어 할 수도 있으나 거대한 불이익이 있음을 깨닫고 그만두지 못하기도 한다. 자원봉사활동 참여자들에게서 많은 고전적인 예시를 발견할 수 있는데 동호회나 협회의 회장(회계, 비서 등 포함)직을 그만두려고 하나 대체자를 찾지 못하는 경우가 있다. 이런 경우에 그 활동은 더 이상 여가가 아니며 계속 해나가는 것 자체가 이제는 유쾌하지 않는 의무가 된다.

의무

"의무"(obligation)란 여가학에서는 자주 사용되긴 하지만 안타깝게도 아직 개념화 중인 아이디어다. 의무의 중요성은 두 가지 사실에서 기인한다. 여가 활동은 종종 혹은 자주 의무의 특성이 있는데 어떤 여가활동 참가자들은 여가의 일부라 생각하고 경험하지만 또 다른 이들은 여가선택의 기회를 빼앗긴다는 측면에서 반감을 가질 수도 있다. 의무에 관해서 말하자면 어떤 것이 사람들의 여가활동 참여를 방해하는 지가 아니라 - 여가 제약에 관한 많은 연구의 목적이다 - 사람들이 주어진 활동을 어떻게 여가로 정의하거나 여가가 아닌 의무로 재정의 하는 것에 실패하는지에 관한 것이다. 다르게 말하면, 의무란(의무라고 느끼는) 마음의 상태, 태도, 그리고 어떤 특정한 행동과정을 수행하는 행위의 형태를 말한다. 그러나 의무가 대개 정신적이고 행동적인 것이라 하더라도 근본은 의무 행위자의 사회적이고 문화적인 세계에 있다. 결과적으로 의무 문화라 말할 수 있다.

더 정확히 말하자면 여가활동에서 유쾌하지 않은 의무란 없다. 왜냐하면 내키지 않는 의무는 여가활동의 기본적인 특징인 기분좋은 기억 혹은 기대를 여가활동 참여자들에게 줄 수 없기 때문이다(Kaplan, 1960: 22~25). 그러나 태도 또는 행위 형태로서의 유쾌한 의무는 여가의 매우 중요한 부분이다. 이런 유쾌한 의무는 여가활동의 가치 있는 몰두와 함께 오는 것이고 즐거운 기억과 기대와 연관되어 있으므로 여가의 일부다. 그러나 여전히 여가활동에 있어서 유쾌한 의무란 여가 참여자들이 원해서 하는 활동이기 때문에 실제로 의무라 느끼지 않는다. 그러나 진지한 여가에 대한 나의 연구는 좀 더 복잡한 그림을 제시한다. 조사 응답자들은 그들이 어떤 특정한 장소에 가야하거나 어떤 특정한 일을 해야 한다는 것과 그들의 일상적인 생활에서 (자유재량시간을 분배하는 과정에서) 의무가 되는 여가 활동을 제일 우선시해야 한다는 것도 알았다. 그들은 그 여가활동을 원하는 것 뿐만이 아니라 해야만 한다는 것이고 그 때문에 다른 활동이나 요구들이 뒤로 밀릴 수도 있다. 때때로 여가활동 참여자들의 파트너들은 그나 혹은 그녀가 매일 몰입하는 우선순위에 그 여가활동을 두는 것에 반대했는데 여가활동의 보상측면을 흐리게 하는 비용이 발생하면서 여가참여자들과 그 파트너들 사이에서 때때로 충돌이 일어나기도 한다. 진지한 여가나 프로젝트형 여가에서는 더욱 명백하지만 세 가지 형태의 모든 여가활동에서 모두 유쾌한 의무인 것은 분명하다.

가치

여가 참여자들은 여가활동과 그 활동의 핵심과업(core tasks)을 통해서 성공, 성취, 행위의 자유, 개인적인 인성 (어떤 것에 개입하는) 활동 등과 같이 강력하게 지지되고 있는 문화적인 가치를 실현한다(Williams, 2000: 146). 이러한 가치들은 동일한 진지한 여가 또는 프로젝트형 여가에 참여하고 있는 다른 사람들과 공유한다. 몰두란 진지한 여가나 프로젝트형 여가 활동의 결과로 다시 말하면 개인이 이러한 문화적인 가치들에 대해 꾸준하게 그리고 자주 열정적으로 추구한 결과물이다.

일상적 여가 활동 참여자들은 이러한 문화적인 가치를 거의 실현하지 못한다. 요즘 젊은이들은 때때로 특수한 소비를 통해 본 장에서 다루었던 부족 여가에 참여함으로써 인성의 개인화를 달성하기도 한다. 게다가 일상적 여가 활동 중 하나를 선택함으로써 특정한 행위의 자유를 표방하고, 그 일상적 여가를 선택한 사람은 무언가에 개입한다. 그러나 적어도 선택한 일상적 여가를 하고 있는 동안에는 성공, 성취, 그리고 부족세계 밖에 있는 개인적인 인성 등과 같은 가치를 실현하지는 못한다. 가치문화 관점에서 여가를 보면, 여타 두 가지 형태의 여가와 비교했을 때 일상적 여가가 가장 취약하다.

실질적으로나 직접적으로 진지한 여가 활동 참여자들이 뭔가 중요한 것을 성취했고 자신이 성공적이라고 믿는다는 것을 보여주는 연구를 알진 못하지만 대부분의 진지한 여가 활동 참여자들이 이 두 가지의 가치를 정확히 느끼고 있다고 결론내리는 것은 합리적이라 생각된다. 결국 그들의 준거집단(reference group)에 속한 다른 사람들과 비교했을 때, 진지한 여가 참여자들은 상당한 지식과 기술을 발전시켜 왔으며, 상당한 경험도 획득했다. 이와같은 지식, 기술, 경험 등에는 특정한 수준의 인내심과 창의성 또는 혁신이 녹아있다. 이러한 두 가지 가치들은 일상적 여가 활동을 통해서는 실현할 수 없고, (조립과 수리나 엔터테인먼트 극장 등과 같이) 많은 여가 프로젝트를 통해 제한된 방식으로만 실현할 수 있다.

진지한 여가 그리고 진지한 여가보다는 약하지만 프로젝트형 여가는 여가활동 참여자들이 개인적인 인성의 가치를 실현하도록 돕는다. 그 가치들은 창의성, 혁신, 인내 등을 활용한 여가의 핵심 과업에서 나타나는 그들의 예외적인 기술, 지식, 그리고 경험에 의해 주로 개인화 된다. 또는 어떤 고급 여가 활동(예: 아주 잘 알려진 예술이나 스포츠, 유명 페스티발, 박물관, 이벤트) 참여자로서의 사회적인 정체성에 의해 더욱 개인화되기도 한다.

이기심

이기심이란 피해자들이 이기적이라고 판단하는 자기추구(self-seeker) 행동이다(Stebbins, 1981a). 우리가 어떤 행동을 이기적이라고 정의하면, 우리는 그 행동을 비난한다. 자기추구자들이 피해자를 고려하지 않거나 희생시키면서 자신의 복지와 이익추구에 대한 관심을 드러낸다고 느끼게 되면 피해자들은 자기추구자에게 비난의 화살을 겨냥한다. 이기심이라는 실을 짜는 바늘은 착취형 불공평이다 - 우리의 일상사에 해를 끼치는 개인 편의주의의 일종이다. 세 가지 형태의 여가를 비교해보면 진지한 여가는 대부분 복잡하고 인내심을 필요로 한다. 이런 이유로 여가참여자들은 진지한 여가에 많은 시간을 할애하게 되며 이기적이란 비난을 받는다. 어떤 진지한 여가나 프로젝트형 여가 활동(예를 들면 아마추어 극장 리허설, 동물원 자원봉사가이드)은 다른 대부분의 일상적 여가 활동과는 달리 엄격하게 정해진 스케줄에 따라 추구해야 하므로 시간 타협이나 다른 조치의 여지가 거의 없다. 그래서 진지한 여가나 프로젝트형 여가 활동에서는 이기적이라는 비난을 받을 수 있다.

또한 여가참여 파트너를 포함시킨 경우와 배제시킨 경우를 대조해 보면 이와 유사한 것을 진지한 여가 활동과 일상적 여가 활동에서도 관찰할 수 있다. 논리적으로 말하자면, 예비 불만자가 활동을 같이 하고있는 상황에서 그 예비불만자가 자아성취를 하였다면 다른 이의 이기심에 대해 불평하기란 어려운 일이다. 더구나 피해자와 자기추구자 모두의 관점에서 보면 진지한 여가는 일상적 여가와 비교해볼 때 이기심이 자주 논쟁의 대상이 될 수 있다. 진지한 여가 활동을 열정적으로 추구하는 참여자들은 자기계발, 자아표현, 자아실현, 타인에 대한 서비스, 그룹에 기여, 개인의 가치 있는 정체성 발달, 그리고 퇴근 후 자기계발 등과 같은 이상(ideal)으로 그들 행동을 정당화한다. 그러나 여기서 부분적 예외가 되는 일상적 자원봉사 활동도 앞에서 열거한 그룹에 기여, 자아표현 등과 같은 이상으로 정당화될 수 있다.

이기심이 여가문화의 한 부분을 형성한 것은 - 이 문제에 관한 조사연구 자료가 부족하므로 현장 연구로 일반화한 것이다 - 세가지 여가 형태 모두에서 많은 여가 참여자들이 이기적으로 행동하는 경향이 있기 때문이라고 나는 생각한다. 더구나 이런 경향과 문제는 여가 영역에서 완전히 인식되거나 공식적으로 연구되지는 않았지만, 앞서 통제불가능성이 이러한 경향을 설명한 것처럼 여가활동 참여자가 여가활동에 너무 깊이 참여하여 제어할 수 없는 상태에 빠지게 되면, 주요한 타자들(각주 7번 참조)로부터 (명시적으로 말을 하든 아니면 넌지시 암시를 하든 간에) 이기적이라는 비난을 받기가 쉽다.

결론 : 여가 경력의 역할

프로젝트형 여가는 진지한 여가는 아니지만 한 개인에게 있어 미래까지 지속될 수 있을 정도로 추구할 만한 뚜렷한 특징을 가지고 있는 여가 형태이다. 그러나 예를 들면 오랜 기간에 걸쳐 바이올린을 배우거나, 젊은이들에게 멘토를 하거나, 혹은 아마추어 럭비 선수로 활동하거나 하는 등의 진지한 여가 활동처럼 어떤 기본적인 기술, 지식 그리고 경험 등을 얻을 수 있는 경력이 프로젝트형 여가 활동에는 없다. 더구나 단기간에 일어나는 특성으로 인해 중심적인 삶의 관심이 되지 못한다. 그래서 많은 프로젝트형 여가가 나머지 사회세계로 밀려나 있고 그 사회는 진지한 여가의 전형적인 사회 세계처럼 복잡하거나 또는 발전되지 않는다. 프로젝트형 여가 활동을 통해 구현되는 정체성도 진지한 여가와는 달리 일상생활과의 관련성이 적다(프로젝트형 여가의 올림픽 자원봉사활동과 진지한 여가의 노인들이나 장애인들을 위한 식사배달 서비스 자원봉사활동과의 차이). 그러나 프로젝트형 여가와 진지한 여가의 가장 큰 차이는 진지한 여가 활동에서는 그들의 생애를 통해 지속적일 수 있는 활동을 얻을 수 있는 반면, 프로젝트형 여가 활동은 사람들의 생애과정에 있어 지속될만한 활동을 제공하지 않는다는 점이다.

프로젝트형 여가 활동 참여자들도 진지한 여가처럼 여가활동을 계속하고 싶어하고 매우 만족할 수도 있다. 그럼 무엇이 이런 동기를 자극하게 되는 것일까? 물론 이것은 이 연구의 궁극적인 문제제기이지만 개인이 프로젝트형 여가를 통해서 숨어있는 재능이나 적성을 발견하고 계속해 나갈 수 있는 지원이 가능한 사회 환경 속에서 강한 욕망이 일어났을 때라 생각한다. 그러나 현실적으로 오랜 기간 그 일을 수행할 수 있는 충분한 시간과

다른 자원들이 가능해야 그 여가활동을 지속적으로 추구할 수 있다. 개인
이 진지한 여가 경력을 시작한다면 그 촉매작용을 했던 프로젝트는 이제
여가경력으로의 첫걸음을 띠는 초심자에 의해 재해석된다.

프로젝트형 여가와 일상적 여가는 어떻게 연관되는가? 진지한 여가가
일상적 여가와 분리되어있는 것처럼 프로젝트형 여가도 일상적 여가와는
다르다. 일상적 여가 활동이 프로젝트형 여가 활동과 진지한 여가 활동의
선행 여가가 될 수도 있다. 어린 아이가 무심코 피아노 건반을 두들기고 놀
다가 피아노 레슨을 받고 싶다는 생각이 들 수 있는 경우처럼 취미삼아 단
순 참가를 해보거나 아마추어적인 예술이나 취미활동 등을 통해 한 개인
이 때때로 그 활동을 계속 발전시키고 싶다는 생각을 할 수도 있다. 이러
한 경우 초보자가 진지한 여가 경력으로 한 발을 내딛는 것이라 하겠다. 이
와 같은 변화는 프로젝트형 여가 활동으로도 발전할 수 있는데 초보적인
지식만을 가지고 카메라를 찍다가 고등학교 동창회 앨범을 제대로 만들기
위해 사진을 정식으로 배우겠다는 결심을 할 수도 있다. 그러나 얼마나 자
주 또는 어떤 환경에서의 일상적 여가 활동이 프로젝트형 여가나 진지한
여가로 향하는 중요한 전조적인 여가활동이 되는지는 계속적인 실증 연구
를 해 봐야 할 것이다.

제 5 장

진지한 여가 조망의 확장

진지한 여가 조망의 기본 원리는 탐구라고 하는 방법론적 접근에 기반하고 있다. 그러한 탐구라는 단어에 맞추어 생각해보면, 이전 장들에서 소개한 연구는 두 가지 방법으로 최근의 이론과 연구를 확장시켜 나간다고 말할 수 있을 것이다. 다시 말해서, 우리는 지금까지 (1) 이전에 탐구했던 활동이나 과정을 다시 탐구하는 것 즉, 이 책에서 *지속적 탐구(continued exploration)*라고 언급한 것과 (2) 기존에 탐구하지 않았던 활동이나 과정을 탐구하는 것 또는 *최초 탐구(initial exploration)*라는 방법으로 진지한 여가 조망을 확장시켜 왔다. 이 장에서 우리는 세번째 방법으로 진지한 여가 조망을 확장할 것이다. 이 세번째 방법은 새로운 이론적 관계를 찾거나 기존의 것을 다듬어서 완성하는 것이다. 나는 이것을 *이론적 정교화(theoretic elaboration)*라고 이름 붙일 것이다. 앞의 두 가지 방법이 주로 귀납적인 반면, 세번째 것은 주로 연역적이다.

이러한 세 가지 확장방법을 공통분모로 연관시키는 것을 연쇄 과정이라고 한다. 진지한 여가 역사 전 과정에서, 이 연쇄 과정은 여가활동 연구를 위한 개방형 접근방법이었다(이미 제1장에서 간략하게 설명함). 사회과학적 탐구는 연속적 연구 방법을 통해서 근거(또는 귀납적) 이론에 도달한다(Glaser & Strauss, 1967). 사회과학에서 "연쇄"(concatenation)는 종단연구 과정을 의미하기도 하고, 상호 연관된 개방형 현장 연구의 결과물을 지칭하기도 하며, 사슬에서 누적된(보통은 형식적인) 근거이론으로 이어진다 (Stebbins, 1992a; 2001b; 근간[31]). 사슬 시작부분의 연구는 포괄적인 범위의 탐구다. 사슬에서 각각의 연구 또는 연결고리는 관련 집단, 관련 활동, 관련된 사회 과정 또는 보다 넓은 범주의 집단과 활동 등을 조사하거나 재조사하는 것이다. 일련의 연구들에 대해 이러한 사슬의 비유가 부적절한 이유는, 연속적 탐구의 증가하는 본질(the accretive nature)을 제대로 설명하지 못했기 때문이다. 사슬의 비유에서 각각의 연결고리들은 모두가 같은 정도로 중요하다. 반면에 과학적 연쇄의 경우, 사슬 안에서의 연구들은 연결을 의미할 뿐만 아니라 서로를 예측하게 한다. 동일 영역에서의 기존 연구내용 뿐만 아니라 거기서 사용된 방법과 조사된 표본도 이후 연구의 지표가 된다. 따라서 각각의 연결고리들은 진행 중인 연구와 최근 급부상하는 근거이론에서 다소 다른 역할을 한다. 한편, 선행 연구는 후속 탐구를 *인도할(guide)* 뿐, 선행연구를 기초로 한 예측이 새로운 발견을 제한할 정도로 후속 연구를 통제하지 않는다는 점에 주목해야 한다.

그러나 이 장에서 설명하는 탐색적인 연구들은 특별한 방식으로 연결되어 있다. 엄밀하게 말해서, 그 연구들은 진지한 여가조망의 양상을 획기적인 새로운 방향 즉, 다른 연구 분야로 나아가게 한다. 분명히 그것은 (적당하게 개방적인) 지속적 탐구이지만, 이 장의 연구주제는 세 가지 여가 형태 속에서의 확장이 아니라, 다른 학문 영역과 진지한 여가 조망을 연결시키는 것이다. 따라서 이러한 논의는 독자적인 연구 분야를 수립하기 위한 것이다. 이론적 정교화는 새로운 지적 영역에 귀납적인 탐색 연구로 보강함으로써, 분리된 두 분야의 경계를 넘어 연역적으로 확장하는 것이다.

---

31) 이 책의 출판정보에 대해, 제6장에서 스테빈스(2006b)로 소개하고 있다(역자 주).

이 장에서 나는 검토된 연구 성과를 학제간 확장이 처음 이루어졌을 때부터 개략적인 연대순으로 소개할 것이다. 이러한 연결고리들은 개별화시켜 구별하는 것 자체가 발견이라고 할 수 있다. 비록 어떤 경우에는 일반적인 탐구 작업과 달리 우연히 발견하는 것처럼 보이지만 말이다. (탐구와 우연한 발견의 구별에 대해서는 Stebbins, 2001c: 3-4를 보라.) 우리는 관광에 대한 연결고리로부터 시작할 것이다. 이를 위해서 고려해야 할 것은, 제2장에서처럼 (다만 논의된 각각의 작업이 전체는 아니더라도) 진지한 여가 조망을 구성하는 하나 또는 두 가지 형태의 여가 혹은 세 가지 형태 모두에 초점을 맞추는 것이다.

관 광

홀과 웨일러(Hall & Weiler, 1992: 8-9)는 "특수관심관광"(special interest tourism)을 규정하면서 진지한 여가 조망과의 긴밀한 연결고리를 구축했다. 그들은 진지한 여가의 여섯 가지 특징 중 다섯 가지와 진지한 여가의 지속적인 혜택 중 일부를 기준으로 삼았다.[32] 그리고 홀(1992: 147-149)은 스포츠와 관광에 관한 별도의 장에서, 스포츠 관광 선수와 스포츠 관광 활동 참여자를 구별하고, 단순히 스포츠 이벤트를 관람하기 위해 여행하는 사람들을 일상적 여가 영역으로 격하시켰다.

나는 인문학 취미가 분류상 문화관광(cultural tourism)의 고향이라고 생각하고 있으며, 문화관광은 레크리에이션 관광(recreation tourism)과 반대 위치에 있는 것이다(Stebbins, 1996c). 델베레(Delbaere, 1994)의 정의처

---

32) 즉, 그들은 내가 이후에(Stebbins, 1996c) 언급했던 특징인 인내(perseverance)를 빠뜨렸다.

럼, 레크리에이션 관광은 다른 유형의 취미(주로 활동 참여, 스포츠 그리고 게임)와 아마추어 스포츠로 묘사된다. 제1장에서 언급한 것처럼, 독서(주로 도서, 잡지 그리고 신문)는 대부분의 취미활동가들이 인문학 지식을 습득하는 주요한 방법이다. 물론 다른 방법들이 있지만, 독서는 취미와 관련된 활동에 직접 참여함으로써 실질적으로 증진될 수 있다. 독서가 여행을 증진시킨다고 생각하지 않고, 독서와 여행을 똑같이 즐겁고 중요한 것으로 여기는 문화관광객에게 이것은 확실히 옳은 말이다.

그럼에도 불구하고, 일부 문화관광은 취미로 여겨지지 않는다. 직접 참여하는 것을 목적으로 하는 여행이 진지한 여가로서의 취미가 되는지 여부는, 지식 추구가 체계적이고 지속적인지에 따라 어느 정도 결정된다. 취미란, 단지 2-3주의 휴일 동안만이 아니라 수년에 걸쳐 유지되는 것이다. 참여자 관점에서 보면, 진지한 여가추구 대부분은 기술, 지식, 경험이나 이 세 가지 조합을 습득하는 것 위주의 여가 역할과 그것으로부터 부수적으로 따라오는 경력의 틀 안에서 펼쳐진다. 그러한 경력을 뿌리 내리고 성장시키기 위해서는 결코 적지 않은 시간이 필요하다. 아마추어 활동, 취미 활동 또는 자원봉사 활동에서 나타나는 뜨거운 관심은 열정적인 사람(the enthusiast)으로 하여금 진지한 여가와 그것이 제공하는 여가 경력을 추구하는데 시간을 보내도록 한다. 결과적으로, 수 년 마다 이따금씩 단지 한 두 번 문화관광(cultural tour)에 참가한 사람들이, 조사에서는 문화관광객으로 분류될지 모르겠지만, 이론상으로는 취미활동가로 분류되지 않는다. 엄밀하게 말하자면, 오히려 그들은 *문화적 단순 참여자(cultural dabblers)*라고 할 수 있으며, 일종의 일상적 여가 참가자다.

진지한 여가로 추구된 문화관광은 독특한 정체성(a special identity)

을 야기한다. 이 정체성이 독특한 이유는, 일상적 여가나 대량관광(mass tourism)에서 나타나지 않는 진지한 여가의 다른 다섯 가지 특징을 기초로 하기 때문이다. 일상적인 관광(casual tourism)이 굴욕적이거나 비열하다고는 할 수 없지만, 대단히 순간적이고 재미없으며 너무나 흔하기 때문에 대부분의 관광객은 그 안에서 어떤 대단한 정체성을 찾아내기 어렵다. 따라서, 어리(Urry, 1994: 235)가 현대의 정체성이 놀이와 소비를 통해 형성되고 가끔은 관광활동(touristic activity) 안에서 표현된다고 말할 때마다, 우리는 논의 중인 관광이 대량관광인지 문화관광인지를 고민해야만 한다.

대량관광과 문화관광의 정체성 기반은 전혀 다르고, 문화관광 참여자들에게는 대량관광 참가자들에게 나타날 수 있는 것보다 훨씬 더 심오하고 복잡한 정체성을 가져다준다. 단어의 정의처럼, 대량관광은 사회적, 재정적, 지리적으로 아주 많은 사람들에게 다가갈 수 있는 것이며, 예를 들어 가이드 인솔관광(guided tourism)과 캠핑카 관광(camper tourism)에서 살펴 볼 수 있다. 이와는 대조적으로, 문화관광객의 관심 대상은 사회적·심리적으로 훨씬 이해하기 어렵다. 왜냐하면 그것이 어떤 취향(예를 들어 예술, 음식, 음악 또는 건축 등에서의)이나 어떤 유형의 지식 습득(예를 들어, 외국어, 지역이나 국가의 역사 등) 또는 특별한 사회적 기술(예를 들어, 주민들과의 대화법이나 규범에 따른 행동 등)의 발전을 요구하기 때문이다.

제2장에서 우리는 웨어링(2004)이 개념화한 자원봉사관광과 진지한 여가에 대해 다루었다. 거기에서 경력 자원봉사는 문화적 이해와 그것의 잠재적 혜택에 대한 설명을 가능하게 한다. 자원봉사관광이 지속가능한 이유는 그것이 미치는 영향력이 작기 때문이다. 그것은 규모가 작고, 전문화된 기반시설을 그다지 많이 필요로 하지 않는다. 그렇기 때문에, 생태관광

(eco tourism)이나 다른 종류의 관광이 의존하고 있는 환경에 대해서도 그것은 거의 피해를 주지 않는다. 동시에, 진지한 여가로서 자원봉사관광은 개인적 발전에 많은 기여를 한다(Wearing, 2001). 웨어링과 닐(Wearing & Neil, 2001: 237)은 진지한 여가와 자원봉사를 대안관광(alternative tourism) 및 그것의 유형들(문화관광도 그 중의 하나)과 연관시키면서 개념적 도식을 제시했다. 그리고 그들은 일상적 여가인 대량관광이 그 대안 형태 및 그것의 유형들과 부분적으로 중복된다는 것을 보여 준다.

해리슨(Harrison, 2001)은 일상적 여가로서의 관광에 대한 독특한 연구를 제공한다. 35명의 중상층 캐나다 관광객에 관한 그녀의 연구는 그들이 여행으로부터 얻게 되는 강렬한 감각적 쾌락에 초점을 맞추었다. 그녀는 일상적 여가의 다양성을 참작하더라도, 가끔씩 학술 문헌에서 묘사되는 것처럼, 관광은 아주 평범한 도피나 저속한 소비 이상이라고 결론 내린다. 덧붙여 말하자면, 일상적 여가가 전형적인 진지한 여가나 프로젝트형 여가만큼 복잡하지 않을지라도, 눈에 보이는 것보다는 더 복잡하다.

민 족

이 연결고리는 캐나다의 다른 공식 언어인 프랑스어 학습에 대한 나의 열정에서 비롯되었다. 프랑스어가 소수 언어인 서부 캐나다에서 살다 보니, 프랑스어를 주로 사용하는 지역 주민들(local francophones)과의 일상적이고 직접적인 접촉을 통해서 불어에 대한 학습을 증진시키는 것이 필요했다. 이 목표에 도달하기 위해 탐색적 연구를 시작했으며, 나는 캘거리 불어 공동체(the Calgary francophone community) 활동을 관찰하고 표본

회원을 인터뷰했다(Stebbins, 1994에서 발표함). 캐나다 사회의 이러한 모습은 지금까지 거의 무시되어 왔다. 이 연구를 수행해서 얻은 결론은 우연한 것이었지만, 여가의 중요한 기능을 발견한 것은 후속 탐구의 많은 결실 중 하나였다.

스테빈스의 연구(1994; 1998d)가 시사하는 바는 프랑스어를 사용하는 캐나다 사람들이 불어로 하는 세 가지 형태의 여가 모두에 상당한 시간을 할애한다는 것이다. 예를 들어, 합창단에 가입하거나 연극에서 연기하기(아마추어리즘), 가족과 스키 타거나 친구와 하이킹하기(취미 활동) 또는 친구들과 술 한잔 하기 위한 디너파티나 모임에 참석하기(일상적 여가) 등이 그것이다. 공연이나 합창과 같은 활동은 공식적 집단이나 조직에서 수행되고, 피크닉 가기와 프랑스 영화 관람 등의 활동은 비공식적인 친교 네트워크나 가족관계에서 이루어지고 있었다. 그리고, 수많은 불어사용 자원봉사가 존재하며, 지방정부의 연례 불어사용주간 모임[33]이나 지역 연례 "농장체험"[34](이 두 가지 모두 프로젝트형 여가) 주최자로서 봉사하기 등의 사례에서 나타난다. 불어 공동체 센터는 음식 제공이나 입장권 구매, 음료나 공예품 및 제과 판매, 그리고 이와 비슷한 기능을 하는 일상적 자원봉사자들에게 많은 부분을 의지한다. 그리고, 제3장에서 언급한 것처럼, 캐나다 전역에서 해마다 열리는 불어사용 경기는 프로젝트형 자원봉사(Gravelle & Larocque, 2005)와 다양한 빅 스포츠 이벤트 참가의 풍부한 기회를 제공한다.

민족의 다른 측면으로 눈을 돌려보자. 반데슈트(VandeSchoot, 2005)는

---

33) 연례 불어사용주간 모임(the annual provincial francophone weekend get together)은 공동체 축제 마당과 유사한 것이다.
34) 지역 연례 농장체험(the annual local "sugar shack" *(cabane-à-sucre)*)은 주로 메이플 시럽 수확기에 연례적으로 이루어지는 '식사를 할 수 있는 메이플 시럽 농장(sugar shack)' 체험을 의미한다(역자 주).

캘거리에 거주하는 무슬림의 표본을 연구하면서, 이슬람과 여가가 어떻게 혼합되는지 탐구했다. 그녀는 이 종교가 무슬림들의 여가 인식, 여가 선호 그리고 여가 선택에 큰 영향을 미친다는 사실을 발견했다. 진지한 여가가 흔히 허용되는 것처럼 보이는 이유는, '무슬림은 일상생활에서 수행하기 위해 노력해야 한다.'는 이슬람 교리와 일치되기 때문이다. 반면에 일상적 여가 대부분은 시시하고, 그들의 종교적 원리와 상반되는 것으로 여겨진다. 비록 일부 사람들이 종교적 실천을 즐거운 것(사실상 여가)이라고 생각하지만, 표본 모두는 그것을 의무적인 것으로 간주했다.

물론, 이것은 복잡한 사회 생활영역으로의 확장에서 단지 시작에 불과하다. 진지한 여가 조망은 사회의 소수 인종, 소수 언어, 소수 종교 그리고 소수 국가 집단의 삶에서 여가와 그것의 지위를 설명하는데 도움을 주지만, 이것이 어떻게 작용하는지 세부적으로 증명하기 위해서는 여전히 많은 탐색적 연구들이 진행되어야 한다.

삶의 질과 웰빙

삶의 질을 개념화하는데 있어, 나는 (객관적 "사회적 지표"(social indicators) 접근방식과 반대되는) 주관적 "욕구기반"(want-based) 접근방식을 사용한다. 욕구기반 접근방식은 "일에 대한 성취감, 자연과 예술 작품에서의 미적 평가, 공동체와의 일체감, 잠재력에 대한 충만감" 등 네 가지 구성요소로 이루어진다(Campbell, Converse & Rogers, 1976: 1).

삶의 질에 대한 개념화에서 진지한 여가조망이 적합한 곳은 어디일까? 세 가지 여가 형태 중에서 진지한 여가 그 자체가 네 가지 구성요소를 가장 잘 충족시킨다. 첫째, 성취감이 진지한 여가에서 드러난다는 사실은, 개인적 계발에 대한 보상, 자기표현, 집단 성취 그리고 집단의 유지와 발전에 대한 공헌뿐만 아니라, 사람들이 진지한 여가에서 흔히 발견하는 경력, 노력, 혜택 그리고 인내의 특징에 대해 앞에서 언급한 것으로부터 알 수 있다. 자연과 예술작품에서의 미적 평가라고 언급한 두 번째 구성요소는, 배낭여행, 크로스컨트리 스키, 조각 그리고 현악 사중주를 포함하는 외부 활동이나 예술 추구와 같은 진지한 여가 형식에서 발견된다. 셋째, 진지한 여가는 참여자의 사회 세계를 통한 것보다 더욱 폭 넓은 공동체와의 유대를 가진다. 그리고, 아마추어 예술 공연, 취미활동가의 흥미로운 전시(예를 들어 우표, 모델 훈련, 애완견 대회 등), 그리고 자원봉사자의 필요서비스 제공(needed services) 등을 통해서 진지한 여가 활동은 보다 큰 공동체와 직접 관련된다. 네 번째 구성요소인 잠재력에 대한 충만감은 주로 자아실현의 보상을 경험함으로써 나타날 뿐만 아니라, 진지한 여가의 두 가지 특징 즉, 여가 경력과 그것을 추구하는데 필요한 인내에서도 나타난다.

이러한 네 가지 구성요소는 다른 여가 프로젝트에서도 실현될 수 있지만, 그 속에서 발견되는 양질의 삶은 보다 순간적일 것이고, 어쩌면 진지한 여가 활동의 지속적인 추구만큼 강하게 느끼지 못할 것이다. 주로 자연과 예술작품에서 미를 평가하고(예: 감각 자극의 하위 유형), 공동체와 일체감을 형성하는(예: 일상적 자원봉사의 하위 유형) 것이지만, 일상적 여가도 보다 나은 삶을 창출하는데 도움이 될 수 있다.

그러나, 높은 수준의 삶이 아무리 형성되었다고 할지라도, 사람들이 자신의 웰빙에 관심을 가지는 한, 그것은 아주 열심히 추구되어야 하는 마음의 상태다. (앞서 우리가 경력과 인내에 대해 얘기하지 않았던가?) 더욱이 높은 수준의 삶은 "가만히 앉아 있어도 저절로 성취되는" 것이 아니라, 이를테면 열망, 계획, 인내 그리고 세 가지 여가 형태의 실험을 통해 깊은 만족을 추구하고, 결국에는 최적의 여가 라이프스타일을 영위하는 능력을 필요로 한다. 여기서 중요한 것은 개인 행위자(personal agency)[35]다. 머지않아 우리는 여가 교육자들과 여가 카운셀러들이 삶의 질을 높일 수 있는 강한 잠재력을 가진 여러 여가 활동에 대해 정보를 제공하고 조언하는 것을 보게 될 것이지만, 그것을 추구하려는 동기를 가지고 실행하기 위한 계획을 발전시켜야만 하는 사람은 결국 개인인 것이다.

키예스(Keyes, 1998: 121)는 *사회적 웰빙(social well-being)*을 "부정적 조건과 부정적 감정의 부재 상태 그리고 위험한 세계에 대한 조정과 적응의 결과"라고 정의한다. 비록 웰빙이 개인적인 상태일지라도, 그는 다양한 사회적 조건에 의해 영향을 받는다고 생각한다. 여기서의 모든 사회적 조건들은 진지한 여가 조망에서 고려되는 것이다. 실제 관계는 아마도 더욱 복잡하겠지만, 현재의 논의를 위해 사회적 웰빙에 대해 본 절에서 논의된 것을 다음과 같은 명제 안에 편입시키도록 하자. 즉, 사회적 웰빙은 진지한 여가가 다른 두 가지 형태의 여가 중 하나 또는 둘 모두와 균형을 이룬 몇 가지 결합에 의해 창출된 높은 수준의 삶으로부터 생성되는 것이다.

그러나 여전히 다음과 같은 중요한 문제가 남아 있다. 그 문제는, 일과 여가 그리고 가족 등 세 가지 사회적 제도와 관련해서, 진지한 여가 활동이 어느 정도의 비용을 발생시키고 주변적인 지위에 있을 때에도, 강요되지 않은 진지한 여가 활동이 웰빙을 창출할 수 있는가 하는 것이다. 잠정적이지만, 대답은 그럴 수 있다는 것이다. 왜냐하면, 웰빙이 일상적 활동을 통

---

35) 행위이론은 주체의 단위를 행위자(agency)로 파악하고, 개인의 행위를 강조한다(역자 주).

한 성취에 의해 촉진되는 한, 웰빙이 진지한 여가의 중요한 부산물이라는 점을 시사하는 연구 증거가 있다(Haworth, 1986; Haworth & Hill, 1992; Mannell, 1993). 부가적인 증거로서, 몇 가지 진지한 여가 연구의 인터뷰 응답자들은, 아마추어 활동, 취미 활동 그리고 자원봉사 활동으로부터 나온 성취감에 대해서 항상 구체적이고 열정적으로 묘사했다.

그러나 이러한 모든 증거는 단지 상호관계적(correlational)이다. 장기간의 진지한 여가 유형 참여가 실제로 웰빙의 감정을 상당히 그리고 지속적으로 증가시켰는지 알아내기 위해, 적절하게 통제된 연구를 수행한 사람은 아직까지 없다. 진지한 여가가 일부 실천가들에게 대인간의 역할 갈등[36]을 야기하는 수준이란, 진지한 여가와 웰빙 간의 자동적 관계가 성립되지 않는 경우다. 그리고, 나는 진지한 여가 활동이 개인 내부의 갈등을 유발한다는 입증되지 않은 증거를 가지고 있다. 예를 들어 사람들이 다양한 여가 관심사들(leisure interests) 중에서 또는 그런 관심사와 헌신적인 일(devotee work) 가운데서 우선순위를 정하는데 실패하는 경우다. 이것이 시사하는 것은 희망하는 여가활동 간의 접근-접근 갈등(an approach-approach conflict)[37]이 웰빙에 좋지 않은 영향을 줄 수도 있다는 점이다. 해밀턴-스미스(Hamilton-Smith, 1995: 6-7)는 진지한 여가와 웰빙의 관계에 대한 부족한 지식이 현대 여가 연구에서 중요한 빈틈(a major lacuna)이라고 지적한다.

---

36) 역할갈등은 아마추어 연극 연구 응답자 스물다섯 명을 두 부류로 분리시켰다(Stebbins, 1979: 81-83). 달리기에서의 가족 갈등에 대해서는 고프, 픽과 오프리거(Goff, Fick & Oppliger, 1997)를 보라.
37) 접근-접근 갈등(an approach-approach conflict)이란, 두 가지 이상의 목표 모두가 바람직한 결과를 발생시키지만, 그런 목표가 상호 배타적일 때 선택에 곤란을 느끼는 갈등 상황을 말한다. 개인적 갈등의 유형에는 이러한 접근-접근 갈등 이외에, 특정 목표가 긍정적인 속성과 부정적인 속성 모두를 가지고 있어 곤란을 느끼는 접근-회피 갈등(an approach -avoidance conflict)과 제시된 대안들이 모두 기대수준에 미치지 못하는 경우에 겪게 되는 회피-회피 갈등(an avoidance-avoidance conflict)이 있다(역자 주).

여가교육

수년간 여가연구의 중요 분과였던 여가교육은, 여가이론에 한 다리를 걸치고 교육분야에 한 다리를 걸친 잡종이다. 찰스 브라이트빌(Charles Brightbill)은 그가 "여가를 위한 교육(education for leisure)" 그리고 "여가교육"(leisure education)으로 다양하게 불렀던 것의 중요성을 인정한 최초의 학자 중 한 명이었다. 그는 "우리가 여가를 위한 교육에 대해서 말할 때, 모든(all) 사람들은 감상(appreciations), 관심(interests), 기술(skills)을 개발하고, 여가를 개인적 보상 방식으로 사용할 수 있는 기회(opportunities)를 발전시키는데 도움을 주는 과정으로 생각한다."고 기술했다(기회는 본래 이탤릭으로 되어 있음; Brightbill, 1961: 188). 이렇게 말하는 것이 나는 무방하다고 생각하는데, 브라이트빌의 저술이 만약 오늘날의 것이었다면, 그는 여가 교육이 진지한 여가나 프로젝트형 여가 중 하나(두 가지 모두가 아니라면)에 집중해야 한다고 주장했을 것이다. 특히, 그와 같은 교육은 주로 이 두 가지 여가 형태의 본질인 보상과 비용에 대한 지식과, 이 두 가지 형태의 특정 여가 활동 참여에 대한 지식을 전달하는 것으로 이루어져야 한다. 이러한 여가교육 개념(비록 프로젝트형 여가에 대한 언급은 없었지만)이 처음 제시되었을 당시에(Stebbins, 1999), 의도적으로 일상적 여가를 배제했던 이유는 그런 여가에 참여하고 거기서 즐거움을 찾는데 어떤 훈련과 격려가 거의 또는 전혀 필요 없기 때문이었다.

그러나 나는 이 책 여러 곳에서 최적의 여가 라이프스타일에 대한 문제를 제기하고 있으며, 일상적 여가에 대한 중요성을 분명히 인정하고 있다. 이러한 생각에 따라, 방금 전에 제시한 것과 같은 여가 교육의 목표에 대해서 다시 말할 필요가 있다. 그 목표는 일상적 여가의 본질에 대한 것뿐만

아니라 균형 잡힌 최적의 여가 라이프스타일에 있어 일상적 여가의 역할
에 대해서도 고객들과 학생들에게 알려야만 한다는 것이다. 여가 교육은
사람들로 하여금 매력적이고 실현 가능한 일상적 여가를 발견하도록 하
고, 진지한 여가와 프로젝트형 여가를 그것과 효과적으로 혼합할 수 있도
록 도와주는 것을 포함하고 있다. 여가 교육자들이 함께 고려해야 할 필요
가 있는 일상적 여가[38]의 구성요소들에 대해서는 제3장에서 검토했다.

　일반 대중은 세 가지 형태의 여가에 대해 크게 인식하지 못하기 때문에,
여가를 위한 교육자들(대충 상상해보면 카운셀러나 자원봉사자 그리고 교
사 등을 포함할 것임)의 첫 번째 목표는 그들의 고객과 학생들에게 이러
한 세 가지 여가의 본질과 가치에 대해 알리는 것이다. 최적의 여가 라이
프스타일을 찾는 사람들에게 그러한 정보는 중요하다. 특히, 그와 같은 교
육은 진지한 여가와 프로젝트형 여가의 본질과 그러한 활동에 따른 일반
적인 보상(그리고 비용) 및 그러한 보상으로부터 여가 경력을 발견할 가능
성, 그리고 그것들 중 어느 하나를 추구하는 사람들에게 생기는 다양한 사
회적·심리적 이점[39]에 대한 교육으로 구성되어야 한다. 어떤 경우에는,
진지한 여가와 프로젝트형 여가에 대한 관심을 추구하는 데 있어 어떻게
시작해야 하는지에 대해 사람들에게 말해주어야 할 것이다. 여기 북미에
서 이것을 어떻게 시행하고 있는지에 대한 정보를 다른 곳에서(Stebbins,
1998a: 제6장) 제공하고 있지만, 이따금씩 다른 지역에서는 그 정보가 적
합하지 않을 수 있다. 그러므로, 북미 지역 이외의 여가 교육자들이 함께
일하는 사람들을 보다 효과적으로 인도하기 위해서는 그 나라와 지역 공

---

38) Stebbins(2001b)와 Hutchinson & Kleiber(2005)는 일상적 여가의 혜택에 대해서, Kleiber(2000)는
　　일상적 여가의 이완 능력(capacity for promoting relaxation)에 대해서 연구했다.
39) 예를 들어, 특별한 정체성, 매력적인 일상과 라이프스타일, 조직적 소속감, 그리고 중심적인 삶의 관심과 사
　　회세계의 구성원 등

동체에 특수한 것을 시작하는 방법에 관한 정보 수집이 필요할 수도 있다.

교육은 복잡한 과정이고, 여가 교육도 예외는 아니다. 진지한 여가 조망으로 시작된, 이 과정에 대한 세부사항들은 러스킨과 시반의 연구(Ruskin & Sivan, 1995)와 코헨-게베르크와 스테빈스의 연구(Cohen-Gewerc & Stebbins, 근간[40])에서 발견할 수 있다. 이러한 이론적 줄기에 따라 구축된 초·중등학교용 여가 교육 프로그램은 이스라엘에서 채택되었다. 다만 정치적 격변으로 인해 그것의 완전한 시행은 꽤나 지연되는 것처럼 보인다.

젠 더

앞 장에서 우리는 진지한 여가 조망을 종합화하는데 사용되는 몇 가지 개념들 중 하나로 젠더에 대해 탐구했다. 이 절의 목적은 젠더 연구가 독자적인 연구분야이고, 젠더에 초점을 맞춘 다양한 연구를 통해서 이제는 진지한 여가 조망과 젠더 연구가 연결되고 있다는 점을 인식하는 것이다. 레이스보로(Raisborough, 1999)는 영국해군생도(British sea cadets) 연구에서 처음으로 이것을 수행했다. 그녀는 진지한 여가에 관한 연구가 '젠더화 경험'(gendered experiences)[41]의 문제를 소홀히 한 경향이 있었다고 하면서, 심지어 어떤 측면에서는 이런 유형의 여가가 단지 남성만이 수행하는 것이라는 인상을 준다고 했다. 비록 내가 스탠드 업 코미디(stand-up comics)(Stebbins, 1990)와 바버숍 아카펠라 가수(Stebbins, 1996a: 제6장)에 대한 현장 연구에서 여성 참여에 대해 명확하게 묘사하고 분석했으며,

---

40) 이 연구는 www.seriousleisure.net에 소개되어 있다. Cohen-Gewerc, E. & Stebbins, R. A.(Eds.) (2007). *The Pivotal of Leisure Education: Finding Personal Fulfillment in This Century*. State College. PA : Venture. (역자 주)

41) '젠더화 경험'은 성별화된 경험으로 해석될 수 있으며, 사회적 성에 따라 남성과 여성의 경험이 달라지는 것을 의미한다. 젠더화로 인해 성별에 따라 서로 다른 역할 기대를 하게 되고, 성적 특징에 대해 내재적 편향성을 가지게 될 수 있다(역자 주).

일부 다른 연구에서도 탐구했지만, 진지한 여가에서 젠더화 경험에 대한 문제를 매우 등한시했다는 그녀의 관찰은 일반적으로 타당한 것이다. 나는 그녀처럼 젠더를 중심으로 연구했던 것이 아니라, 일부 응답자들에게서 젠더가 중요한 논점으로 부각되는 것에 대해 탐구하는 동안 코미디와 바버숍 아카펠라와 같은 것을 연구했던 것이다.

영국해군생도부대(Britain's Sea Cadet Corps: SCC) 아마추어들에 대한 그녀의 연구는 이렇게 등한시한 결과가 중요한 자료를 어떻게 모호하게 만드는지 보여주고 있다. 해군생도부대 조사에서 그녀의 결론 가운데 가장 흥미로운 것 중 하나는, 남성보다 여성들이 아마추어 활동을 가끔씩 진지한 여가의 유형으로 인식하지 못한다는 것이다. 그 대신, 해군생도의 규칙적인 일상이 여성해군생도로 하여금, 생도생활 또는 가족이나 집과 관계없는 다양한 종류의 일상적 여가를 그들만의 여가로 정의하도록 했다. 이 조직의 규칙적인 일상 덕택에, 이 여성들은 정당하게 그들의 것이라 인식하는 일종의 여가를 위한 시간을 확보할 수 있었다.

은퇴와 실업

진지한 여가의 이름으로 시행되었던 진지한 여가 조망의 최초 확장이 어느덧 거의 30년이 되어 간다. 그것은 은퇴자를 위한 진지한 여가의 많은 혜택을 보여 주었다(Stebbins, 1978a). 20년이 지나 "일을 마친 이후"(after work)(Stebbins, 1998a) 진지한 여가의 위상에 대한 전지구적인 논의를 하면서, 나는 다시 노인학 분야로의 확대를 시작했다. 『일을 마치고』(*After work*)라는 책은 내가 썼던 다른 책들과 달리, 교육을 받은 비전문적 대중

(the educated lay public)을 대상으로 한 것이다. 그 책은 (여가 교육에서 방금 논의된 것이긴 하지만) 진지한 여가 측면을 강조하면서, 그들에게 진지한 여가와 일상적 여가 그리고 최적의 여가 라이프스타일에 대해 알리기 위한 것이었다. 그 책은 실용적이기 때문에, 진지한 여가의 모든 유형과 하위 유형들 안에 제시된 활동의 목록뿐만 아니라 관심활동을 시작하는 방법에 관한 많은 정보를 포함하고 있다.

일을 *마친(after work)*다는 것은 일반적인 것이지만, 실업과 은퇴는 가끔씩 언급되는 것이다. 그러나, 이 책은 생활 어디에서나 발견되는(일과시간 이후를 포함) 자유시간과 관계가 있다. 한편, 로저 매넬(Roger Mannell, 1993)은 퇴직 이후 진지한 여가의 역할에 대해 조사했고, 그렇게 함으로써 1978년에 만들어진 나의 사변적 주장에 대해 통제 연구를 통한 뒷받침을 제공했다. 그는 성인들을 위해 적당하게 조직화된 진지한 여가와 몰입 활동이 그들 사이에서 엄청난 열정을 창출시킬 수 있다는 사실을 발견했다.

진지한 여가와 실업 사이의 관계가 잠정적이라는 것을 발견할 수 있다. 이 분야에 대한 문헌을 검토해보면 상반되는 결과들이 나타나는데(Stebbins, 2001a: 126-127), 일부 실업자들이 일에서 벗어난 몇 달 동안 진지한 여가 활동으로 인해 사기가 진작된 것을 보여 주는 연구가 있는 반면, 다른 연구에서는 이러한 효과를 발견하기 어려웠다. 분명히, 우리는 진지한 여가 조망과 연관된 보다 많은 연구를 필요로 한다. 연구 응답자들로부터, 실업 기간 동안 그들이 여가를 어떻게 평가하는지, 그리고 여가에 참여할 때 그들이 세 가지 형태의 여가를 어떻게 평가하는지에 대해 알게 된다. 진지한 여가는 결코 사소한 것이 아니다. 한편, 진지한 여가가 자기 본위적인 것이고 사람을 강하게 끌어당긴다는 점을 고려해 볼 때, 그것의 매력은 구직활동이나 동시합격 후 회사 선택하기와 같은 의무 수행을 그만두게 한다.

나는 은퇴와 진지한 여가에 대해서도 문헌 조사를 했으며(Stebbins, 2001a: 127-132), 그 후에 검토한 것을 여기서 언급할 필요가 있다. 나는 그 조사에서, 경력 자원봉사와 일상적 자원봉사 그리고 인문학 취미가 노인들에게 특히 중요하다는 점에 주목했다. 정책적 수준에서, 켈리(Kelly, 1997: 177)는 은퇴자들의 삶이 상대적 만족감을 주는 균형 잡힌 참여를 지향하도록 장려할 것을 제안했다. 이것은 분명히 적당한 건강과 수입 그리고 동료애와 이동수단을 가정한다. 그리고 아마도 어려운 주문이겠지만, 그들이 진지하게 추구할 수 있는 여가활동이 존재한다는 사실을 알고 있다는 것도 상정한다. 그 이유는 캐나다인에 대한 연구에서 노인들이 주로 일상적 조건에서의 여가를 인식하고 있기 때문이다(Roadburg, 1985: 69). 우리는 진지한 여가 조망을 널리 알리는데 있어 여가 교육의 중요성을 다시 한 번 인식해야 한다. 모든 사람들은 그것에 대해 아는 만큼의 이득을 얻을 수 있다.

적절한 건강과 수입 등 앞에서 언급한 조건이 충족되었을 때, 노인들이 다양한 종류의 진지한 여가 활동을 기꺼이 추구하려고 하고 또한 추구할 수 있으며(예: Stebbins, 2005d; Heuser, 2005; Roberson, 2005), 그것을 통해서 그렇지 않은 삶에 비해 보다 높은 수준의 성취를 획득할 수 있다는 점을 보여주는 증거가 계속해서 증가하고 있다. 더욱이 스테빈스(2000d)는, 특히 전문직 종사자들이 은퇴 이후 진지한 여가를 추구할 가능성이 높다고 결론지었다. 켈리(1993: 177)는 "만년의 삶을 특징짓는 축소의 과정(the process of constriction)[42]이 실현 가능하고 만족스러운 기회들로 인해 최소한 연기될 수 있다"고 말했다.

성인교육과 자기주도학습

나는 다른 곳에서(Stebbins, 2001a: 94-102) 성인교육과 여가의 관계를 자세히 연구했기 때문에, 여기서는 그 관계를 개략적으로만 묘사하겠다. 이것은 평생 학습(lifelong learning)과 진지한 여가 조망에 관해 보다 긴 논의를 위한 기초를 마련할 것이다. 본 장의 길잡이로서, 유네스코가 작성한 성인교육의 정의를 사용할 것이다.

> 성인교육은 전인적 발달 그리고 균형적이고 독립적인 사회적·경제적·문화적 개발에 참여라는 두 가지 관점에서, 각자가 속한 사회가 정한 기준에 따라 성인으로 간주되는 사람들이 저마다 자신의 능력을 개발하고, 지식을 풍부하게 하며, 기술 및 전문 자격을 증진시키거나 새로운 방향으로 전환하고, 자신의 태도와 행동 변화를 야기시키기 위해, 학교나 대학 그리고 도제 교육 등에서 초기 교육을 연장하거나 대체하기 위한 것으로, 그 내용과 수준 및 방법, 그리고 공식적인지 여부와 무관한 조직화된 교육과정의 총체다. (UNESCO, 1976: 2)

학습, 특히 성인학습(adult learning)은 이러한 교육적 과정의 대상이다. 비록 "계속 교육"(continuing education)이란 개념이, 직무 역할을 위한 준비과정으로 수행되는 초기 교육(initial education) 이상으로 발전시키는 것을 의미하지만(Jarvis, 1995: 29), 보통은 동일한 과정을 말하는 것이다.

---

42) 켈리는 인간 지각의 감소 과정으로 인지능력이 제한되는 것을 정의하기 위하여 '축소'(constriction)라는 용어를 사용한다. 또한, 축소와 반대되는 개념으로 '확장'(dilation)이라는 용어를 사용한다(역자 주).

일반적으로 (그리고 여가 교육에서의 주안점과 비슷하게), 성인교육은 대개 일상적 여가보다는 진지한 여가에 초점을 맞춘다. 하지만, 그와 같은 교육은 일종의 여가 프로젝트로서 추구될 수도 있다. 예를 들어, 수많은 예술과 과학 분야에서의 아마추어는 성인교육 과정을 이용하고, 심지어 예술 활동 아마추어는 진지한 여가 활동 교육을 발전시키는 모든 프로그램을 이용한다. 대부분의 개인 아마추어 스포츠에 대해서도 동일한 것을 말할 수 있다(예: 골프, 테니스, 라켓볼). 그러나 만약, 전형적인 북미 도시에서 이용할 수 있는 성인교육 프로그램을 조사해보면, 그 프로그램들이 일부 아마추어 활동[43]을 간과하고 있다는 점이 분명해질 것이다(Stebbins, 2001a: 97).

성인교육은 취미를(수집 제외) 학습하기 위한 주된 방법이기도 하다. 폭넓은 공작 및 수리활동이 다수의 북미 성인교육 목록을 차지하고 있으며, 그 목록은 제빵, 장식하기, DIY, 사육, 번식 그리고 다양한 공예 등을 포함한다(다양한 취미에 대한 논의에 대해서는 Stebbins, 1998a: 제3장을 보라). 스쿠버 다이빙, 크로스 컨트리 스키, 버섯 채집, 사교춤 그리고 몇 가지 취미 활동과 스포츠 및 게임(예: 브리지[44], 오리엔티어링 그리고 무술 등)과 같이 다양한 열정을 포함하는 활동 참여도 마찬가지다. 한편, 앞에서 언급한 바와 같이, 인문학 취미는 주로 독서에 의한 오로지 자기지시(self-direction)[45]를 통해서 가장 많이 획득된다. 하지만, 예술, 문화, 철학 그리고 역사에 관해 개설된 일반교양과정(general interest courses)에서처럼, 우리는 여기에서도 역시 예외를 발견한다. 실제로 언어교육은 성인교

---

43) 예를 들어, 핸드볼, 로데오, 역도뿐만 아니라 자동차 및 모터사이클 경주와 사실상 모든 연예오락 (entertainment arts) 등
44) 브리지(bridge): 카드놀이의 일종
45) 자기지시란, 수립된 목표에 도달하는 방법을 계획하고 그 과정을 점검함으로써 수립된 목표에 효과적으로 도달하도록 하는 자기주도능력을 말한다(역자 주).

육을 지탱하는 큰 축의 하나다.

자원봉사와 관련된 성인교육 과정은 대부분 자금조달, 회계 및 부기 그리고 자원봉사자 관리 및 선발 등과 같은 영역에 집중하고 있다. 진지한 여가 자원봉사자들이 이러한 영역에 종사하는 한, 그들은 그런 영역들과 관련된 과정에 흥미를 갖기 십상이다. 그러나, 많은 경력 자원봉사자들은 성인교육의 틀 밖에서 배운 다른 임무에 전념한다. 말하자면, 그들이 봉사하는 집단(클럽, 단체, 협회, 조직)에서 (만약 그들이 취업 중이라면 더 배워야 할 필요가 있는) 기본적인 교육을 제공한다.

인문학 취미가 '교육, 그 자체가 목적인 유일한 진지한 여가 유형'이라는 사실은, 호울(Houle, 1961)이 성인교육을 추구하기 위한 학습지향 동기(learning-oriented motives)와 목표지향 동기(goal-oriented motives)를 구별한 것과 일치한다. 대조적으로, 아마추어나 자원봉사자 그리고 다른 취미활동가들은 작품활동, 운동경기, 수집 또는 돕기와 같은 특별한 여가목적을 얻기 위한 수단으로서 학습한다. 가끔씩, 두 유형의 참가자가 동일한 과정에 등록하기도 하는데, 특히 과학에서 일반적일 수 있는 형태다. 따라서, 천문 성인교육과정의 일부 학생들은 인문학 취미활동가일 수도 있고, 다른 사람들은 그들의 연구를 위한 배경지식으로 하늘에 대해 공부할 수도 있다.

존스와 사이먼(Jones & Symon, 2001)은 이러한 차이의 함의를 탐구하면서 영국 정부정책에 대해 유사한 구별을 도출했다. 그들은 성인교육과 평생학습이 실업자계층, 무수입계층(자원봉사자), 노인계층, 여성층, (평생 많은 다양한 직업을 가지는) "포트폴리오 근무자"(portfolio workers) 계층 그리고 장애인 등 여섯 개의 특수 집단에게 진지한 학습을 위한 자원을 제공하는 것에 주목한다. 진지한 여가는 이러한 집단들에게 참여할 수 있고 성취감을 주는 경력을 제공한다. 어떤 사람들은 이것을 일에서 한 때 경험 했지만, 다른 사람은 일에서는 이것을 경험하지 못했다. (나는 모든 다른 서방국가들을 추가하고 싶지만,) 최근 영국정부정책은 진지한 여가의 존 재 그리고 진지한 여가가 개인적 성취, 삶의 질, 웰빙에 미치는 영향에 대 해 간과하는 경향이 있다.

프로젝트형 여가는 사람들이 하나 또는 몇 개의 과정을 수강할 때, 그 이 상 참여할 의도가 없는 학습과목에 참여하는 것이다. 많은 사람들은 단지 뭔가 특별한 것을 배운다는 것 자체에 대한 만족감을 얻기 위해, 천문학, 음악 감상, 역사와 같은 분야에 관한 한두 개의 성인교육 프로그램 과정을 끝까지 수강한다. 시작한 것을 다 학습한 사람들은 그 "프로젝트"(project) 가 완성되었다고 생각할 것이며, 아마도 다른 것으로 넘어갈 것이다.

자기주도학습

로버슨(Roberson, 2005: 205)은 성인교육과 자기주도학습 사이의 중요 한 차이에 주목한 다음, 자기주도학습과 진지한 여가를 연결시킨다. 램딘 (Lambdin, 1997)의 초기 개념화를 이용하여, 그는 "자기주도형 학습이 의 도적이고 자기계획적인 학습이며, 개인은 확실히 이 과정을 통제하고 있 다"고 한다. 그런 학습은 공식적일 수도(여기서 그것은 성인교육과 비슷할 수 있다) 있지만, 흔히 그것은 비공식적이다. 중요한 조건은 학습자가 학 습 경험(learning experience)의 시작과 방향 그리고 종료를 통제한다는 것 이다. 성인교육과 자기주도학습은 "평생 학습"(lifelong learning)의 유형이다. 셀만과 동료들(Selman and colleagues, 1998: 21)이 "요람에서 무덤까지"(from the cradle to the grave) 생애 기간에 이루어지는 학습이라고 요약한 후자(평생 학습)가 앞의 두 개념보다 더 광범위한 개념이다.

로버슨(Roberson, 2005)은 미국 (조지아주에 사는) 농촌 노인 표본이 아마추어, 취미활동가 또는 자원봉사자 역할을 추구함으로써 진지하게 학습한다는 사실을 발견했다. 동시에 응답자들은 이러한 학습 경험을 통해 "즐거워한다든지"(enjoyed) 또는 "재미"(fun)를 느낀다고 말했다. 로버슨은 그들이 학습 경험에 참여할 때 "활기차다"(playful)고 했다. 사실상 그의 결론은 자기만족(self-gratification)의 보상에 경험적인 힘을 실어주는 것처럼 보이고, 거기서 참가자들은 표면적인 즐거움과 깊은 자아성취를 발견한다.

장 애

진지한 여가를 장애 분야로 확장시킨 최초 연구를 수행한 사람은 클레이버(Kleiber)와 패터슨(Patterson)이었다. 클레이버(1996: 13)는 척수 손상 환자에 관한 그의 연구를 기초로, 어쩌면 "일시적으로 상실했던 자아와 다시 연결하거나, 새로운 자아에 대해 새롭게 방향설정 함으로써," 진지한 여가 활동이 장애인의 재활과정에서 중요한 요소가 될 수 있을 것이라고 주장했다. 패터슨(1997)은 장애로 인해 실업자가 된 사람들에게 어떻게 진지한 여가가 일을 대신하는 무임 대체물(nonpaying substitute)로서의 역할을 할 수 있는지 설명함으로써, 장애와 진지한 여가 사이에 보다 직접적인 관계를 구축했다.

나의 연구는 여가 교육이 장애인들과 함께 일하는 전문가뿐만 아니라,

바로 그 장애인들을 일깨워 줄 수 있는 역할에 초점을 맞춰 왔다(Stebbins, 2001a: 96-102). 오늘날 장애인 대부분에게 여가란 주로 일상적 여가다. 이런 이유 때문에, 이 분야에서 두 가지 종류의 진지한 여가 교육이 필요하다. 그 첫번째는 아마추어 활동, 취미활동, 자원봉사활동, 또는 몇 가지 종류의 여가 프로젝트에서 장애인들이 만족감을 느낄 수 있도록 교육하고 훈련시키는 것을 목적으로 한다. 우선 이러한 종류의 교육은, 관심이 있지만 장애 때문에 하지 못하는 활동과 그런 활동에 참여하는 방법에 대한 구체적인 정보 제공을 포함한다. 이 점에서, 아마도 인문학 취미는 대부분의 장애인들에게 가장 실현 가능한 유형의 진지한 여가가 될 것이다.

두 번째 종류의 여가 교육은 보다 일반적 특성을 가진 교육으로 이루어진다: 일상적 여가와 구별되는 활동으로서, 진지한 여가와 프로젝트형 여가에 대한 정보 제공. 여기서 장애인을 위한 훈련은 장애를 가지지 않은 사람들을 위한 것과 거의 동일한 것이다. 장애인과 일반 대중 모두가 세 가지 형태의 여가에 대해 대체로 인식하지 못하고 있기 때문에, 첫 번째 교육 목표는 모든 사람들에게 그것들의 가치와 본질을 알리는 것이 될 것이다. 앞에서 지적한 바와 같이, 그런 정보는 최적의 여가 라이프스타일을 찾는 사람들에게 중요하다.

패터슨은 진지한 여가를 장애 연구 및 실습 분야로 확장시키기 위해 지속적인 노력을 기울여 왔다. 예를 들어, 그는 장애인 봉사 지역단체들(community-based agencies)에게 여가 카운셀링과 교육서비스를 실시하도록 했고, 고객을 지원하기 위해 훈련된 여가 카운셀러를 고용하도록 권고했다(Patterson, 2000). 진지한 여가 조망에 프로젝트형 여가가 부수적으로 추가되었음을 고려할 때, 이제 나는 이 권고에 그 형태의(프로젝트형) 여가를 덧붙인다. 이후 논문에서 패터슨(Patterson, 2001)은, 진지한 여가 활동을 중심으로 지적 장애인을 위한 여가 교육 프로그램을 구축해야 한다고 주장했다. 그런 활동은 자기존중(self-respect)과 자부심(self-esteem)을 불러일으킬 수 있고, 보다 큰 공동체의 승인과 사회통합(social inclusion)으로 이어질 수 있다. 방금 제시된 이유 때문에, 우리는 이 권고에 프로젝트형 여가를 덧붙일 수 있다.

리, 맥코믹과 오스틴(Lee, McCormick & Austin, 2001: 29)은 보다 큰 공동체로의 사회통합에 관한 주제로 글을 쓰면서, 진지한 여가가 그 공동체 안에서 다양한 유형의 장애인들을 통합시키기 위한 메커니즘으로서 기능하는, 의미 있는 대인관계를 창출하고 유지하는 데 도움을 줄 수 있다고 한다. 그와 같은 여가는 집단 소속감을 제공하는 동시에 책임 맡을 기회를 창출하기 때문에, 그 필요성을 느끼게 될 것이다. 여기서 프로젝트형 여가에 대해 말하자면, 아마도 진지한 여가보다는 효과가 덜할 것이다. 그 프로젝트가 비록 사회적이긴 하지만, 여전히 단기간(예를 들어, 짧은 훈련 기간, 짧은 서비스 기간 등)에 이루어지는 한, 지속적인 관계로 발전하기 어려울 것이다.

문헌정보학

베이츠(Bates, 1999: 1044)는 문헌정보학(library and information sciences: LIS) 분야를 "정보의 수집(gathering), 조직(organizing), 저장(storing), 검색(retrieving) 그리고 전달(dissemination)을 연구하는 학문"으로 정의한다. 그녀는 이 분야가 전통적인 대학교육에 영향을 미친다는

점을 지적했다. 그 이유는 연구자들이 정보 탐색, 교육 그리고 학습과 같은 "과정"(processes)에 참여하기 때문이다. 이 과정은 이후에 접근하기 위해 개발하고 유지하는 다양한 "영역"(domains)이나 기록화된 정보의 세계를 따라 진행된다. 문헌정보학은 순수과학인 동시에 실용과학이며, 실용과학으로서의 문헌정보학은 저널리즘이나 도서관학과 같은 전공분야를 위한 서비스와 상품을 개발하는 데 집중하고 있다.

제나 하르텔(Jenna Hartel)은 진지한 여가를 문헌정보학 영역으로 확장시키는 것을 선도해 왔으며, 역사적으로 문헌정보학이 학문적이고 전문적인 정보 제공 영역을 연구하는 것에 심하게 편향되어 있었던 반면 여가와 관련된 영역에 대해서는 상당히 도외시해왔다고 지적했다(Hartel, 2003). 이러한 불균형을 바로 잡기 위해, 그녀는 취미분야에 정보 연구를 도입했다. 진지한 여가의 문헌정보 집단과 문헌정보 자산을 검토했던 이유는, 이것들이 특정 핵심 여가활동 그리고 여가활동을 한 조직 환경과 관련되기 때문이다. 하나의 핵심 활동에서 다른 것까지, 저장과 검색 그리고 전달 형태는 매우 다양하다고 알려져 있다. 하르텔은 현재 요리 취미에서 이러한 형태들을 탐구하고 있다.

일상적/프로젝트형 여가와 문헌정보학은 어떤가? 일부 일상적 여가는 정보에 크게 의존하고 있고, 특히 오늘날, 정보는 인터넷을 통해 보급된다. 일상적 여가 측면에서 대량관광은 여행사, 잡지 그리고 신문 칼럼이 제공하는 관광지 정보에 상당 부분 의존한다. 제4장에서 묘사된 부족들은 일상적 여가에서 정보(그것의 대부분은 전자정보)의 역할을 연구하는 데 있어, 또 다른 풍부한 무대(fertile arena)를 제공한다. 그리고 관련 정보가 수집되고 조직되며 전달된다. 이것은 일회적 자원봉사나 인문학 프로젝트 그

리고 어떤 비일회적 프로젝트들과 같은 일부 프로젝트형 여가에서도 마찬
가지다.

엔터테인먼트와 대중문화

다른 곳에서(Stebbins, 근간[46]) 나는 엔터테인먼트 사회학 분야에 대한
진지한 여가 조망의 확장을 제시했다. 여기서는 그 주장의 개요를 간단
히 소개하겠다. 첫째, 나는 두 가지 주요한 개념이 이 사회학 분과를 구
성한다고 주장한다. 그 하나는 *엔터테인먼트(entertainment)*이며, 의도
적으로 대중들에게 흥미나 기쁨을 제공하는 물건이나 상황으로 정의할
수 있다. 사람들이 그 물건이나 상황을 인식하는 동안, 흥미나 기쁨은 그
들의 주목을 끌기 위한 것이다. 비록 엔터테이너 지망생의 불행한 상황
일 수도 있지만, 일부 또는 모든 대중들에게 엔터테인먼트가 완전히 실패
할 수도 있다는 사실은 이러한 정의와 모순되지 않는다. 왜냐하면 그 *의
도(intention)*가 즐겁게 하려는 것이었기 때문이다. 두 번째 주요한 개념
인 *엔터테이너(entertainer)*는 무대 등에서 직접적 또는 간접적(예: 영화,
TV, 비디오테이프를 통해서)으로 대중들에게 엔터테인먼트를 제공하는
사람들로 정의된다.

진정으로 즐거움을 느낄 때, 엔터테인먼트 소비자는 여가 경험에 푹 빠
지게 된다. 이 상황에서의 경험이란, 주로 즐거움을 주는 일종의 흥미이고
다른 것은 거의 없다. 그와 같은 여가는 일상적 여가다. 어떤 엔터테인먼

---

46) 이 연구에 대한 출판정보는 다음과 같다. Stebbins, R.A. (2007). The Sociology of Entertainment.
in C.D. Bryant & D.L Peck(Eds.), *21st Century Sociology : A Reference Handbook*(Vol. 2:
178-185, Chap. 21). Thousands Oaks. CA : Sage. (역자 주)

트 형식의 대중은 일상적 여가에서 그 자체를 즐기고 있는 반면, 그것의 생산자는 전혀 다른 경험을 가지고 있다. 각자의 사회세계에서, 그들은 아마추어나 전문가로서의 역할과 고정 출연자(regulars)나 내부자(insiders)로서의 역할 등을 수행한다. 물론 아마추어는 그들만의 여가 형태에 참여하지만, 그것은 일상적 여가라기보다는 진지한 여가다.

우리는 엔터테인먼트 프로젝트의 존재에 대해서도 기억해야 한다. 그것들 대부분은 아마추어일 가능성이 매우 높다. 엔터테인먼트 극장에서 엄선된 간단한 목록의 프로젝트들은 이러한 여가 형태의 전형을 보여 준다(제3장). 그런 프로젝트는 우리가 인식하는 것보다 훨씬 보편적인 것으로, 예를 들어 친구나 친척이 다녀온 이국적인 장기간 여행의 슬라이드나 비디오 쇼를 보고 당신이 얼마나 자주 즐거워하는지 생각해 보면 알 수 있다.

가장 넓은 의미의 대중문화 개념은 인기를 얻거나 대중을 성장시킨 어떤 문화적 아이템을 포함한다. 엔터테인먼트와 대중문화 사이에는 공통부분이 상당하지만, 전 범위를 포괄하는 것은 아니다. 예를 들어, 마리화나 피우기(일탈적 여가)는 즐거움을 주는 반면 널리 퍼진 대중적 관습은 아니다. 그리고 확실히 한가롭지 않은 수많은 대중적 인공물(예: 가솔린, 치약 등)과 관행(예: 줄서기, 세금 납부하기 등)이 존재한다.

한편, 여가와 대중문화 사이의 공통 범위는 광범위하다. 어쩌면, 진지한 여가보다는 일상적 여가가 대중적인 여가활동으로 적합할 수 있다. 하지만, 여가와 대중문화의 관계는 표 5.1이 보여주는 것처럼 복잡하다.

표 5.1 여가와 대중문화의 관계(Relationship of Leisure and Popular Culture)

대중문화	대중문화 소비	대중문화 생산
일	(1) 스포츠와 엔터테인먼트에서의 헌신적인 일	(2) 스포츠와 엔터테인먼트에서의 전문직 (상근직 / 임시직)
여가	(3) 일상적 여가 (7 유형)	(4) 아마추어 스포츠와 엔터테인먼트, 취미(전시 유형)

출처: 스테빈스(2006c)

제1장과 본 장의 다른 곳에서 이 표에 있는 용어들을 설명하고 있다. 하지만, 현재 논의 중인 것과 관련하여 셀 1에 있는 헌신적인 일(본 장 다음 부분에서 논의될 것임)의 기준에 부합하는 대중문화 종사자들이 대중문화의 소비자인 동시에 생산자라고 말할 수 있는지 주목하라. 대표적인 예로, 음악을 제작하고 동시에 감상하면서 깊은 성취감을 발견하는 팝 스타(pop music stars)나 상업적 화가와 작가 그리고 작품을 제작하고 동일한 유형의 미적 경험을 향유하는 영화 제작자를 포함한다.

표 5.1의 3번 셀은 일상적 여가의 8개 하위유형 중 7개만을 언급하고 있다. 하위유형 가운데 일상적 자원봉사가 누락된 이유는, 어떤 종류의 자원봉사를 어디에 위치시킬지 결정하기가 애매하기 때문이다. 진지한 여가의 세 가지 유형 중에서, 자원봉사는 아마도 가장 많은 참여자(이용할 수 있는 양적 비교자료는 없음)를 끌어 모으고 있으며, 오늘날 많이 논의되고 있다. 그 이유는 자원봉사가 시민 사회를 창조하고 유지하는 데 중요한 역할을 하고, 기업과 정부가 공동체 필요서비스(needed community services)를 만들어내는데 계속 실패하면서 남긴 간극을 채우는 능력을 자원봉사가 가지고 있기 때문이다. 하지만, 여가 프로젝트로서 어떤 대중 스포츠나 예

술 이벤트(예: 올림픽 경기, 주요 예술축제 등)를 조직하고 운영하는 데 도움을 주는 자원봉사[47]를 제외하고, 자원봉사는 여가와 대중문화가 별개의 현상으로 간주될 수 밖에 없는 또 다른 영역에 있는 것처럼 보인다(여가와 대중문화에 대한 추가적 논의는 Stebbins, 2006c를 보라).

다른 확장들

진지한 여가 조망의 확장 가능성은 아직 끝나지 않은 것처럼 보인다. 나는 여전히 이것을 진행하고 있지만, 그렇다고 해서 새로운 확장을 위해 뜬 눈으로 밤을 지새우지 않는다. 보다 정확하게 말하자면, 갑자기 그것들에 대한 생각이 떠오르는 것 같다. 네 가지가 최근에 나의 주목을 끌고 있다.

이것들 중 하나는 진지한 여가와 일의 관계인데, 그 추론과정이 진지한 여가에서 일로 진행되고 있다. 과거에는 간혹 반대의 것을 논의하는 것이 유행했었다: 그러나, 일이 어떻게 여가에 영향을 미치는지(1970년 대 유명한 확산과 보상 가설[48]을 기억하라)는 내가 여기서 논의하려는 영향의 과정이 아니다. 오히려, 나는 어떤 일이 여가처럼 되고(진지한 여가를 읽어 볼 것) 그와 같은 일에서는 일과 여가의 경계가 사실상 사라진다는, 진지한 여가에 관해 들었던 다양한 사람들이 수 년 동안 관찰한 것들을 검토하고 있다(Stebbins, 2004b). 여기서 그들의 일은 매우 성취감이 있기 때문에, 그들은 일하고 싶어서 하는 것이다. 위에서 언급한 참고문헌에서 제시된 주장은 다음과 같다. 일부 자유직, 카운셀링 분야, 숙련직 그리고 중소기업

---

47) 이와 같은 자원봉사는 이러한 이벤트를 제작하는 데 간접적으로 공헌하는 것으로 분류된다.
48) 일과 여가의 관계에 대한 해롤드 윌렌스키(Harold Wilensky)의 가설이다. 즉, 노동의 경험과 태도가 여가로 연결되어 나타날 경우 확산(spillover) 형태로 여가를 인식하고, 노동에서의 불만족을 여가에서 보상받으려고 할 경우 보상(compensation) 형태로 나타난다는 것이다(역자 주).

에서의 일은 본질적으로 진지한 여가이며, 언제나 많은 수익을 내는 것은 아니지만 그럼에도 불구하고 그 노동자는 거기서 밥벌이를 찾고 있다. 한편, 몇 가지 종류의 프로젝트형 여가로부터 몇 가지 형태의 일로도 확장이 가능한데, 그것은 스테빈스(2004b)에서는 소개되지 않았지만 확실히 탐구할 만한 것이다.

진지한 여가 조망의 세 가지 여가 형태 모두는 쇼핑의 한가로운 본질에 대한 문제에서 분명해진다. 쇼핑은 학문분야이고, 어느 정도 학문적 주목을 받아왔으며, 그것들 중 몇 가지는 스테빈스(2006a)에서 검토되었다. 같은 논문에서 나는, 어떻게 쇼핑이 때에 따라 의무가 되기도 하고, 진지한 여가가 되기도 하며, 일상적 여가 그리고 프로젝트형 여가가 되기도 하는지 조사했다. 특별한 연회에 입고 갈 옷을 구매할 때 유쾌한 의무와 여가는 하나가 된다(어떤 사람이 이러한 활동을 할 수 있는 시간과 돈이 있다고 가정한다면 말이다). 이것은 일상적 여가가 되기 쉽다. 반면에 새롭게 출시된 명품 골프클럽 세트를 구매하기 위해 쇼핑 중인 골퍼는 사실상 진지한 여가의 일환으로 즐겁고 의무적인(이전 세트가 도난당한 경우) 활동에 참여하고 있는 것이다. 쇼핑이 효과적으로 이루어지기 위해서는 상품과 그 시장에 대한 상당한 지식이 필요하고, 그것이 의무이든지 또는 (진지한) 여가이든지 간에 자랑거리가 될 수 있다. 윈도우 쇼핑은 대부분 일상적 여가다. 예를 들어, 신규 주택이나 신차를 구매할 때 일부 사람들이 경험하는 성취감을 생각해보자. 그와 같은 구매에 대한 재정적 영향 때문에 곤경에 처하지 않고, 상품과 그 시장에 대한 확고한 지식을 수립한다는 것을 가정하면, 최적 구매를 탐색하고 최선의 거래를 현실화시키는 것은 아주 보람 있는 일이 될 수 있지만, 구매자에게 유리한 구매가 필수적이다.

이것은 프로젝트형 여가로서의 쇼핑이다.

다음은 관조(contemplation)로 넘어가자. 관조는 진지한 여가 조망의 세 가지 여가 형태 모두와 관련이 있다(일상적 여가와 진지한 여가에서 관조에 대한 보다 자세한 논증은 Stebbins, 2006d를 보라). 필요상, 관조와 성찰(reflection)을 동의어로 사용할 것이다. 왜냐하면, 두 용어는 무엇인가에 대해 심사숙고(intensively thinking)하는 행동을 나타내기 때문이다. 관조(성찰)할 때, 우리는 특정 주제에 대해 관심을 집중하고 그 순간의 지배적인 활동으로 생각한다. 몇 초간부터 아마 한 시간 또는 그 이상의 시간 동안 진행되는 지속적인 활동으로서, 비록 관조하는 사람이 그 기간 동안 관련된 대상을 조종할 수 있다고 할지라도, 그것은 대체로 정신적인 것이다. 관조는 "사색에 잠기다"(lost in thought)라는 글귀에서 표현된 것처럼 강렬하고 침투하기 어려울 수 있지만, 외부 자극에 의해 어떤 사람의 생각이 쉽게 방해 받는 곳에서는 어느 정도 침투되기도 한다.

나의 비공식적 의견은 관조가 최소한 네 가지 유형으로 구분된다는 것이다. 하나는 *의무적 관조(obligatory contemplation)*로서, 삶의 어떤 영역(예: 일이나 일 밖)에서 우리가 벗어날 수 없는 문제들을 해결하기 위하여 노력할 때 가끔씩 우리에게 집중하는 과정이다. 이와는 대조적으로, 두 번째 관조인 *일상적 여가 관조(casual leisure contemplation)*는, 강요되지 않지만 일상적 여가 형식의 놀이유형을 시작하는 것으로서 단지 그것에 대한 즐거움 때문에 하는 성찰 또는 사변(speculation)이다. 세 번째로, 진지한 여가 활동이나 여가 프로젝트와 관련하여 일어나는 문제를 해결하기 위해 몰두하는 *관조 또는 성찰로서의 진지한 여가와 프로젝트형 여가(serious and project-based leisure as contemplation or reflection)*가 있다.

이것은 진지한 여가 활동이나 여가 프로젝트와 관련하여 일어나는 문제를 해결하기 위해 몰두하는 것이다. 비록 놀이는 아니지만, 그럼에도 불구하고 이것은 연관된 활동 그 자체가 강요되지 않는다는 점에서 비강압적이다. 예를 들어 다가오는 마라톤 대회를 대비하여 어떤 참가자가 최적의 훈련법을 생각하거나, 구매할 두 가지 악기를 고려하거나 또는 장래의 자원봉사 역할에 대한 찬반 의견에 대해 심사숙고할 때, 이러한 종류의 성찰이 나타난다. 네 번째, *진지한 여가로서의 관조(contemplation as serious leisure)*는 그 자체를 위해 참여하게 되는 분류상 복잡한 사색 활동의 고향이다. 그 활동이 복잡한 이유는, 수행 방법을 배우려면 특별한 기술과 지식 체계를 습득해야 하기 때문이다. 종종 "명상"(meditation)이라고 불리는 이러한 유형에는 요가, 타이치(Tai Chi) 그리고 초월 명상(Transcendental Meditation)과 같은 체계들이 있다. 기독교 사상에 의해 인도된, 영성을 추구하는 명상(또는 관조)에는 추가적인 사례가 있다.

언급하지 않은 추가확장은 진지한 여가 조망 가운데 예술경영 분야에 적합한 것이다. 예술 이벤트(예: 콘서트, 축제, 공연, 전시 등)에 참석하거나 문화시설(예: 화랑, 박물관, 도서관 등)에 후원하는 사람들 대부분은 여가 경험을 추구하고 있다. 따라서 이와 같은 경험에 대한 지식은 예술을 마케팅하기 위한 직업을 가진 예술경영자들에게 어느 정도 유용하고, 잠재적인 예술 애호가(arts buffs)와 소비자의 경험 유형 및 경험 분포에 대한 지식은 특히 유용하다. 나는 예술 소비가 세 가지 형태의 여가에서 어떻게 다르게 실현되는지에 대해 다른 곳에서(Stebbins, 2005e) 심도 있게 탐구했다.

예술경영에 대한 진지한 여가와 일상적 여가의 관계는 그림 5.1에 제시되었다. 이 그림에서 알 수 있는 것은 일부 예술 대중회원들이 진지한 여가에서의 관심으로부터 예술경영을 인식하는 반면, 다른 회원들은 단지 일상적 여가로서 그것에 대해 관심을 가진다는 것이다. 그림 5.1이 추가로 보여주는 것은 지금까지 우리가 살펴본 것처럼, 예술이 여러 가지 이유로 자원봉사자[49]의 도움을 필요로 한다는 것이다. 프로젝트형 여가 개념 이전에 계획되었기 때문에, 이 그림에는 예술에서의 프로젝트형 자원봉사가 빠져 있다. 그것들 중 대부분은 축제와 특별 전시회, 특별 콘서트 그리고 이와 유사한 일회성 이벤트 기간 동안 수행된다. 이러한 종류의 자원봉사 역시 예술경영 영역의 범위에 포함된다.

그림 5.1 진지한 여가와 일상적 여가 그리고 예술경영
(Serious and Casual Leisure and Arts Administration)

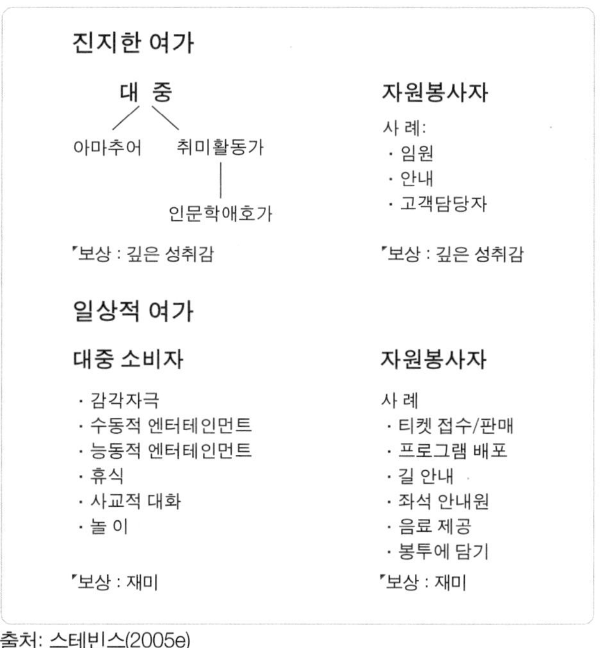

출처: 스테빈스(2005e)

---

49) 이러한 자원봉사자들은 거기서 경력 자원봉사의 역할을 할 수도, 일상적 자원봉사의 역할을 할 수도 있다.

결 론

지금까지 진지한 여가 조망은 열여섯 개 분야로 확대되었다. 세 가지 여가 형태는 대부분의 확장들에서, 주로 확장 그 자체의 일부분이 된다는 것을 나타내기도 하고, 보다 드물게는 확장의 한계를 보여주기 위한 배경(대개 일상적 여가)이 된다는 것을 나타내기도 한다. 세 가지 형태의 여가 중 단지 하나 또는 두 개를 확장함으로써 얻게 되는 것보다, 진지한 여가 조망이 풍부하고 일관성 있는 견해를 관련 분야에 제공한다고 확신한다.

그리고 수년간 확장 속도가 증가했다. 개략적으로도, 2001년과 최초 현황평가 파악 시점(Stebbins, 1992a) 사이에 만들어진 확장 개수와 비교해 보면, *새로운 경향(the New Direction)* 저술(Stebbins, 2001a)과 이 책 사이에는 절반 기간에 두 배 이상의 확장이 이루어졌다. 추측하건대, 확장은 무한히 발생할 수 없고, 유효한 지적 범위의 한정된 분야가 있을 뿐이다. 반면에 확장이 가능한 분야가 존재하기 때문에, 그 과정은 처음부터 끝까지 전 과정으로 진행된다. 이러한 것들 중 하나는 레크리에이션 치료(recreational therapy)다. 또 다른 것은 건강(health)이다. 후자에 관한 일반적인 추론의 사슬은 다음과 같이 진행 된다: 진지한 여가나 헌신적인 일을 통한 자아 성취는 삶의 질과 웰빙을 고양시키고, 정신적 건강과 육체적 건강을 증진시킨다. 그러나 진지한 여가와 건강의 관계는 아직까지 그 문제에 관한 발표가 없다는 점에서, 공식적으로 탐구된 것이 아니다. 간단히 말해서, 어떤 공식적인 확장도 존재하지 않는다. 우리는 마지막 장에서 이 주제를 다시 한 번 다룰 것이다.

진지한 여가 조망과 감정(그것이 긍정적이든 부정적이든) 연구 사이에는 어떤 확장도 존재하지 않는다. 여기서는 감정의 사회학 · 심리학과의

관계를 구상하고 있다. 아마추어 야구에서 일어나는 심판 오심에 대한 분노나 지방극단의 형편없는 공연을 보았을 때 느끼는 당혹감처럼, 확실히 여가에서는 부정적 감정도 경험하게 마련이다. 참가자들은 진지한 여가 비용 때문에 가끔씩 부정적인 감정 상황에 직면하기도 한다.

감정과 다른 개인적 상태에 대한 긍정적인 측면을 강조하고 연구하기 위해, "긍정 심리학"(positive psychology)으로 알려진 새로운 분야가 심리학 분야 안에서 부상했다. 마틴 셀리그만(Martin Seligman)은 1998년 미국 심리학회(the American Psychology Association) 연차학술대회 학회장 취임 연설에서 새로운 영역을 제시했다. 진지한 여가 조망과 그것의 연결고리는 다음에서 명확해진다.

나는 전 세계 과학[심리학]과 과학자 기구의 초점 변화를 제시했다. 인생에서 최악의 상황을 바로 잡는 것부터 삶을 가치 있게 만드는 특질을 창조하는 것까지, 나는 과학과 전문직 종사자들의 초점 변화를 제시했다. (중략) 나는 이 새로운 방향을 "긍정심리학"(Positive Psychology)이라고 부를 것이다. 주관적 수준에서, 이 분야는 웰빙, 낙관주의, 몰입 등 긍정적인 경험에 대한 것이다. 개인적 수준에서, 그것은 잠재력 즉, 사랑, 직업, 용기, 미적 감성, 리더십, 인내, 용서, 독창성, 미래적 사고와 천재성에 대한 것이다. 공동체 수준에서는 시민적 자질에 대한 것뿐만 아니라 제도가 개인에서 보다 나은 시민권, 책임, 패런팅(parenting), 이타주의, 시민의식, 절제, 관용과 직업윤리 등으로 발전하는 것을 의미한다.[50]

셀리그만은 이 새로운 분야를 "긍정 사회과학"(positive social science)으로 발전시킬 것이라고 했다. 이것은 많은 다른 사회과학 분야가 삶의 긍

---

50) 출처: 셀리그만의 "긍정심리학 네트워크 개념서"(Positive Psychology Network Concept Paper), http://www.psych.upenn.edu/seligman/ppgrant.htm, p 3

정적 측면보다는 부정적인 것을 강조한다는 사실에 대응하기 위한 것이다. 다행히 여가연구는 이러한 실수에 대한 책임이 없다. 이전 문단에서 언급한 것처럼 일부 부정적 감정이 존재하지만, 여가연구는 유일하고 진정한 *행복 학문(happy science)*이다. 진지한 여가 조망과 긍정 심리학 사이의 공식적인 연결고리는 2006년 7월[51]에 만들어질 것이다.

　마지막으로, 이 장에서 고찰한 모든 확장이 아직 불완전하다는 점에 주목할 필요가 있다. 각각의 연결고리는 만들어졌지만, 조사와 추가적인 이론화를 통해 많은 세부적인 것들이 완성되어야 한다. 본 장 앞부분에서 언급했던 내 의견을 반복해 본다. 이론적 정교화는 이전 페이지들에서 본 것처럼, 새로운 지적 영역에 (지속적이고) 귀납적인 탐색 연구로 매우 적절하게 보강함으로써, 분리된 두 분야의 경계를 넘어 연역적으로 확장하는 것이다.

---

51) 나는 긍정심리학에 진지한 여가를 연관시켜서, 2006년 7월 제3차 긍정심리학에 관한 유럽회의(the Third European Congress on positive Psychology) 기조연설을 할 계획이다(저자 주). 스테빈스 교수는 2006년 7월 3일에서 6일까지 포르투갈에서 개최된 본 회의에서 기조연설을 하였고, 그 내용이 Stebbins, R.A. (2006). 'The serious leisure perspective and positive psychology,' *Positive Psychology - 3rd European Conference*, University of Minho, Braga, Portugal, July.에 실려 있다(역자 주).

제 6 장

진지한 여가 조망의 역사

"나는 매우 진지하게 고고학 연구를 하고 있습니다." 여러 해 동안 고고학에 대한 학문적 연구를 진행해 온 아마추어는, "대부분의 사람들이 여가를 즐기는 것과는 다르죠"라고 소리 높여 말했다. 어떤 아마추어 야구 선수는, "우리 수준은 교회 리그 따위와는 비교가 되지 않아요. 우리들 중 많은 사람들은, 프로 구단이 우리를 스카우트 했으면 좋겠다고 생각해요. 그리고 아마도 그렇게 되지 않을까요?"라고 말했다. 또한 어떤 아마추어 연기자로부터는 다음과 같은 얘기를 들었다. "우리 커뮤니티 극장은 수준 높은 드라마를 합니다. 우리 연극은 전형적인 고교생 연극들과는 차원이 다릅니다. 왜냐하면, 우리는 연기를 진지하게 생각하고 각자의 파트를 완벽하게 수행하려고 노력하기 때문입니다."

이와 같은 발언으로부터 *진지한 여가(serious leisure)*라는 용어가 생겨났다. 그 용어가 만들어진 것은 1973년과 1976년 사이로, 내가 아마추어와 전문 직업인에 대한 "15년 프로젝트"(fifteen-year project) 자료를 수집하고 있을 때였다. 사실상 그것은 일상적인 용어다. 왜냐하면, 직·간접적으로 많은 아마추어 인터뷰 참가자들이(클래식 음악가에 대한 문헌 연구에서 자서전 작가들) 그들의 비직업적 열정(avocational passion)에 대해 진지함을 강조함으로써, "단순히 좋은 시간"(simply a good time)이라는 유력한 여가 개념으로부터 분명한 거리를 두고 있기 때문이다.

진지한 여가 조망: 초기

우선, 진지한 여가 조망의 일부는 내가 이 분야에 들어오기 이전에 논의되었거나 그 당시 논의 중에 있었다는 점을 주목해야 한다. 드 그라찌아(De Grazia, 1962: 332-336), 글래서(Glasser, 1970: 190-192), 카플란(Kaplan, 1975: 80, 183) 그리고 칸도(Kando, 1980: 108) 등은 비록 다른 형용사를 사용했지만, 그들 모두가 진지한 여가와 일상적 여가 사이의 구별을 인식하고 있었다. 오늘날 진지한 여가 조망에 의해 제시된 것보다 훨씬 더 단순한 방법으로, 처음 세 사람은 후기 산업사회 사람들이 자유시간을 보내는 이상적인 방식으로서 진지한 여가에 마음이 기울어 있었다.

개인적 배경

얼마 전에(Stebbins, 2000e), 나는 지식사회학의 비판적 시각으로 진지한 여가 분야를 조망하기 위하여, 그것에 대한 맥락분석을 수행했다. 그 분석 중 일부는 진지한 여가의 "존재 근거"(existential basis)와 관련되는 것으로, 진지한 여가 조망의 도래시기에 내 입장을 이해하기 위한 배경으로서 여기서 다시 개괄하고자 한다.

진지한 여가에 대한 사회적·문화적 기반은 주요한 최초 설계자로서 나의 위치(position)와 그것을 추구하는 사람들의 위치 등 두 가지 각도로 검토될 수 있다. 우선, 나의 위치에 대해 고려해 본다. 일반적인 인구학적 용어로 나는 백인 남성 기독교인이며, 미국에서 태어나고 자란 중상층의 귀화한 캐나다인으로서, 직장생활 대부분을 북미 종합대학 세 곳과 단과대학 한 곳의 사회학과 교수로서 펼쳐 왔다. 내가 아마추어에 대한 연구를 시작할 때가 서른여섯 살이었는데, 그 당시 나는 아마추어 뮤지션이었다. 일찍이 나는 프로 뮤지션이었고, 대학수준의 운동선수이기도 했다. 곧이어 나는 크로스컨트리 스키 그리고 전문장비 없이 하는 산악 "등반" (scrambling)과 하이킹에 열렬한 관심을 가졌다.

문화적으로 말해서, 나의 가치는 성취(achievement), 자기개발(self-development) 그리고 자기표현(self-expression)의 가치를 포함하고 있으며, 나는 일과 여가 모두에서 동등하게 그것들을 실현해 왔다. 언급한 바와 같이, 나는 북미 환경 속에서 여가를 연구하고 추구해 왔다. 그곳은 일반적으로 일이 여가보다 소중하게 평가되는 곳이고, 대부분의 사람들이 진지한 여가에 대해 잘 알지 못한 채, 여가가 일상적 여가와 동일시되는 곳이다. 그럼에도 불구하고 지난 25년 동안, 정부 관료들 사이에서, 건강 및 생활 전문가들 사이에서 그리고 많은 다른 서방 세계에서, 대중들이 신체적 여가와 운동에 참여하는 것을 요구하는 강력한 목소리가 점점 높아지고 있다. 그리고 일부에서는 심지어 비 신체적 진지한 여가에 일반 대중이 참여하고자 하는 강력한 요구가 점점 거세지고 있다. 그러나, 이러한 선언들로부터 궁극적으로 얼마나 많은 실질적인 변화의 흐름이 여가 관습에서 나타날 것인지는 좀 더 지켜봐야 한다. 최소한 미국에서 이루어진 연구는 대부분이 진지한 여가인 신체적 여가에 대해 희망을 주지 못하고 있으며, 특히 로빈슨과 갓비(Robinson & Godbey, 1997: 184)는 1990년대 각계각층의 사람들이 이전보다 덜 활동적이라고 보고하고 있다.

내가 연구한 많은 진지한 여가 활동들[52] 모두에서, 대부분의 응답자들은 나의 사회문화적 프로필과 상당히 잘 맞았고, 캐나다와 미국 모두에서 일을 했으며, 진지한 여가에 대해 관심을 가지고 있었다.[53] 더욱이, 활동과

---

52) 나는 19개의 진지한 여가 활동을 연구했으며, 그 대부분을 본 장에서 언급했다.
53) 다만, 장소적으로는 적합했던 반면, 많은 사람들이 여성이었고 대학 교수들이 적었다.

활동 사이에 뚜렷한 차이가 있었을지라도, 모든 연령 집단을 대표했다. 그리고, 응답자들에게 그들의 종교가 무엇인지 질문하지 않았지만, 추측하건대 표본에서 개신교, 가톨릭 그리고 유대교인들의 비율은 일반 인구에서의 비율과 거의 비슷했다. 흥미로운 사실은, 언제나 소수집단인 다수의 노동자 계급과 하위 계층의 사무직 열정가들[54]이 조사했던 각각의 활동에 대해 관심을 가지고 있었다는 점이다. 내 표본에서는 능력과 참여 모두 계급과는 연관성이 없었다.

15년 프로젝트

15년 프로젝트를 시작했던 날짜를 찾아야 한다면, 나는 1974년 1월 초의 어느 날을 선택할 것이다. 왜냐하면, 그 날이 다가오는 봄 학회 발표를 위해 아마추어 뮤지션에 대한 문헌조사를 시작했던 그 달에 있었기 때문이다. (전문 음악인으로서 활동했던 2년 동안을 제외하고) 나는 인생 대부분의 시간 동안 아마추어 음악활동에 흠뻑 빠져 있었기 때문에, 그 분야 참여자들이 아마추어리즘을 뭔가 특별한 것으로 생각한다는 사실을 잘 알고 있었다. 그 1월의 어느 날은 아마추어 음악을 체계적으로 연구하고, 수년간 그 주제에 대해 수집해 온 내 생각 중 일부를 정리하는 최초의 학문적 가능성을 보여 준 날이다.

내 계획은 나의 경험뿐만 아니라 아마추어 클래식 음악가들의 사회생활을 다룬 전기적, 자서전적 그리고 철학적 문헌을 토대로 그들에 대한 민족지학적 논문을 쓰는 것이었다. 그것이 내가 한 것이다. 실제로, 나는 글을 쓴 다음 세 편의 논문을 발표했다(Stebbins, 1976; 1978b; 1978c). 그러나

----

54) 이들은 주로 중상층의 동료들과 함께 여가에 쉽게 참여하고, 전적으로 그런 것은 아니지만 대개 여가 능력과 여가 참여에 의해 평가되는 사람들이었다.

돌이켜 생각해보면, 이것들은 1974년 전반기, 그 당시에 일어났던 가장 중요하지 않은 사건들이다.

가장 중요했던 것은 사회학이나 다른 어떤 학문도 아마추어에 대한 확실한 정의를 진전시키지 못했다는 사실을 인식했다는 것이다. (그와 같은 정의에 가장 근접한 사람은 엘리자베스 토드(Elizabeth Todd, 1930)이며, 아마추어리즘에 대한 광범위한 역사적 논문을 썼다.) 나는 아마추어 음악인에 대한 나의 개념과 관찰을 체계화하기 위하여 토드의 논문을 가지고 정의에 대해 조사하는 동안, 이것의 개념적 결함을 발견했다. 그 조사는 헛수고였다. 그럼에도 불구하고, 그 조사는 나로 하여금 그 개념적 결함에 대해 정면으로 맞서게 했고, 아마추어에 대한 나만의 정의를 발전시키게 했다. (그 결과는 제1장에서 언급되었다.) 뿐만 아니라 이외의 다른 결과들도 있었다.

아마추어에 대한 사회과학적 정의가 부족하다는 것은, 사실상 그 어느 누구도 여기서 조사된 것을 참고하여 아마추어에 대해 생각하지 않았다는 것을 의미한다. 즉, 현대 북미 사회 내에서 아마추어는 독특하고, 주변적 지위(또는 역할)를 차지하고 있는 사람들이라는 것이다. 분명히, 아마추어집단에 대한 연구가 있었지만, 북미지역 내에서 아마추어로서의 위상은 결코 조사 대상이 아니었다. 말하자면, 그들은 여가 참여자로서 무시되었다. 한편, 연구 대상 집단이 대부분 청소년이나 어린이들로 구성되었던 이유는, 어떤 진지한 여가 유형을 추구한 결과가 성인들의 그것과 크게 달랐기 때문이다.

아마추어는 예술, 과학, 스포츠 그리고 엔터테인먼트를 통해서 발견되고, 다양한 기준에 의해 같은 분야에서 일하는 전문직 종사자(professionals)나 단순히 그것을 놀이로 하는 단순참여자(dabblers)와 구별될 수 있다. 현대 여가에서 가장 복잡하고 도외시된 측면 중 하나에 대해 보다 많이 알아야 한다는 사실 또한 명백해졌다. 그래서, 나는 중대한 연구 프로젝트를 디자인하기 위한 일에 착수했으며, 음악 자서전을 가지고 했던 이론적 예비연구에서 제기된 많은 문제에 대한 답변에 도움이 될 것이라고 생각했다.

1975년 봄까지, 나는 댈러스/포트워스 지역에서 아마추어리즘에 관한 탐색적 연구 수행에 필요한 자금을 얻었다. 그 연구는 극장, 고고학 그리고 아마추어 야구에 관한 일년간의 프로젝트였다. 다른 많은 프로젝트들 가운데, 그것으로부터 배운 것은 전문직 종사자(their professional counterparts)들을 배제하고 아마추어에 대한 연구를 한 것이 실수였다는 점이다. 그리고, 나의 탐구들이 과학적으로 진정한 가치를 가지려면, 아마추어와 전문직 종사자가 존재하고 서로 연결되는 앞서 언급했던 영역들 중에서, 최소한 두 개의 사례를 연구해야만 한다는 점도 알게 되었다. 그러고 나서, 1976년 말까지 나는 이 여덟 개의 연구들(15년 프로젝트) 가운데 처음 네 개를 완성했다. 일년간의 연구프로젝트는 내 자신의 아마추어 클래식 음악세계 참여관찰 경험과, 다른 7개 연구들과 달리 "완벽한 구성원 연구자"(complete-member-researcher)[55]였던 분야에서 200개가 넘는 전기적, 자서전적 그리고 철학적 설명들에 대한 검토를 포함하고 있다.

캘거리 대학으로 돌아온 다음, 나는 캐나다 천문학자에 대한 유사한 탐구에 착수했으며, 이전 연구와 달리 아마추어와 전문직 종사자 모두를 동시에 고려했다. 이 연구는 1977년 말에서 1978년 초까지 수행되었다. 그러고 나서, 엔터테인먼트 분야의 아마추어와 전문직 종사자들을 처음 접

---

55) 이것은 아들러와 아들러(Adler & Adler, 1987)가 표현한 것이다.

하게 되었다. 그 때는 내가 마술가에 대한 연구를 수행하고 있었던 1979
년 전반기였다. 이후 1983년과 1984년에, 나는 캐나다 제2의 스포츠인 캐
나다 미식축구를 연구하기 위해 엔터테인먼트 분야로 돌아왔다. 이후부터
지금까지 스탠드 업 코미디에 대한 연구를 하고 있으며, 그것이 나로서는
두 번째이자 마지막 엔터테인먼트 분야가 된다. 이들 네 가지 후기 연구는
초기의 네 가지 연구와 달리 대체로 캐나다인 표본을 기초로 하고 있었다
(미국인으로서 캐나다에서 활동하는 전문 희극인과 미식축구 선수도 일부
인터뷰했다).

　두 가지 개념적 진술에 따라, 이 모든 연구들은 다양한 책과 논문에서 기
록되고, 스테빈스(1992a)에서 요약되어 일반화를 위한 기초를 형성했다.
스테빈스(1992a)는 15년 프로젝트가 마무리되었음을 알리는 것이었다. 나
는 아래에서 여가 참여자 유형에 따라 15년 프로젝트 연구 결과로 나온 출
판물을 축약된 형태로 열거하고 있다. 그것들에 대한 완전한 참고 표시는
참고문헌에 관한 부분에서 할 것이다. 이제부터, 막연히 여덟 가지 유형의
참여자에 대해 논의할 때, 그것이 개별적이거나 결합되었거나 상관없이,
나는 "15년 프로젝트"(the Project)[56]라는 표제로 할 것이다.

이론적 진술

　· The amateur; Two sociological definitions, *Pacific Sociological Review*
　· Serious leisure: A conceptual statement, *Pacific Sociological Review*

클래식 음악가

　· Music among friends: The social network of amateur classical musicians,

---

56) "the Project"에 대한 적합한 번역을 찾기 어렵고, 직역할 경우 그 의미를 제대로 표현하지 못할 수 있기 때
　　문에, 번역서에서는 the Project를 '15년 프로젝트'로 통일하여 사용할 것이다(역자 주).

International Review of Sociology(Series II)
- Classical music amateurs: A definitional study, *Humboldt Journal of Social Relations*
- Creating high culture: The American amateur classical musician, *Journal of American Culture*

배 우

- *Amateurs: On the Margin between Work and Leisure*
- Family, Work, and amateur acting. In *Social Research and Cultural Policy*

고고학자

- *Amateurs: On the Margin between Work and Leisure*
- Avocational science: The avocational routine in archaeology and astronomy, *International Journal of Comparative Sociology*
- Science *amators*? Rewards and costs in amateur astronomy and archaeology, *Journal of Leisure Research*

야구 선수

- *Amateurs: On the Margin between Work and Leisure*

천문학자

- Avocational science: The avocational routine in archaeology and astronomy, *International Journal of Comparative Sociology*
- Science *amators*? Rewards and costs in amateur astronomy and archaeology, *Journal of Leisure Research*
- Amateur and professional astronomers: A study of their interrelationships, *Urban Life*

엔터테인먼트 마술가

- *The Magician: Career, Culture, and Social Psychology in a Variety Art*

캐나다 미식축구 선수

· *Canadian Football: The View from the Helmet*

스탠드 업 코미디

· *The Laugh-makers: Stand-up Comedy as Art, Business, and Life-style*

연구 참가자들이 이미 알고 있었던 것처럼, 15년 프로젝트 초기에, 여가는 진지한 여가와 일상적 여가 두 가지 형태에 속한다고 확신하게 되었다. *일상적 여가*(casual leisure)는 일반적인 용어가 아니다. 정확히 말하면, 내가 만들어낸 것이다. 그럼에도 불구하고 참가자들은, 진지한 여가가 대부분의 사람들이 자유 시간에 하는 것과는 다른 특별한 행동이라는 점을 지적함으로써, 나의 확신에 신빙성과 타당성을 가져다주었다. "일상적"(casual)이라는 형용사만큼이나 다른 형용사들도 적합할 수 있지만, 그 당시 참가자들이 수많은 유형의 여가에 대해 느낀 것을 요약하는데, 그것이 다른 어떤 것보다 좋은 이름이었기 때문에 나는 일상적이라는 용어로 정했다. 1982년에 나는 처음으로 진지한 여가 개념에서 두 가지 용어를 정의하고 연관 지으며 공식적으로 집필했다(Stebbins, 1982a).

한편, 여러 측면에서 취미활동가와 자원봉사자가 아마추어와 유사하게 되었다는 사실에서 텍사스 연구가 마무리 되어 가고 있다는 점이 명백해졌다. 하지만 그들은 비록 같은 유형으로 구분되었을지라도 서로 다른 역할을 하는 사람들이었다. 15년 프로젝트에서 아마추어들은 그들 자신을 가끔씩 취미활동가 또는 자원봉사자로 언급했고, 나도 아마추어 클래식 음악 동호회(나의 여가 열정 중 하나)에서 그리고 내가 읽었던 자서전적 관련 문헌에서 습관처럼 비슷한 혼동을 하게 되었다. 이 복잡한 종류의 여가 즉, 진지한 여가를 사회과학자들이 간과하고 있었다는 사실이 더욱 명백해졌다. 아마추어에 대한 연구는 분명히 있었다. 하지만 이 책에서 이미 언급했던 것처럼, 기존의 아마추어 연구는 자유시간에 여가세계에서 그들의 독특한 역할과 지위 이외의 문제에 초점을 두었다. 자원봉사자에 관한 연구 또한 마찬가지다. 한편, 취미활동가는 사실상 완전히 무시되었다.

진지한 여가 탐구

도전이 시작되었다. 나는 완전히 다른 두 개의 분야(예: 교육과 일탈)에서 이미 질적/탐색적 연구를 수행한 경험이 있었다. 두 분야 모두에서, 나는 근거이론에 관한 글레이저와 스트라우스(Glaser & Strauss, 1967)의 매뉴얼을 따랐다. 이러한 경험으로부터, 타당하고 일반화가 가능한 귀납적 이론을 발전시키기 위해서는, 내가 수행했던 네 개의 연구가 제공할 수 있는 것 이상의 자료가 필요하다는 사실을 깨달았다. 그래서 나는 결정을 내렸고, 계속 진행하기 위해 캘거리로 이사한 다음, 15년 프로젝트를 수행했다.

많은 사람들은, 왜 기존 연구 분야를 가지고 특별하게 혼합한 것을 선택했는지 물어 본다. 나는 타당한 이유를 일부분 현실적인 측면에서 찾는다. 재정적이고 학문적인 이유 등 다양한 이유들 때문에, 나는 집 가까운 곳에서 연구를 수행했고, 따라서 지역적으로 충분히 대표할만한 분야에 끌릴 수밖에 없었다. 그리고, 기존 아마추어 집단을 검토하려고 했던 이유는, 적어도 처음에는 기존의 문제점들로부터 벗어나려는 의도가 있었기 때문이다. 그러나 항상 그렇듯이 그 문제점들은 나중에 면밀히 검토될 수 있었다. 나는 가능하다면 집단적 아마추어리즘(collective amateurism)[57]에 초점을 두려고 했다. 그것은 사회적 상호작용 그리고 집단 문화와 구조의 광범위한 영향에 대해 연구하기 위한 것이었다. 한편, 개인적 형식의 아마추

---

57) 이것은 회화(painting), 저술(writing), 골프와 테니스(playing golf or tennis)와 같은 개인적 아마추어리즘과 대비되는 개념이다.

어리즘은 언제든지 다룰 수 있었다. 더욱이, 내 자신만의 자료를 수집하려고 했기 때문에, 집단들을 동시에 연구할 수밖에 없었다. 나는 결국 내부자로서의 친근함을 가지고 있던 음악으로부터 벗어나서, 처음에는 단지 외부자로서 인식했던 다른 분야들을 연구해야만 했다. 앞서 언급한 아마추어 집단들은 이런 다양한 고려사항들과 합치되는 것이었다.

프로젝트 내내 질적 방법론을 사용했다. 그것은 글레이저와 스트라우스(1967)가 최초로 시작했고, 글레이저(1978)와 내(Stebbins, 2001c)가 정교하게 만든 탐색적 연구방법이다. 처음에는 아마추어와 전문가 각각의 일상적 활동을 광범위하게 관찰했다. 내가 그들의 라이프스타일을 이해하게 되면서, 나는 30명의 아마추어 응답자와 다른 30명의 전문가 응답자로 구성된 표본을 가지고, 대부분의 사례들에서 어느 정도 구조화된 장시간의 면대면 인터뷰에 착수했다. 그들의 라이프스타일과 사회세계 그리고 핵심 활동에 의해 뒷받침될 때까지 모든 분야 응답자들에게 동일한 질문을 하고 나서야, 그들 모두를 일반화하는데 보다 유리한 위치를 차지할 수 있을 것 같았다. 그러나, 각각의 분야는 독특했기 때문에, 몇 가지 특별한 관찰, 분석, 인터뷰, 조사, 보고 등을 필요로 했다. 그 결과는 각 연구 분야에 대한 "실질적 근거 이론"(substantive grounded theory)(Glaser & Strauss, 1967: 33-35)의 중요한 기준이 되었다.

이러한 실질적 근거이론에 기초하여, 보다 추상적인 (글레이저와 스트라우스가 말했던) 진지한 여가의 "형식적 근거 이론"(formal grounded theory)을 진전시켰으며, 이 책에서는 진지한 여가 조망에 대한 형식적 근거이론을 세 가지 여가 형태와 연결시키고 있다. 이러한 형식적 이론들을 구성하면서, 나는 탐구를 통한 연관 연구의 중요성에 대해 직접 알게 되었다. 연속적 탐구(*concatenated exploration*)라는 표현은 종단연구 과정을 의미하기도 하고, 상호 연관된 개방형 연구의 결과를 지칭하기도 하며, 사슬에서 누적된(보통은 형식적인) 근거이론으로 이어진다(이러한 과정에 대한 가장 최근의 논의는 Stebbins, 2006b를 보라). 사슬 시작부분의 연구는 포괄적인 범위의 탐구다. 사슬에서 각각의 연구 또는 연결고리는 관련 집단, 관련 활동, 관련된 사회 과정 또는 보다 넓은 범주의 집단과 활동 등을 조사하거나 재조사하는 것이다.

일련의 연구들에 대해서 이러한 사슬의 비유가 부적절한 이유는, 연속적 탐구의 증가하는 본질을 제대로 설명하지 못했기 때문이다. 사슬의 비유에서 각각의 연결고리들은 모두 같은 정도로 중요하다. 한편, 과학적 연쇄의 경우 사슬 안에서의 연구들은 연결을 의미할 뿐만 아니라 서로를 예측하게 한다. 동일 영역에서의 기존 연구내용 뿐만 아니라 거기서 사용된 방법과 조사된 표본도 이후 연구의 지표가 된다. 따라서, 각각의 연결고리들은 한창 진행 중인 연구와 최근 급부상하는 근거이론에서 다소 다른 역할을 한다. 더욱이 선행연구는 후속탐구를 인도할(*guide*) 뿐, 선행연구를 기초로 한 예측이 새로운 발견을 제한할 정도로 후속연구를 통제하지 않는다는 점에 주목하라.

진지한 여가 연구가 이제는 서방 세계의 다른 많은 지역에서도 인기를 얻고 있기 때문에, 그 개념적 발전은 최초로 그것을 개척했던 북미지역 이외의 서양 여가 생활을 담아내고 있다.

15년 프로젝트 이후

1992년 『아마추어와 전문직 종사자 그리고 진지한 여가』 *(Amateur, professionals, and serious leisure)*의 출판은 15년 프로젝트의 정점을 알리는 것이었고, 그 때까지 발전해 온 진지한 여가 분야에 대한 최초의 현황 평가 역할도 했다. 한편, 유사한 개방형 방법으로 진지한 여가의 다른 두 가지 유형에 대한 탐구의 필요성을 부각시켰던 당시 상황도 나에게는 중요했다. 비록 드물게 수행되는 연구 방식이었음에도 불구하고, 나는 우선 취미에 관한 연구를 시작했다. 15년 프로젝트를 수행하던 1979년 초, 나는 특별한 종류의 문화 관광을 경험하기 위해 뉴올리안즈에 관한 여행학습과정 참가자들을 그 도시로 데려갔다. 나는 참가자들이 내가 다음에 쓰려고 했던 "인문학 취미활동가"(liberal arts hobbyists)(Stebbins, 1994a)라는 것을 깨닫게 되었다. "근심이 사라진 도시"(City that Care Forgot)의 문화에 대한 나의 지식을 곁들인 그들과의 토론은 결국 『전문 감정가의 뉴올리안즈』 *(The Connoisseur's New Orleans)*(Stebbins, 1995)의 출판으로 이어졌다. 그럼에도 불구하고, 이것은 진지한 여가 조망 중 진지한 여가 측면을 따른 취미에 관한 첫 번째 진술이 아니었다.

왜냐하면 훨씬 이전에 스나이더(Snyder, 1986)가 진지한 여가 조망에서 스포츠와 게임 취미활동가로 분류되는 성인 셔플보드(shuffleboard) 선수들을 연구했기 때문이다. 알란 올름스테드(Allan Olmsted, 1988; 1991; 1993)는 이미 이러한 개념적 시각에서 총과 기타 물건 수집가에 대한 연구를 수행하고 있었다. 거의 비슷한 시기에 미텔스태트(Mittelstaedt, 1990-91; 1995)는 남북전쟁 재연에 관한 저작을 출판했으며, 그것은 혼합 취미 (mixed hobbies)[58]에 대한 연구용으로 어느 정도 가치가 있다. 아포스틀

---

58) 예를 들어, 시대 제복(a period uniform)을 만든(제조와 수리의 취미 하위유형) 다음, 그것을 입고 모의전투 (a mock battle)를 벌이는(활동참가의 취미 하위유형) 참가자

(Apostle, 1992)은 컬링과 같은 취미 스포츠 활동을, 스콧과 갓비(Scott & Godbey, 1992; 1994)는 카드놀이의 일종인 콘트랙트 브리지 게임을 연구했다. 램버트(Lambert, 1995; 1996)는 인문학 취미의 일종인 계보학을 광범위하게 고찰했고, 예어(Yair, 1990; 1992)는 이스라엘 달리기 선수들을 연구하면서, 진지한 여가 조망과 달리 그들 중 일부를 아마추어로 분류했다. 서로 다른 달리기하는 사람들 집단에서 나타난 취미 참여수준을 다루는 것이 그의 주요 관심사였다. 조금 지나서, 헤이스팅즈와 동료들(Hastings & colleagues, 1995) 그리고 헤이스팅즈, 쿠르드와 슐로더(Hastings, Kurth & Schloder, 1996)는 미국인과 캐나다인에 대한 비교연구에서 진지한 여가 조망을 마스터스 수영인들의 경력에 적용했다.

이 시기에 출판된 『바버숍 아카펠라 가수』 *(The Barbershop singer)* (Stebbins, 1996a)는 캘거리의 남녀 아카펠라 가수에 대한 탐색적 연구다. 바버숍 아카펠라는 활동 참여로 분류될 수 있다. 이어서, 볼드윈과 노리스(Baldwin & Norris, 1999)는 미국 애견가 클럽(the American Kennel Club)과 순종견 교배에 관한 제조·수리 취미를 연구했다. 이러한 취미활동가들 중 일부는 동물을 훈련시키거나 쇼에 내보기도 했고, 때로는 두 가지 모두를 하기도 했다. 최근에 킹(King, 2001)은 퀼팅 연구 논문을 기고했으며, 스테빈스(2005c)는 카약, 스노우보드, 그리고 산악 스포츠 취미 활동(산악 및 빙벽등반 등)에 관해 저술했다. 이러한 모든 연구들은 다른 공헌 이외에도, 그 연구들이 다루고 있는 복잡한 핵심 활동을 풍부하게 묘사하고 있다.

아마추어

15년 프로젝트를 수행하던 기간 동안, 나 혼자만 아마추어 연구를 했던 것이 아니다. 에더리지와 니아폴리탄(Etheridge & Neapolitan, 1985)은 미국에서 공예 예술가 표본을 연구했다. 연습량과 공예잡지 구독 성향을 측정한 그들의 자료는 아마추어가 단순참여자보다 공예 작품에 대해 보다 더 진지하다는 점을 보여 주었다. 또한, 단순참여자들은 그들의 여가를 레크리에이션으로 인식하는데 반해, 아마추어들은 완벽함과 예술적 창조성에 대한 몰입(a strong commitment)을 표현하는 보다 심오한 것으로서 여가를 인식했다.

한참 후에 요더(Yoder, 1997)는 미국의 토너먼트 배쓰 낚시를 탐구하면서 첫째, 여기 낚시꾼들이 취미활동가가 아닌 아마추어 스포츠 열정가들 이라는 사실을 알게 되었다(일찍이 내가 그들을 "활동 참여자"(activity participants)로 분류한 것과 대조적임; Stebbins, 1992: 12). 둘째, 스테빈스(1979)에서 처음으로 제시된 전문가-아마추어-대중 관계 체계(Professional-amateur-public(P-A-P) system of relationships)에 대한 독창적인 삼자 모형을 수정하게 할 만큼, 대회에 참가한 아마추어와 전문 낚시꾼들을 위한 상품 생산자들이 중요한 역할을 하고 있다는 사실을 발견했다. 이런 아마추어 사회 세계에서 일부 이방인들은 매우 중요하며, 그들은 주로 전국 낚시 조직들과 토너먼트 프로모터 그리고 스포츠 상품과 서비스 제조·유통사를 구성하고 있다. 상당수의 아마추어들은 그 스포츠 상품을 제작하고 판매하며 광고한다. 그리고 전문 낚시꾼들은 상품 에이전트로부터 토너먼트 참가비, 보트와 낚시 도구 그리고 생활비 보조 등을 후원받고, 최고 전문가들은 낚시용품 판촉 대가로 임금을 지급받는다. 제1장에서 논의된 것처럼, 요더(1997: 416)의 수정으로 삼자 모형은 훨씬 복잡해졌으며, 상품 에이전트와 전문가/상품 에이전트 그리고 아마추어/대중

간의 관계 체계(C-PC-AP)를 구성하게 했다.

비슷한 시기에 주뉴, 테드릭과 보이드(Juniu, Tedrick & Boyd, 1996)는 미국 교향악단의 아마추어 연주자와 전문 연주자에 대해 조사했다. 그들은 아마추어가 자신의 공연을 "순수 여가"(pure leisure)로 인식하지 않고 전문 연주자들도 역시 "순수한 일"(pure work)로 인식하지 않는다는 사실을 알아냈다. 이 점에서 두 견해는 사실상 거의 다르지 않았다. 파인(Fine, 1998)은 전문적인 진균학자(mycologist)들을 상대방으로 하는 아마추어 버섯 채집가들의 사회 세계를 다룬 철저한 민족지학적 연구를 수행했다. 그것은 고고학자와 천문학자에 대한 이전 연구들에 의해 형성된, 아마추어 과학에 대한 이해에 큰 보탬이 된다. 아마추어 활동으로서 성인 피겨 스케이팅에 대한 아마도 가장 최초라고 생각되는 연구에서, 맥쿼리와 잭슨(McQuarrie & Jackson, 1996)은 진지한 여가 경력을 통한 스케이터 과정의 제약 요인들에 대해 탐구했다. 그들은 성인 아마추어 아이스 스케이터들이 경력의 다섯 단계를 거치면서, 다양한 제약 요인들에 부딪히며 보통은 성공적으로 해결한다는 사실을 발견했다.

경력 자원봉사자

오늘날 자원봉사는 진지한 여가의 세 가지 유형들 가운데 가장 많이 연구되고 있지만, 진지한 여가 유형 중에서 내가 가장 마지막에 정의하고 진지한 여가 조망에 통합시킨 것이다. 자원봉사에 관한 나의 최초 진술은 스테빈스(1982a)에서 등장했고, 나중에 스테빈스(1996b)에서 정교화되었다. 이 유형에 대한 나의 경험적 연구에 대해 말하자면, 나는 캘거리 불어 공동체가 유지되는데 있어 자원봉사자들의 중심적인 역할에 대해 관찰한 다음

(Stebbins, 1994b), 얼마 동안(Stebbins, 1998d) 그들에 대한 직접적인 연구를 하지 않았다. 스테빈스(1998d)에서, 조직과 공동체를 지속시키는데 있어 핵심 자원봉사자(key volunteers)의 역할에 대해 처음으로 묘사했던 이유는, 이러한 유형의 시민 노동이 그와 같은 사람들 사이에서 자아성취감을 형성했기 때문이다(제1장을 보라).

하지만, 경력 자원봉사에 대한 연구의 실제 원년은 1997년이었다. 여섯 개의 출판물이 그 해 발간되었고, 그것들 중 몇 개는 『세계 여가와 레크리에이션』(*World Leisure and Recreation*)(1997, 39(3)) 특집호에 실렸다. 특집호에 게재된 것을 포함하여, 그 해 출판된 저작은 아라이와 페들라(Arai & Pedlar), 자비스와 킹(Jarvis & King), 쿠스켈리와 해링턴(Cuskelly & Harrington) 그리고 톰슨(Thompson)이 저술한 것들로 그들은 박사학위 논문과 학회지 논문 모두를 집필했고, 그것들은 스테빈스(Stebbins, 2001a: 117-119)에 요약되어 있다. 삼 년 후에, 여가로서의 자원봉사에 대한 문제를 다룬 특집호가 『사회와 여가』(*Loisir et Société / Society and Leisure*)(2000, 23(2))에서 나왔다. 이 특집호의 내용 그리고 경력 자원봉사에 대해 직접적으로 다룬 마가렛 그레이엄과 내가 함께 편집한 책(Stebbins & Graham, 2004)의 내용은 본서 제2장에서 살펴보았다. 2004년 선집의 목적은 경력 자원봉사에 관한 국제적인 연구 내용을 한 군데로 모으는 것이었다.

오늘날, 자원봉사에 관한 연구와 이론화가 진지한 여가 조망의 가장 역동적인 분야라고 결론 내리는 것은 타당한 것 같다. 이 책 출판 이후에, 그레이엄과 스테빈스가 편집한 『자발적 활동』(*Voluntary Action*)의 또 다른 특집호(2006년 말 또는 2007년 초까지 마감 예정)에 실릴 작품은 잘 진

행되고 있다. 이 작품은 윤리와 자원봉사를 다루고 있다(단, 여기서 출간
된 모든 논문들이 진지한 여가 조망 자체를 다루고 있지는 않을 것이다).
출판을 앞두고 있는 다른 획기적인 작품으로는 『비영리 용어 및 개념 사
전』 *(A Dictionary of Nonprofit Terms and Concepts)*(Smith, Stebbins &
Dover, 2006)이 있다. 그것은 1,200개 이상의 항목과 부수적인 상호참조를
가지고, 비영리부문과 밀접한 관련이 있는 다양한 개념들과 관행들을, 여
가 및 자원봉사의 세 가지 여가 형태와 통합시키기 위한 것이다.

도입 개념

앞에서 언급한 것처럼, 이제 진지한 여가 조망은 형식적 근거이론이며,
1974년 초에 시작된 체계적 탐구의 결과다. 근거이론의 본질에 대한 논의
는 그와 같은 구성이 전적으로 그리고 직접적으로 귀납과정을 통해 얻은
자료로부터 창출된 것이라는 인상을 심어 준다. 이와 같은(굳이 말하자면
가장 순수한) 접근방법에 의한 형식적 근거이론을 발전시키는 것도 가능
하겠지만, 현재의 접근방법은 몇 가지 중요한 도입 개념들[59]로 구성되었
다. 진지한 여가 조망에 얼마나 많은 외래 사상들(foreign ideas)이 덧붙여
졌는지는 아래에서 확인할 수 있다.

실제로 15년 프로젝트는 몇 가지 도입 개념을 가지고 시작했으며, 그것
들 중에는 경력, 몰두, 정체성 그리고 자원봉사자/자원봉사 등이 있다. 진
지한 여가 조망의 역사 과정에서, 다른 도입 개념들을 어디서, 어떻게 가
져왔는지 그리고 그것들이 존재함으로써 진지한 여가 조망에 보태진 것이

---

59) 이 개념들은 진지한 여가 조망 밖에서 정의되고 정교화된 개념들로서, 진지한 여가 조망의 탐색적 범위를 확
　　장하기 위해 가져온 개념들을 말한다.

무엇인지를 보여주는 것이 이 절의 목적이다.

보다 최근에 도입된 것들 중 하나는 이 책(제1장)에서 이미 소개한, *사회 세계(social world)*에 대한 것이다. 이 개념에 대한 명쾌한 역작을 운루(Unruh, 1979; 1980)가 출판함으로써 진지한 여가의 다섯번째 특징인 독특한 윤리(unique ethos) 개념을 충실하게 하는데 큰 도움이 되었고, 15년 프로젝트에 대한 보고서(Stebbins, 1992a: 7)에서 나는 처음으로 이 개념을 사용했다. 사회 세계는 바버숍 아카펠라 가수(Stebbins, 1996a)와 자연 도전 취미(Stebbins, 2005c) 연구에서 뿐만 아니라 여가 동기의 조직적 기반을 조사(Stebbins, 2002)하기 위해 수립된 틀에서 중요한 개념이 되었다.

또 다른 도입 개념은 *라이프스타일(lifestyle)*에 대한 것이다. 빌(Veal, 1993)은 여가 연구에 이 개념을 도입하는데 있어 크게 공헌했다. 라이프스타일에 대한 나의 노작(Stebbins, 1997b)은 그의 생각을 진지한 여가로 확장시켰으며, 그 개념은 자원봉사와 세 개의 산악 취미에 대한 후속 분석들(Stebbins, 1998a; 2005c)을 진지한 여가에 정착시키는데 기여했다. 최적의 여가 라이프스타일과 자유재량 몰두시간 개념의 통합은 이러한 개념적 토대로부터 나왔다(제4장을 보라).

세 번째 개념적 도입은 *중심적인 삶의 관심(central life interest)* (Dubin, 1992)에 대한 것으로, 제1장에서 진지한 여가의 통제불가능성 요소로서 논의되었다. 그 개념은 스테빈스(Stebbins, 1992a: 3)의 진지한 여가 조망에 관한 문헌에서 처음 등장했다. 라이프스타일이 복잡하고 몰입과 성취감을 주는 활동들 주위에서 형성되는 한, 그 활동들이 언제나 진지한 여가에서 행해지기 때문에, 이러한 라이프스타일은 그런 활동에서 참여자의 중심적인 삶의 관심(Stebbins, 2001a: 20)에 대한 행동 표현으로 인식될 수 있다.

*사회적 자본(social capital)*과 *시민 노동(civil labor)*은 함께 네 번째 도입 개념을 구성했고, 그것은 공동체주의자와 사회적 수준의 분석에 진지한 여가 조망을 결부시키는데 기여했다. 진지한 여가를 추구할 때 아마추어, 취미활동가 그리고 경력 자원봉사자들이 만든 공동체에 시민노동이 공헌한다(Rojek, 2002: 26-27)는 사실은 제4장에서 다루었다. 더욱이, 상상에 의한 것일지라도, 시민노동은 사회적 자본을 창출한다. 사회 조직이 여가 참여에 동기를 부여하는 방법에 대한 부분적인 설명으로서, 나도 역시 이와 같은 추론 과정을 사용해 왔다(Stebbins, 2002: 111-113을 보라).

또 다른 도입 개념은 *여가로서의 일탈(deviance as leisure)*에 관한 것이다. 그것은 두 개의 길을 통해 진지한 여가 조망에 들어왔다: 나 자신(Stebbins, 1997a)과 크리스 로젝(Rojek, 1997). 캐나다에서의 일탈에 관한 내 교과서(Stebbins, 1996d)는, 어떤 것이 일상적 여가이고 어떤 것이 진지한 여가인지 특정하지 않고, 종합적인 여가 틀을 사용하여 여러 가지 종류의 일탈 중 일부를 분석했다. (이 책) 제4장에서 일탈에 관한 절은 일탈적 여가(deviant leisure)를 전체 여가의 일부분으로 설정하는 동시에 진지한 여가 조망에 위치시켰다.

이들 다섯 가지의 도입 개념들은 사회학에서 나온 것이다. 나는 여가 심리학으로부터 *몰입(flow)*의 개념(Csikszentmihalyi, 1990)을 가져 왔으며, 그것은 진지한 여가의 기본 틀(제1장) 중 일부를 구성한다. 스테빈스(1992a: 112, 127)에서 처음으로 이 개념을 진지한 여가와 관련지었다. 이후에 나는 바버숍 아카펠라 가수(Stebbins, 1996a: 67-68)에서, 그 후에는 카약, 스노우보드 그리고 산악/빙벽 등반에서 몰입의 경험에 대해 검토했다(Stebbins, 2005c: 제5장).

한편, 심리학자들은 여가와 *웰빙(well-being)*에 대해 검토해 왔다(예: Haworth, 1997). 웰빙과 진지한 여가를 연관 지은 나의 첫 진술(Stebbins, 1997f: 제8장)은 하워드 선집에서 등장했고, 본 서 제5장에 그 문제에 대한 추가적인 생각들이 제시되어 있다. 웰빙과 진지한 여가의 연관은 제5장에 있는 두 가지 기본적인 명제를 여기에서 반복함으로써 정당화할 수 있다. 그 명제는 (1) 사회적 웰빙은 세 가지 형태의 여가를 통해 창출된 양질의 삶으로부터 흘러나온다는 것과 (2) 여가를 통한 자아실현은 웰빙과 정신적/신체적 건강으로 이어진다는 것이다.

*이기심(selfishness)*은 내가 일상적인 말로 기술하고 개념화한 것으로 (Stebbins, 1981), 심리학적 측면과 사회학적 측면 모두를 가지고 있다. 이러한 태도에 관한 나의 최초 진술은, 연구 대상자들이 제공한 사례들 가운데 일부가 단지 그들의 여가에서 비롯되었다는 점 때문에 우연히 여가와 관련되었다. 이후에(Stebbins, 1995b), 나는 그 개념을 진지한 여가 조망으로 가져온 다음, 이 책 제1장에서 이기심이 통제불가능성의 결과 중 하나일 뿐만 아니라 여가 행동 윤리에 있어서 관심 주제 가운데 하나라는 사실을 밝혀냈다.

여가 세계에 보다 적합하게 수정하지 않고서, 언제나 개념을 도입할 수 있는 것은 아니다. 이 절차에 관해서는 여기서 상세하게 설명하지 않을 것이다. 왜냐하면, 나는 이 책의 다른 구절에서 이미 그렇게 했기 때문이다. 이런 이유 때문에, 매우 정교해진 그 개념들을 간략하게 보여주는 것으로 충분하다. 그것들은 라이프스타일(제4장), 경력(제1장), 전문가(제1장) 그리고 자원봉사자/자원봉사(제1장) 등이다. 그와 같은 수정은 사회과학적 이론에서 호의적으로 받아들여지고 권장되는 것이다. 왜냐하면 수정을 통

해 취급된 개념의 범위를 확장시키고, 동시에 이전보다 더욱 폭 넓은 경험
적 토대를 제공할 수 있기 때문이다.

일상적 여가

이미 살펴본 바와 같이, 진지한 여가 조망에서 일상적 여가는 진지한 여
가와 동시에 출발했지만, 1997년에 내가 독립된 개념적 진술을 제시하기
(Stebbins, 1997a) 전까지는 단지 진지한 여가를 부각시키는 역할만 했다.
그 진술에서 중요했던 것은, 일상적 여가가 본질적으로 쾌락적(hedonic)이
라는 명제였다. 이 주장이 엄청난 논쟁을 촉발시켰던 이유는, 일부 비판가
들이 쾌락적 특성을 전혀 무가치한 것으로 인식했기 때문이다. 나는 후속
논문(Stebbins, 2001b)에서 이를 시정하기 위해 노력했고, 비록 쾌락적이
지만 일상적 여가가 확실히 많은 혜택을 만들어낸다고 기술했다. 이것들은
클레이버(Kleiber, 2000) 그리고 허친슨과 클레이버(Hutchinson & Kleiber,
2005)가 언급한 훨씬 더 많은 다른 혜택들과 함께 제3장에 서술되어 있다.

그럼에도 불구하고, 일상적 여가의 역할에 관한 논쟁은 여가 교육 분
야에서 대단히 집중적으로 증가했다. 그와 같은 논쟁은 여가 교육이 진
지한 여가를 중심으로 다룬다[60]는 나의 주장과 (오늘날 세계 여가(World
Leisure)[61]로 알려져 있는) 세계 여가 레크리에이션 협회(the World
Leisure & Recreation Association)의 교육 위원회(Edcomm)가 전개한 여
가교육에 관한 성명서 초안에 진지한 여가가 포함된 상황에 의해 촉발되

---

60) 프로젝트형 여가는 아직 개념화되지 않았다.
61) 여기서, 세계여가(World Leisure)는 UN의 자문기구인 세계여가기구(World Leisure Organization)을 말
  하는 것이다. 세계여가기구에서 주최하는 월드레저총회(World Leisure Congress)가 '여가와 정체성'이라는
  주제로 2010년 춘천에서 개최된 바 있다(역자 주).

었다. 그 초안은 모든 연령의 사람들이 진지한 여가와 일상적 여가를 구분하는 차이점에 대한 정보를 제공받아야 하고, 그 다음에 진지한 여가가 어디서 발견되는지, 그것의 혜택과 비용 그리고 보상은 무엇인지에 대해 들어야 한다고 명시했다.

그 문제는 오스트레일리아, 뉴질랜드, 영국, 네덜란드, 독일, 이스라엘 그리고 캐나다와 미국 사람들이 관여한 국제적 토론을 촉발시켰다. 그 주제에 대한 토론은 2004년 3월 독일 콜롱(Cologne)에서 개최된 제1회 여가 교육에 관한 국제총회(the First International Congress on Leisure Education)에서 조직되었다. 더글라스 클레이버(Douglas Kleiber)와 내가 그 이벤트의 개막일 저녁 기조 연설자로 참석했기 때문에, 그와 나 그리고 다른 사람들은 우리들의 차이점을 상당부분 해소할 수 있었다고 생각한다. 오늘날 여가 교육계의 현상에서, 일상적 여가는 그 방법에 대해 교육할 필요가 있는 어떤 것이 아니라, 일상적 여가 중 일부가 대단히 유익하다는 것을 사람들에게 계속해서 인식시킬 필요가 있는 것으로 간주된다. 따라서, 여가 교육의 목표는 두 가지 여가 형태(이제는 여기에 세 번째 형태인 프로젝트형 여가를 추가한다)의 결합으로 이루어진 여가 라이프스타일에서 개인적으로 성취감을 주는 *균형(balance)*을 발견하는데 도움을 주는 것이다.

교육위원회의 성명서 초안에 대해 말하자면, 위원회 의장인 힐렐 러스킨(Hillel Ruskin)과 아타라 시반(Atara Sivan)(Ruskin & Sivan, 발행연도 없음[62]: 167-170)이 승인문서를 작성한 다음, 거의 내용 변경 없이 이후에 출판되었다. 이 책은 일상적 여가에 관한 초록을 담고 있으며(171-173), 이 여가형태의 혜택을 소개하고 있다. 그러나 2004년 러스킨의 때 이른 죽음

---

62) 출판연도를 생략한 것은 유감스럽다. 그 문서의 일부 참고문헌 연도를 고려할 때, 나는 그 책이 2002년이나 2003년에 출판되었을 것이라고 생각한다.

과 전체 토론과정으로 인한 피로로 인해, 이들 두 논문과 제1회 여가 교육
에 관한 국제총회를 있게 한 수년간의 명시적인 성명서들은 그 문제에 관
해 침묵하기 시작했다.

　진지한 여가를 부각시키는 일상적 여가의 역할은 아마도 계속될 것이
다. 일반대중이 여가에 대해 생각할 때, 일상적 여가를 생각하는 경향이 있
다. 이것은 진지한 여가에 대한 일반 대중들의 토론이, 두 가지 형태의 여
가를 비교하는 것에서 벗어나지 못하고 있는 사실을 보면 알 수 있다. 다
시 말해서, 일상적 여가는 진지한 여가에 대한 이해를 용이하게 하는 배경
을 제공하며, 그것은 프로젝트형 여가에 대해서도 마찬가지다. 2004년 총
회 이전의 소동에서 나타난 중요한 메시지는 아무리 쾌락적일지라도 일상
적 여가는 사소하지 않다는 것이다. 여전히 더 많은 것들을 알아내야 하겠
지만, 일상적 여가의 혜택은 다른 두 가지 여가 형태의 혜택 및 보상과 함
께 인식되고 소통되어야 한다고 확신한다.

프로젝트형 여가

　신 개념인 프로젝트형 여가(이것에 관한 최초 출판은 Stebbins, 2005a)에
대한 의미 있는 보고가 아직까지 없었지만, 본 장은 그 개념을 떠올릴 만한
상황을 묘사하고 있다. 프로젝트형 여가의 "발견"(discovery)은 순전히 우
연이었으며, 진지한 여가 조망처럼 탐색적 연구를 통해 뿌리 내린 분야에
서는 아마도 이례적인 것이었다.

　우연(serendipity)이란, 비공식적 실험, 우연한 발견 그리고 즉흥적인 발
명의 본질적 형태로서, 광범위하고 의도적이며 체계적이고 사전에 계획된

일로 묘사된(Stebbins, 2001c: 3-4) 탐구와는 선명하게 대조되는 개념이다. 친한 친구의 예순 번째 생일 깜짝 파티에 참가했을 때, 나에게 그것은 뜻밖의 저녁(serendipitous evening)이었다. 페기(Peggy)의 예순 번째 생일 파티는 삼개월간의 대장정(three months off)이었으며, 세 명의 직계가족은 생일을 축하하기 위해 웅장한 스타일의 깜짝 파티를 계획하기로 결정했다. 일의 분업이 시작되었다. 아버지는 레스토랑을 예약하고 하객들을 초대했으며, 반면에 아들과 한명의 딸은 페기의 출생부터 현재까지의 삶을 상세히 담은 슬라이드 쇼를 편집했다. 스물다섯 명의 하객들과 함께, 그들을 비밀리에 초대하기 위해 아버지는 자신만의 몇 가지 프로젝트형 여가(여기서는 비공식적 자원봉사로 분류되는 것이 가장 타당하다)를 수행하고 있었다. 한편, 두 아이들의 프로젝트는 한층 더 복잡해졌으며 시간이 많이 소요되었다. 이런 이유 때문에 우리는 그 프로젝트에 집중할 것이다.

슬라이드 쇼(엔터테인먼트 극장에서의 프로젝트)를 만들어내기 위해서는, 페기의 사진과 그녀 삶에서 중요했던 사람과 사건에 관한 사진이 필요했다. 사진들을 얻기 위해 멀리서 사는 외가 친척들과 연락해야 했으며, 그런 다음 일과 여가 활동의 중요사들을 중심으로 이 자료들을 60세까지 연대순으로 편집했다. 그 슬라이드 쇼는 컴퓨터로 기획되었기 때문에, 일부 특별한 배경 지식이 필요했다. 프로젝트의 이 부분은 페기의 아들이 맡았고, 그녀의 딸은 사진수집과 스토리 라인 전개를 담당했다.

그 쇼는 180장의 슬라이드로 구성되었으며, 저녁 식사 후에 45분간 상영되었다. 페기에게 철저히 비밀로 해서 진행되었기 때문에, 그녀는 전체행사를 보고 깜짝 놀랐다. 페기는 그날 밤 일어난 모든 것에 대단히 만족해했지만, 아들딸이 슬라이드 프로젝트에 쏟은 노력과 그것이 얼마나 잘 되었는지 판단할 수는 없었다.

아들과 딸이 경험한 보상은 자아실현(self-actualization; 예: 대가족에 대해 많은 것을 배운 것)과 자기표현(self-expression; 예: 컴퓨터 기술) 그리고 스물다섯 명의 하객들 속에서 "환상적인"(fantastic) 슬라이드 쇼 연출자로서의 자아상(self-image)을 포함하고 있었다. 다른 사람들의 협력을 필요로 했기 때문에, 그들은 집단 성취(group accomplishment)의 보상도 경험할 수 있었다. 한편, 두 사람 모두 전일제 근무자였기 때문에, 그들의 프로젝트는 일시적인 레크리에이션으로서 보다 많은 효과를 가져왔을 가능성이 매우 크다.

나는 그날 저녁 축하행사의 다양한 단계들을 끝까지 지켜보면서, 자주 그러는 것처럼 나의 전문적인 관심 영역, 특히 여가에 대해 궁금해지기 시작했다. 이것은 (도대체) 어떤 유형의 여가일까? 명백히 진지한 여가는 아니었다. 왜냐하면, 대단히 짧은 프로젝트에서는 경력이라는 것이 없기 때문이다. 한편 전형적인 일상적 여가보다는 훨씬 복잡했다. 어떤 측면에서는 일상적인 전화하기나 (초대장) 발송하기 정도로도 충분했지만, 다른 측면에서는 과거의 기술과 지식을 이용하기도 했다(예: 컴퓨터 기술). 반면에 그 프로젝트의 다른 그날 밤 파티에서 나오기 전까지, 나는 이것이 프로젝트이고, 여가에서 이와 같은 프로젝트는 일상적 여가나 진지한 여가와는 완전히 다르기 때문에 분류상 독자적인 고유영역을 정당화시킨다고 결론 내렸다.

진지한 여가 조망의 발전 단계에서, 이 우연한 발견은 분명히 매우 중요한 진전이었다. 모든 여가는 그것이 진지한 여가인지, 일상적 여가인지에 따라서 더 이상 분류될 수 없게 되었다. 이것이 의미하는 바는 다음과 같다. 오늘날의 도전은 1970년대 진지한 여가가 처음 등장했던 바로 그 때처럼, (첫째) 프로젝트형 여가를 경험적으로 정착시킬 일련의 탐색적 연구에 착수하는 것과, (둘째) 그 연구들이 생성할 근거 자료들을 가지고, 2005년 개념적 진술에 담긴 생각들에 대한 타당성을 검토하는 것, (마지막으로) 당연히 그것에 대한 새로운 개념과 명제를 추가하는 것이다.

결 론

이것이 진지한 여가 조망의 역사다. 진지한 여가 조망의 역사적 배경은 여가 종류 각각에 대한 역사적 배경만큼이나 중요하고, 각각의 여가가 중요한 이유와 동일한 이유 때문에 역시 중요하다(제4장을 보라). 우리는 이벤트, 사교모임 준비(social arrangements) 그리고 문화가 결합하여, 어떻게 과학적 틀의 생성과 발전을 형성하는지 살펴 볼 필요가 있다. 아니면 각각의 여가 유형마다 그 활동에 대한 지식 사회학을 가능하게 하는 맥락 분석을 적합한 곳에 위치시켜야 한다.

역사에 대해 얘기할 때면, 우리는 항상 역사적 주제의 미래에 대해 의문을 갖게 된다. 역사가들은 "과거는 서론"(past is prologue)이라는 점을 지적하길 좋아한다. 이 책의 마지막 장은 진지한 여가 조망의 미래에 집중할 것인데, 내 생각으로는 (당연히 편견 없이) 전망이 밝다.

제 7 장

진지한 여가 조망의 중요성

제5장에서, 나는 학제간 맥락에서 진지한 여가 조망을 위치시키는데 중점을 두었다. 이제 그 조망이 전 지구적으로 얼마나 적합하고, 얼마나 적절한 것인지 밝혀내기 위해 영역을 보다 확대할 필요가 있다. 본 장에서는 우선 여가활동 분류가 필요한 이유를 설명할 것이다. 다음으로, 진지한 여가 조망이 서방세계 밖에서 어떻게 적용되고, 그 세계에 무엇을 가져다 줄 수 있는지 소개할 것이다. 그리고 건강과 웰빙에 대한 진지한 여가 조망의 관련성에 대해 논의한 다음, 여가와 비영리부문에서 진지한 여가 조망의 위치를 살펴 볼 것이다. 결론에서 나는 여가 형태의 균형을 찾는 것, 최적의 여가 라이프스타일을 진지한 여가 조망을 통해 발견하는 것, 그리고 이러한 목표를 달성하는데 있어 여가교육을 활용하는 것에 대한 중요성을 강조할 것이다.

여가 분류하기

과학의 가장 기본적인 의미에서 보면, 연구된 특정 현상의 분류는 (더 이상) 반박의 여지가 없다. 만약, 다른 목적이 없다면 모든 과학은 일반화를 통해 조사한 것을 분류한다. 생물학의 포유류 분류체계를 예로 들면, 유제류인 사슴, 무스, 버팔로와, 육식동물인 늑대, 여우, 코요테를 개별적으로 다루는 것보다, 이 동물들이 유제류인지 또는 육식동물인지에 따라 범주화해서 고찰하는 것이 더욱 효과적이다. 이런 접근방법이 더 효과적인 이유는, 모든 유제류 또는 모든 육식동물에 공통적으로 나타나는 특성과 과정에 대해서 연구자들이 일반화할 수 있기 때문이다. 물론, 그런 일반화 때문에 개별적으로 연구해야 하는 분류상 중요한 개체 특성들이 모호해지기도 한다.

데이비드 스미스(David Smith, 2000: 232-233)는 자발적 집단(voluntary group)에 대한 분류를 "목적지향적" 분류와 "분석적"(또는 "이론적") 분류로 구별했다. 목적지향적 분류는 피상적이고 대단히 묘사적이며, 그것은 일군의 집단들이 공유하는 명백한 특성을 기초로 한다. 앞서 나는 무직자를 위한 여가에 관한 책에서 목적지향적인 열일곱 종류의 자원봉사 유형 분류체계를 수립했다(Stebbins, 1998a: 74-80). 그것은 교육 자원봉사, 필수품 제공, 시민운동, 건강 그리고 물리적 환경과 같은 유형을 포함했으며, 내가 (세 가지 여가 형태 중 하나에서 발견되는) 여가활동의 한 유형으로서 자원봉사의 범위를 기술할 수 있게 하였다.

그렇지만, 이론적 분류는 다르다. 이론적 분류는 개념이나 연구 자료에 기초를 둔다. 다만, 두 가지 모두에 기초를 두는 것이 이상적이다. 그것은 경험적 타당성 검증(empirical validation)에 의해 영향을 받는데, 만약 새로운 데이터가 이론적 분류의 변경을 요구하는 경우, 우리는 그것에 부합하게 수정해야 한다. 최소한 우리는 "유형학이 공식적이고 확정된 것이라는 느낌이 있어 너무나 쉽게 사실로 받아들여진다"는 샘달(Samdahl, 1999: 124)의 비난으로부터 벗어나도록 *해야(Should)* 한다. 비록 드문 사례이긴 하지만, 군터와 군터(Gunter & Gunter, 1980)는 이론적 분류를 통한 여가 연구를 하면서, 여가 라이프스타일이 순수 여가인지, 아노미적(anomic) 여가인지, 조직적 여가인지 그리고 소외된(alienated) 여가인지에 따라 분류했다. 그들은 여가 활동을 (a) 시간/선택/구조와 유형, (b) 특정활동에서의 심리적 몰입 정도라는 두 가지 차원으로 고찰했다. 이 두 차원의 교차분류를 통해서, 그들은 네 가지 유형을 만들어냈다. 여가에 대한 다른 이론적 분류는 라이프스타일에 관한 켈리의 분류(Kelly, 1999: 145-147)와 여가 만족에 관한 매넬의 분류(Mannell, 1999: 239) 그리고 제약요인에 관한 크로포드와 갓비의 분류(Crawford and Godbey, 1987)와 일탈적 여가의 계급적 기반에 관한 로젝의 분류(Rojek, 1999: 88-90) 등이 있다.

여가 연구에 이분법적 유형체계가 아주 많다는 사실 또한 주목할 만하다. 여기서의 관심은 가끔씩 다른 것을 화석화시킴으로써 한 가지 유형을 전개하는 것이다. 앞서 살펴본 것처럼, 진지한 여가 연구는 이런 방식으로 시작되었고, 일상적 여가를 진지한 여가의 비교 배경(comparative backdrop)으로 취급해 버렸다. 마찬가지로 대량(mass)여가와 엘리트여가, 활동적인 여가와 앉아서 하는(sedentary) 여가, 남성 여가와 여성 여가 등에 관한 구별이 있었다. 그리고 여가에 대한 초기 사고는, 여가를 일과 대비시키려는 경향이 있었다. 아리스토텔레스는 한가하게 관조하는 시간을 찾는 것이 일의 중요한 목표이고, 일하는 이유는 삶을 유지하기 위한 것이므로, 관조하도록 해야 한다고 했다.

하지만 이 같은 이론적 분류는 라이프스타일, 만족, 제약요인, 활동수준, 활동의 사회 계급적 기반 등 여가의 특정 측면에 초점을 두었다. 한편, 여가 전체와 관련된 분류는 드물게 연구되었고 이마저도 목적지향적이었다. 예를 들어, 카플란(Kaplan, 1975: 제13장)의 사회체계유형에서는 모든 여가를 신체적, 정신적, 예술적, 사교적 또는 실용적인 것으로 분류했다. 하빅허스트와 페이겐바움(Havighurst & Feigenbaum, 1959)이 개발한 초기 분류법은 열한가지 서술 유형을 포함하고 있으며, 그 유형들 중에는 놀이, 조직화된 집단 참여, 스포츠 참여, 관람 스포츠 그리고 낚시와 사냥 등이 있다.

진지한 여가 조망이 제공한 세 가지 여가 형태와 그것들의 유형 및 하위 유형은 여가의 이론적 유형분류체계를 구성한다. 나는 이제 진지한 여가 조망이 여가 전체를 포괄한다고 생각한다. 어떻게 이와 같은 유형체계가 이론과 자료 모두를 기반으로 하고 있는지에 대해서는 이전 장들에서 다양한 방식으로 살펴보았다. 이 점에서 카플란이나 하빅허스트와 페이겐바움의 유형학과 다르다. 뿐만 아니라, 그들 저작과 이 책의 출판 사이에는 30년의 간격이 있고, 이 기간 동안 여가 전체를 포괄하기 위해 고안된 이론적 분류체계를 개발하는데 별로 관심이 없었다는 점에 주목하라. 나 역시 이 폐단에 연루되어 있었는데, 왜냐하면 당시에 나는 그와 같은 목표를 의식적으로 추구하지 않았기 때문이다.

그런 유형분류체계의 부족 현상은 여가 전반을 아우르는 이론이 부족하다는 것을 의미하기도 한다. 하지만, 이것이 여가연구에서 이론의 부재를 주장하는 것은 아니다. 이 분야에 대한 로젝(2005)의 *개관(tour d'horizon)* 은 여가분야가 이론적으로 얼마나 풍부한가를 정확하게 보여주고 있고, 나 또한 여가 전반에 대한 개관을 통해 얼마나 다채로운 여가 개념이 존재하는지를 보여주고 있다(Stebbins, 2005f). 진지한 여가 조망은 로젝이 다룬 모든 이론들을 구체화하지는 않는다. 다만, 몇 가지 다른 분야들과 연관시킴으로써 로젝이 다룬 이론들 중 일부와 결합시키고 있다. 어느 누구도 진지한 여가 조망이 모든 여가 이론을 종합화한다고 주장하지 못한다. 진지한 여가 조망이 모든 여가 (핵심) 활동과 경험에 대한 분류와 설명을 제공하는[63] 등 여가 분야의 큰 그림을 제시하고 있지만, 그것이 성취한 것은 제한적이다.

진지한 여가 조망은 호모 오티오수스(*homo otiosus*)의 일상생활에 상당히 깊게 뿌리박혀 있는, 앞서 언급했던 이론적인 유형들과 목적지향적인 유형들과는 분명히 다르다. 대부분의 사람들은 일상적 여가를 하면서 그것이 대량여가인지, 엘리트 여가인지, 소외된 여가인지, 아노미적 여가인지, 앉아서 하는 여가인지, 심지어는 장난스런 여가인지 생각하지 않는다. 하지만, 나의 연구 응답자들은 아마추어나 취미활동가 또는 자원봉사자에 대한 인식이 있었다. 말하자면, 이것들은 그들이 아는 개념이었다. 그리고 그들은 자신이 아마추어 음악가인지, 취미활동가인 바버숍 아카펠라 가수인지 그리고 학교위원회의 자원봉사회원인지도 인식했다. 그리고 이 사람들은 일상적 여가를 그들이 "진지한"(serious) 여가로 생각하는 것과 비교해서 인식했다. 비록 공식적인 연구는 없었지만, 그들이 언제 프로젝트형 여가에 참여했는지 알고 있다는 것을 나의 비공식적 관찰을 통해 인식할 수 있었다. 간단히 말해서, 제1장과 제3장에서 제시된 세 가지 여가 형태에 대한 기본적인 진술은 그것을 연구하는 학자들에게 주는 것과 동일한 종류의 의미를 여가 참여자들에게도 가져다준다.

이것은 진지한 여가 조망의 개념적 · 이론적 기초를 세우기 위해, 탐색적 방법론을 사용하고 근거이론을 구축한 것의 두드러진 장점이다. 앞서 언급한 여가 유형학에 대한 샘달의 비판을 피하려면, 진지한 여가 조망은 계속해서 따라야 할 접근방법이다. 활동과 경험이 얼마나 오랫동안 변해 왔

---

63) 또한 진지한 여가 조망은 그 활동과 경험이 일어나는 사회적, 문화적 그리고 역사적인 관련 맥락에까지 세심한 주의를 기울였다.

는지를 확인하고, 최근에 만들어진 새로운 것들을 발견하고 탐색하기 위해, 우리는 *항상(always)* 탐구해야 한다. 심지어 그 연구 분야가 확증단계에 도달했을 때에도 마찬가지다.

여가 활동의 현대적 확산

한개 이상의 공통적 특성을 가진 것으로 판명되었지만, 아직 구별되지 않은 많은 현상들을 유형분류체계는 단순화시키고 조직화한다. 여가에 있어서는, 진지한 여가 조망이 구별되지 않은 많은 자유시간 핵심활동과 경험을 단순화시키고 조직화했다. 오늘날 많은 활동과 경험들이 기하급수적으로 증가하고 있는 것처럼 보인다. 나는 이런 경향에 대한 설명을 접하지 못했지만, 어떤 학자는 여가 연구에서 그것을 무시하는 것은 어리석은 짓일 수 있다는 점을 분명히 하고 있다. 여가활동과 경험이 진지한 여가 조망에 어떻게 그리고 어디에 들어맞는지 물어보는 것보다, 새로운 활동과 경험을 인식하고 동시에 진지한 여가 조망의 광범위함을 시험해보는 것이 더 좋은 방법이다. 아래에서 나는 세 가지 사례를 들어 설명할 것이다.

적절한 탐색적 현장 연구가 존재하지 않기 때문에, 약간의 추측이 필요하다. 당신 나라 저자에게는 친숙하지 않겠지만, 오가프(Oggaf)[64]라는 튀니지 게임이 있다. 오가프는 야자나무 가지로 만든 막대기와 낙타털로 만든 공을 가지고 하는 게임이다. 그 게임에 대한 탐색적 연구는 취미활동의 본질을 밝혀낼 수도 있고, 만약 오가프가 진지한 여가의 여섯 가지의 특징을 가지고 있지 않다면, 일상적 여가로서의 지위를 증명해낼 수도 있을 것

---

64) 오가프는 모래하키(sand hockey)라고도 하고, 제36회 사하라 페스티벌에서 일시적으로 진행되었으며, 현재 튀니지 사람들은 그것을 즐기지 않는다.

이다. 내가 2005년 12월 29일자 *캘거리 해럴드*(*the Calgary Herald*, A22면)에서 보았던 그림은 튀니지의 두즈(Douz)에서 개최되었던 제36회 사하라 페스티벌(Sahara Festival) 기간 중 한 장면이다. 그것은 그 당시에만 진행되었던 일종의 프로젝트형 여가로 생각할 수 있다.

두 번째 사례로 화제를 바꿔 보자. 내가 살고 있는 지역은 최근 "대화 카페"(conversation cafes)를 조직했다. 일상적 여가인 사교적 대화 모임은 격주로 운영되며, 지역 카페와 같은 공공장소에서 무료로 열린다. 누구나 참가할 수 있고, 상호 합의된 주제에 대해 차례로 의견을 제시하며, 토론내용은 공개된다. 숙련된 주최자가 회의를 이끌고, 말하기 싫은 사람은 참관만 하거나 후속 대화에 참여할 수도 있다. 비록 시민 노동의 유형은 아니지만, 대화 카페는 어느 정도의 사회적 자본을 창출하는 것처럼 보인다.

세 번째 사례는 취미활동의 제조와 수리 하위유형이다. 톰킨스(Tompkins, 2003)는 조종실을 만드는 취미 활동에 관해 저술했는데, 사람들(대부분 남성들)은 창고나 지하실 또는 그들 침실(믿거나 말거나)에서 모형 비행기 조종석을 만든다. 조종석은 마치 현대적인 비행기처럼 전자적 장비를 갖추고, 모의 비행 장치로 활용되며, 조종사들이 여러 종류의 기후 그리고 다양한 고도와 속도 등에서 "비행"(fly)할 수 있도록 한다. 그러나, 장비가 매우 비싸기 때문에 이와 같은 취미는 부자들을 위한 것으로 인식된다.

언급한대로, 이상의 세 가지 분류학적 현장실습은 추측에 근거한 것이다. 사실 그 일을 한다는 것은, 각각의 활동에 대한 개방형 민족지학적 검토가 필요할 수도 있다. 새로운 활동이 진지한 여가인지 일상적 여가인지 또는 프로젝트형 여가인지를 결정하기 위해, 우선 그 새로운 활동과 진지한 여가의 여섯 가지 특징 사이의 적합성을 파악해야 한다. 물론 이것은 시간이 걸리는 일이다. 그렇다고 해서 우리가 새로운 활동들을 제대로 탐구하지 못하고, 그것들을 잘못 분류하며, 심지어 새로운 여가 형태를 발견하지 못해도 된단 말인가? SLIM(2장에서 논의된 진지한 여가 척도)의 혜택이 여기서 명백해 진다. 명심하라: 진지한 여가 조망과 세 가지 여가 형태는 우리가 알고 있는 것을 기반으로 한다. 반면, 현재 우리가 알지 못하지만 발견할 가능성이 있다는 사실은, 진지한 여가 조망과 세 가지 여가 형태에서 일반화와 여가 형태의 수 그리고 연결고리의 결합 등에 대한 수정이 필요하다는 점을 의미하기도 한다.

지구화된 진지한 여가 조망

잠정적으로 오가프(Oggaf)는 진지한 여가로 분류된다. 진지한 여가 조망은 이제 국제적으로 통용되며 다른 국가나 지역에서 그것에 관한 연구와 응용이 이루어졌다. 다른 국가들 중에는 영국, 네덜란드, 벨기에, 스페인, 포르투갈, 이스라엘, 브라질, 오스트레일리아, 뉴질랜드 그리고 북미지역 등이 있다. 이들 지역에서 다양한 관점으로 연구된 참고문헌이 이 책에 담겨 있다. 우리는 진지한 여가 조망이 국제적이라고 말할 수 있지만, 그럼에도 불구하고 그것은 주로 서구 국가들에 한정되어 있다. 개발도상국에는 진지한 여가 조망이 존재하지 않는다는 것이 오히려 이상하다.

일반적으로 서구와 일부 이전 공산권 국가 이외 지역에서 여가 연구는 (그 세력이) 미약하다. 하지만, 이 상황은 지식에서의 이런 커다란 간극[65]을 이해하지 못하는 것에 대한 변명이 되지 못한다. 제1세계 이외의

---

65) 서구 국가에서는 진지한 여가 조망이 존재하지만 개발도상국에서는 존재하지 않는 것과 같은 지식에서의 간극 (역자 주)

문헌에서는, 진지한 여가에 대한 이슈가 아직 제기되지 않았다는 점에서, 다른 여가의 이슈들과 다르다. 말하자면 그것은 아직까지 연구자들 사이에서 토론 문제로 부각되지 않았다는 것이다(Stebbins, 2001a: 132-134에서 이것에 대해 논의함). 하지만 세계 여가 레크리에이션 최고기관(WICE: the World Leisure and Recreation Centre of Excellence)의 마스터 프로그램에 참여한 학생들 사이에서 진지한 여가는 문제를 불러 일으켰다. 1992년 창립 이래, 그곳에서 나는 가끔씩 강의를 하곤 하는데, 진지한 여가의 역할과 빈도 그리고 확산이 그 학생들의 국가에서 갈수록 뚜렷해지고 있다.

제1세계와 제3세계 사이에는 엄청난 차이가 존재한다. 예를 들어 아시아, 아프리카 그리고 라틴 아메리카 학생들은 서방세계에 비해서 그들 국가에는 진지한 여가가 매우 드물고, 진지한 여가의 일부 유형은 아예 존재하지 않는다고 믿는다. 그들은 아마추어 스포츠 관행에 대해서 인식하고 있는 반면, 아마추어 과학 관행에 대해서는 인식하지 못한다. 아마추어 예술과 엔터테인먼트가 그들에게 모호한 개념인 것은 그 두 가지 분야가 민속학 분야와 통합되었기 때문이다. 인문학 취미와 거의 모든 취미활동들이 활동 참여(사냥, 낚시, 그리고 예외적으로 민속예술 등)로 분류되기 때문에, 진지한 여가로서 수집에 대한 관심은 대부분 그들에게 이질적인 것이다. 오히려 친숙한 것은 바구니와 의복 제작 그리고 도자기 제조와 동물 사육 등의 취미다. 예술과 엔터테인먼트 분야와 마찬가지로, 그들이 제작 활동과 참여 활동을 하는 동안 그것이 의무적인 여가인지, 비의무적인 여가인지 구별하기 어려웠다. 경쟁적인 스포츠와 게임 그리고 콘테스트에 대한 개념은 친숙했지만, 제1세계에서 보편적인 활동은 제1세계 이외의 국가나 지역에서는 훨씬 드물게 나타났다. 일부 학생들은 아마추어와 취미활동가의 진지한 여가가 그들 국가의 엘리트들에게나 가능한 것이라고 말하며, 그런 엘리트들의 여가 취향이 서방세계의 영향을 받은 것이라고 믿는다.

제3세계에서 온 학생들은 자원봉사 활동에 대해 인식하고 있지만, 자신의 나라에서는 제1세계에서와는 다른 방식으로 행해지고 있다고 생각한다. 조직적 자원봉사(organizational volunteering)는 풀뿌리 유형(grass roots type)에 비해 드물게 나타나며, 도움주기(helping)와 같은 비공식적 자원봉사는 앞의 두 가지 공식적인 유형보다 한층 널리 퍼져있는 것처럼 보인다. 제1세계에서는 거의 알려지지 않은 방식인, 의무와 자발적 활동의 구별기준이 제3세계에서는 모호하기까지 하다. 예를 들어, 일부 국가에서는 도움주기에 대한 기대가 제도화되었다. 콜롬비아의 일부 지역에서는 모든 마을 사람들이 그들 중 누군가가 집을 지을 때 도움을 주어야만 하는 관습이 있다. 우리는 진지한 여가 조망을 다루면서, 제3세계 사람들에게 그 의무를 유쾌하게 받아들이는지 물어보게 된다.

제2세계에서 온 학생들(이전 공산권 국가 학생들)은 제1세계의 학생들과 훨씬 더 유사한 방식으로 진지한 여가를 바라본다. 그럼에도 불구하고, 광범위한 사회적, 경제적 그리고 문화적 조정이 계속되었던 점을 고려할 때, 진지한 여가가 추구되어온 환경은 극적으로 다르다. 왜냐하면 공산주의 체제는 공식적으로 1980년 대 후반에 가서야 그 신비가 풀어졌기 때문이다. 다시 말해, 이 지역에서 진지한 여가에 참여하는 것은 만년에 참가하는 것만큼이나 유동적인(in flux) 것이었다. 이러한 조정의 범위와 미묘함 그리고 무상함을 고려할 때, 그곳에서 이러한 조정들이 진지한 여가에 미치는 영향을 확인하는 것이 얼마나 어려운 것인지 이들 국가에서 온 학생

들은 알고 있었다. 융(Jung)은 폴란드의 현재 상황에 대한 훌륭한 저술을
제공하면서, 제2세계 국가에서 나타날 수 있는 상황을 다음과 같이 제시했다.

> 위에서 제시된 상황은 여가 통계의 양적 분석으로부터 흘러나온 일차원적
> 낙관주의를 상쇄하기 위한 것이다. 한편, 개인적 자유의 증대와 전례 없는
> 선택 가능성 그리고 삶의 양식의 개인화와 "새로운 시대"(new times)가 제
> 공한 기회들이 존재하지만 그것을 이용하기 위한 수단과 기술 그리고 관심
> 을 가진 사람들만이 이용할 수 있는 맥락에서, 아마도 재평가가 필요할 것이
> 다. 공산주의에 만연했던 부족현상 속에서 시간이 많이 걸렸던 활동들은 이
> 제 사라졌지만, 새롭게 창출된 욕구를 충족시키기 위해, 좀 더 흔하게는 단
> 지 먹고 살기 위한 추가적인 일자리를 가질 필요가 그 활동들을 대체했다.
> (Jung, 2005: 218)

한편, 그는 집단적이고 사회화된 형식의 여가에는 덜 참여하고, 가정이
나 사유화 시설을 기반으로 하는 여가에 보다 많이 참여하는 경향에 관해
논평한다. 이 경향이 개인화된 여가의 증가를 촉진시킨다는 사실은, 취미
활동이나 아마추어 활동과 같은 주로 자기 본위적인 유형의 진지한 여가
추구가 증가하고 있다는 점을 암시하고 있다.

이상에서 얻은 결론은, 제1세계에서 시작된 진지한 여가에 대한 연구와
이론화가 다른 지역 국가들에서까지 항상 일반화할 수 있는 것이 아니라
는 것이다. 세계 여가 레크리에이션 최고기관(WICE) 학생들은 이 사실을
인식하고 있다. 그럼에도 불구하고, 이 학생들은 일부 유형의 자원봉사가
보편적인 여가 분야에 적합하다고 생각한다. 그리고 헨더슨과 프레슬리
(Henderson & Presley, 2003)는 그것이 전 세계에 걸쳐 있다고 주장하며,
일상적 자원봉사나 경력 자원봉사 모두가 지역 마을에서나 전 세계적 범

위에서 사람들을 묶어줄 수 있다고 한다. 이 길을 통해서 개인적 관심이 추구될 수 있고, 공동체주의자를 양성할 수도 있으며, 그 과정에서 인적 자본을 창출하는 전 지구적 참여를 조성할 수도 있다.

비 서방세계의 여가

우리는 비 서방세계의 여가를 어떻게 파악할 수 있을까? 첫째 모든 사회에서 구성원 대부분은 일정량의 자유시간을 향유하고, 자유시간 동안 몇 가지 종류의 여가를 추구한다고 가정할 수 있다. 이것이 지배적인 유형이지만, 일부 사회에서는 다른 양식들과 대조를 이루기도 한다. 즉, 일부 사람들에게는 이와 같은 자유 시간이 부족하다. (일부 서구 사회에서 발견되는, 혹사당하면서 계속 일하기만 하고 놀지 못하는 단순노동자가 그 예다.) 비록 스포츠의 기회에 대한 것일지라도, 나는 자유시간의 보편성에 대한 이 가정 속에는, 개발도상국의 여가와 관광이 서방세계에 비해서 훨씬 덜 확산되어 있다는 사실이 포함되어 있다고 믿는다(Sheykhi, 2003).

둘째, 지구화가 일정 수준의 세계적 동질성을 창출할 수 있을지라도, 비 서방세계의 여가활동은 서방세계의 여가활동과 많이 다를 것이기 때문에, 제3세계 국가의 지역주민들이 자유시간과 여가로 정의하는 것을 그 나라의 여가를 연구하려는 사람들이 직접 알아내야만 한다. 이것은 서방세계에서 오랫동안 사용되어온 것으로 알려진 여가활동 목록을 가지고 다가가는 것과 대조적이다. 마테코(Matejko, 1984)는 여가활동 목록 활용 접근방법을 선택하는데 따르는 몇 가지 문제점들을 다루었다.

지역 주민이 자유 시간 또는 그 시간에 수행하는 활동의 여가 본질에 대해 인식하기 어려운 경우, 연구자는 지역 용어에서 어떤 활동이 여가인지

어떻게 발견하는가? 나는 다음과 같은 단계를 제안한다.

처음에는, 활동의 세 가지 유형을 살펴보라.
1. 그 활동을 하고 싶어 하지만, 하지 않아도 되는 것인가?
2. 그 활동을 하고 싶어 하고, 해야만 하는가?
3. 그 활동을 하고 싶어 하지 않지만, 해야만 하는가?

참여 관찰과 비공식 질문을 병행한 대부분의 사례에서 이러한 세 가지 질문에 대해 답변해 줄 것을 요청해야 한다. 1번과 2번 질문에 대한 답변은 서방 세계의 용어에서 여가에 해당하는 것이다. (사람들이 하고 싶어 하는 강요되지 않은 활동으로서의 여가 정의(제1장)를 보라.) 자유시간은 3번 질문에 함축되어 있는 의무를 마치고 난 다음에 남겨진 시간으로부터 추론될 수 있다. 비록 그런 유쾌하지 않은 의무(disagreeable obligations)가 일의 일부분으로서 수행되는지 아니면 일 이외에 요구된 것의 일부분으로서 수행되는지 결정하는 것은 어려울 수 있지만, 이것은 여가를 공부하는 학생들에게 중요하지 않을 수 있다. 이들에게 세 번째 활동 유형은 앞의 두 가지와 비교해서 부차적인 관심사다.

당신은 제2유형도 부차적인 것으로 간주하면 어떨까 하고 주장할 수 있다. 결국 그것 역시 의무적인 것이다. 이렇게 함으로써, 일부 학자들의 여가연구 초점인 제1유형을 제2, 제3유형과 명확하게 구분할 수 있게 된다. 하지만, 이러한 개념적 조작은 제1유형과 제2유형 모두가 여가라고 주장하는 연구자로 하여금 서구적 편향성을 가졌다는 비난을 받게 할 수 있다. 왜냐하면, 내가 다른 곳에서 관찰한 것처럼(Stebbins, 2004b), 본질적으로 서구에서 여가라고 느끼는 대단히 매력적인 일(예: 제2유형)을 찾는다는 것은 쉽게 성취할 수 있는 목표가 아니기 때문이다. 더욱이, 대부분의 서양인들은 그런 "헌신적인"(devotee) 일을 찾을 것이라고 기대조차 하지 않는다. 그래서, 그것이 서양에서 존재하는 것이다. 동시에 우리는 다른 나라에서도 일의 일부 또는 전부를 동일한 조건에서 생각한다고 가정해서는 안 된다.

다음으로, 의무의 문제가 있다. 일찍이 나는 제3세계를 포함하는 전세계 여가 연구자들의 타당한 관심사인 제2유형을 추가적으로 인정함으로써, 어떤 활동에서 유쾌하게 받아들여지는 의무를 발견할 수 있다고 주장했다. 서양의 사례에서는, 주말 동안 아마추어 연극을 수행하기 위해 극장에 가야 하는 여자 주인공일 수 있다. 하지만, 여가활동으로서 연극에 대한 열정 때문에 그렇게 하는 것이다. 매우 만족한 주말여가를 보내고 나면, 월요일 아침 일에서 나타나는 의무감은 감소되어 있다. 아프리카 국가의 사례에서는, 진흙 항아리를 창조적으로 솜씨 있게 장식하는 것에서 얻는 성취감일 수 있다. 그 항아리는 물을 담기 위해 필요한 것이지만, 그것의 장식은 실용적인 것이라기보다 취미활동가의 예술적 표현을 위한 것이다.

놀이하는 상황을 볼 때, 앞선 오가프 경기 사례는 비서구적 진지한 여가 또는 프로젝트형 여가다. 비록 서양에서와 동일하게 해석되지는 않지만, 일상적 여가도 서방세계 이외에서 관찰되어 왔다. 예데스, 클라몬스와 오스만(Yedes, Clamons & Osman, 2004)은 이디오피아의 "부나"(buna) 관습에 대해 저술했다. 부나 무슬림 가운데 오로모(Oromo) 여인들은 커피를 채집하면서, 이야기를 나누고, 알라와 대화하며, 상호간에 지지하고 있음을 보여줄 뿐만 아니라 가족과 공동체의 조화를 증진시킨다.

진지한 여가 조망의 전 지구적 중요성

서방 세계 연구자들과 이론가들은 진지한 여가 조망의 양상에 관해 연구하고 있으며, 앞 절의 목록이 이러한 노력의 전 세계적 범위를 보여주고 있다. 그럼에도 불구하고, 진지한 여가 조망의 연구 범위는 주로 서방 세계에 한정되어 있고, 연구가 관행에 크게 영향을 미치지 않는다는 점에서 오로지 과학적이라고 할 수 있다. 하지만 학문적인 것뿐만 아니라, 진지한 여가 조망의 일부 응용사례에 대해서도 앞서 언급한 바 있다. 여기서 나는 그것들을 재검토할 것이다.

첫 번째 응용사례로 우리는 이스라엘에서 채택한 초·중등학교 여가교육 프로그램에 대해 다루었으며(제5장), 그 프로그램에서는 진지한 여가와 일상적 여가 모두를 중요하게 생각했다. 다른 사례는 제2장에서 언급되었다. 그것은 브라질 소로카바(Sorocaba)에서 브라만테(Bramante, 2004)에 의해 추진된 훈련 프로젝트로, 청소년들의 시민 노동을 자극하고 그들이 사회적 자본에 기여할 수 있도록 하기 위한 것이었다. 젊은이들은 자신과 공동체 모두에 이익이 되는 경력 자원봉사에 참여하도록 훈련 받았다.

아직 이 책에서 다루지 않은 세 번째 사례는 뉴질랜드의 스포츠와 피트니스 그리고 여가에 관한 힐러리 위원회(the Hillary Commission on Sport, Fitness, and Leisure in New Zealand)의 보고다. 이 위원회는 전 국민을 위한 스포츠와 활동적인 삶을 개발하고 촉진하기 위해, 뉴질랜드 정부의 지시로 1987년에 설립된 것이다.[66] 힐러리 위원회는 두 가지 목표를 가지고 있었다. 하나는 스포츠와 피트니스 그리고 여가 참여를 증진시키는 것이었고, 다른 하나는 국제적인 스포츠 경기에서 높은 수준의 성공을 거두는

---

66) 2002년에 힐러리 위원회는 다른 정부부서와 통합되어 스포츠와 레크리에이션 뉴질랜드(Sport and Recreation New Zealand: SPARC)로 이름이 변경되었다.

것이었다. 여기서 이 위원회의 성공과 실패를 검토하는 것[67]은 나의 목적
이 아니다. 이 장에서 다루어질 논점은 뉴질랜드의 스포츠와 피트니스 그
리고 여가 상황을 분석하고, 그 결과에 기초한 권고문을 만드는데, 그 위원
회가 사용한 개념적 도구 중 진지한 여가와 일상적 여가가 있었다는 것이다.

은퇴 정책분야로 관심을 돌린, 켈리(Kelly, 1997: 177)는 "은퇴자들의 삶
이 최소한의 상대적 만족을 주는 균형 잡힌 참여를 지향하도록" 장려해야
한다고 제안했다. 나는 앞 장에서 이것이 적절한 건강, 수입, 동료 그리고
교통수단을 가정한다는 점을 지적했다. 한편 그것은, 진지하게 추구될 수
있는 여가활동이 있다는 것을 노인들이 알고 있다는 점도 상정하고 있으
며, 그와 같은 사실은 진지한 여가 조망을 널리 알리는 여가 교육의 중요한
역할에 대해 다시 한번 일깨워 준다.

여가교육과 자기주도학습 분야의 정책적 움직임이 있었다. 제5장에서
언급한대로, 존스와 사이먼(Jones & Symon, 2001)은 영국의 정부정책에
대한 저작에서, 여가교육과 자기주도학습이 여섯 가지 특별한 집단에게
진지한 학습중심 자원(serious learning-oriented resources)을 제공한다는
사실을 지적했다. 그 여섯 개의 집단은 실업자, 비급여자(자원봉사자), 노
인, 여성, "포트폴리오 근무자" 그리고 장애를 가진 사람들을 말한다. 더욱
이, 이와 같은 집단들에게 진지한 여가는 참여할 수 있고 성취감을 주는 경
력을 제공한다. 어떤 사람은 이것을 한때 일에서 경험했던 반면, 다른 사람
은 일에서는 이것을 경험하지 못했다. 저자들이 말하기를, 현대 정부정책
은 진지한 여가의 존재, 그리고 삶의 질과 웰빙에 대한 진지한 여가의 함의
를 간과하는 경향이 있다고 한다.

---

67) 이것은 프링글(Pringle, 2001)이 자세하게 수행하였다.

패터슨(Patterson)은 진지한 여가를 장애 연구와 실습 분야로 계속해서 확장시켰다. 예를 들어, 그는 장애인 봉사 지역단체들에게 여가 카운셀링과 교육 서비스를 실시하도록 했고, 고객을 지원하기 위해 훈련된 여가 카운셀러를 고용하도록 권고했다(Patterson, 2000). 프로젝트형 여가를 진지한 여가 조망에 추가하는 것을 고려할 때, 나는 이제 이 권고에 프로젝트형 여가를 추가한다. 이후 논문에서 패터슨(Patterson, 2001)은 우리가 진지한 여가 활동을 중심으로 지적 장애인을 위한 여가 교육프로그램을 구축해야 한다고 주장했다. 그런 활동은 자기 존중과 자부심을 불러일으킬 수 있고, 보다 큰 공동체의 승인과 사회 통합으로 이어질 수 있다. 아이치슨(Aitchison, 2003: 956)은 진지한 여가 추구가 장애인들의 신체적 건강과 피트니스를 향상시킬 뿐만 아니라 질병의 위험을 감소시킬 수 있다고 했다. 방금 제시한 이유 때문에, 우리는 여가 교육 프로그램을 위한 이 권고에 프로젝트형 여가를 덧붙일 수 있을 것이다.

제나 하르텔(Jenna Hartel)은 진지한 여가를 여가정보학(leisure information science : LIS) 분야로 확장시켜왔다. 이 분야는 새로운 자료를 생성시키는 것만큼이나 연구의 응용을 지향하고 있다. 하르텔(Hartel, 2003)은, 역사적으로 여가정보학이 학문적이고 전문적인 정보영역을 연구하는 것에 심하게 편향되었던 반면, 여가와 관련된 영역에 대해서는 상당히 도외시했다는 점을 지적했다. 이런 불균형을 바로 잡기 위해, 그녀는 취미 분야에 정보연구를 도입했다. 진지한 여가의 문헌정보 집단과 문헌정보 자산을 검토했던 이유는 이것들이 특정 핵심 여가활동 그리고 여가활동을 한 조직 환경과 관련되기 때문이다. 하나의 핵심 활동에서 다른 것까지, 저장과 검색 그리고 전달 형태는 매우 다양하다고 알려져 있다. 최근에 하르텔은 요리 취미에 관한 연구를 수행 중이다.

예술경영은 응용 지식분야이기 때문에, 나의 저작(Stebbins, 2005e)은 정책과의 직접적인 연결고리를 구성한다. 제5장에서 관찰한 바와 같이, 예술 이벤트(예: 콘서트, 축제, 공연, 전시 등)에 참석하거나 문화시설(예: 화랑, 박물관, 도서관 등)에 후원하는 사람들 대부분은 여가 경험을 추구하고 있다. 따라서, 이와 같은 경험에 대한 지식은 예술을 마케팅하기 위한 직업을 가진 예술경영자들에게 어느 정도 유용하고, 잠재적인 예술 애호가와 소비자의 경험 유형 및 경험 분포에 대한 지식은 특히 유용하다.

마지막으로 관광경영 분야 동료들과의 비공식적 토론에서 드러난 것은, 그들 중 일부가 문화관광의 다양한 매력을 설명하는 방식으로 진지한 여가와 일상적 여가의 중요성에 대해 인식한다는 것이다. 예를 들어, 이 두 가지 여가 형태는 왜 사람들이 에딘버러 프린지 페스티벌(the Edinburgh Fringe Festival)이나 몽트레 재즈 페스티벌(the Montreux Jazz Festival) 그리고 캘거리 스탬피드(the Calgary Stampede and Exhibition)와 같은 특별한 이벤트에 매력을 느끼는지 설명하는데 도움을 준다. 진지한 여가 조망 전체는 모험관광과, 앞서 언급한 자원봉사 관광에 대한 매력을 설명하는데 도움을 줄 수 있다. 마찬가지로, 와인투어나 건축투어에서 볼 수 있는 특수관심관광은 진지한 여가 조망을 활용함으로써 이해될 수 있다.

여가와 건강

나는 제5장 후반부에서 여가와 건강 사이의 연결고리를 암시했다. 이제 나의 논지를 구체화하려고 한다.

건강 모임에서 "여가"라는 용어는 금기어라는 느낌을 받는다. 최소한 이런 삶의 영역이 오직 경멸적인 말에서나 논의되는 것처럼 보이는 이유는, 추측하건대 그것이 좋은 건강의 천국으로 가는 길이 아니라, 나쁜 건강의 지옥으로 가는 길로 간주되기 때문이다. 일상생활에서 여가의 지위에 대한 상식적인 견해는 부분적으로만 타당하다. 일부 사람들은 흡연하고, (술을) 마시고, 과식하며, 자유시간에 주로 앉아서 지내고, 그들의 재치를 약화시킬 정도로 텔레비전을 시청하는데, 이것 모두는 여가라는 이름으로 행해지는 것이다. 앞서 지적한 것처럼 비록 기술적으로는 여가가 아니더라도, 일과 다른 의무를 마무리한 다음 발생하는 자유시간의 따분함은 (정신적으로) 불건전한 생활방식에 대한 추가적인 대중적 지표다.

하지만 제5장에서 진술된 것처럼, 여가는 건강상의 이점도 가져다 줄 수 있다. 비록 관계는 보다 더 복잡할지라도, 진지한 여가나 프로젝트형 여가 또는 헌신적인 일 중 어떤 것을 통해 성취되든지, 자아성취는 삶의 질과 웰빙을 고양시키고 정신 건강과 신체 건강을 증진시킨다고 말할 수 있다는 것을 관찰했다. 그래서, 나쁜 건강의 지옥으로 가는 길은 아마도 일상적 여가라는 음식으로 꾸준하게 포장될 수 있지만, 좋은 건강의 천국으로 이어지는 길은 적절한 양의 진지한 여가로 포장하고, 이제 우리는 진지한 여가 관점을 고려하여, 만약 두 가지 모두가 아니라면 일상적 여가와 프로젝트형 여가를 약간씩 혼합하여 덧붙여야만 한다. 다시 말해서, 최적의 여가 라이프스타일을 찾는 것은 좋은 건강을 향해 출발하는 것이다.

그러나, 이 모든 것은 예방의학의 틀 안에서 가장 잘 이해될 수 있다. 만약 어떤 사람의 신체 건강이 이미 나빠지거나 약해졌다면, 최적의 여가 라이프스타일만으로는 그를 건강한 상태로 회복시킬 수 없다. 상상하건대,

예를 들어 골수암 환자들이 최적의 여가 라이프스타일을 발전시킬 수 있다는 사실은, 긍정적인 경우에 미래의 정신적 건강에 영향을 줄 수 있다는 것이다. 그러나, 그 사람은 신체적으로 건강하지 않고, 내가 아는 바로는 여가가 암을 호전시키는데 아무 것도 할 수 없다. 따라서 성취감 → 삶의 질 → 웰빙 → 건강의 명제는 예방건강영역에서 가장 잘 적용된다.

불행하게도, 예방의학계 대부분은 이러한 명제를 잘 인식하지 못하는 것 같다. 2005년 1월에 캘거리 대학교에 신설된 마킨(Markin) 연구소의 교수들과 대학원생들에게 그것에 관한 세미나를 했었다. 연구소의 권한은 예방의학과 공중보건에 대한 연구를 수행하고 실습을 향상시키는 것이다. 좋게 말해서, 내 의견이 신선하게 받아들여졌기 때문에, 나의 강연은 환영을 받은 것 같았다. 비록 그들이 여가의 다른 길에 대해 분명히 알고 있었을지라도, 참석자들 가운데 여가를 좋은 건강의 천국으로 가는 길이라고 생각하는 사람은 거의 없었다.

나의 작은 세미나는 예방의학에서의 사고를 변형시키지 않았으며(심지어는 내가 아는 한 캘거리에서도 마찬가지다), 나는 그렇게 될 것이라고 기대하지도 않았다[68]. 다른 현대 생활에서처럼, 예방의학에서도 사소한 것(a trivial pursuit)이라는 여가 개념이 우세하다. 그 결과, 다른 경우와 마찬가지로 이 경우에도 여가 교육이 아주 많이 필요하다.

---

68) 나는 이 원고(나의 이 메일에서 찾게 된 마킨 연구소 시안)의 마지막 손질을 하고 있었다. 9 페이지, 건강하게 하는 방법 목록에 "레크리에이션"(recreation)과 "지역 스포츠 동호회"(neighborhood sporting clubs)가 등장한다. 이것들은 내 얘기가 아니다. 하지만, 마킨 연구소 연구원들의 시각으로도, 레크리에이션과 지역 스포츠 동호회 등은 '여가가 정신적 그리고 (아마도) 신체적 웰빙의 공식에서 아주 중요하다'는 사실의 증거로서 받아들여졌다.

여가와 비영리부문

제1장에서 자원봉사를 진지한 여가의 세 가지 유형 중 하나로 제시한 것은, 비영리부문에서 여가가 중요한 역할을 하고 있다는 점을 암시한다. 다음의 세 가지 정의는 스미스, 스테빈스와 도버(Smith, Stebbins & Dover, 2006)의 『비영리 용어 및 개념 사전』(*A Dictionary of Nonprofit Terms and Concepts*)(Smith, Stebbins & Dover, 2006)에서 가져온 것이다.

· *비영리 부문(Nonprofit sector)*

일반적으로 말해서, 비영리 부문은 사회에서 비영리 집단의 모든 측면과 그 밖에 여기서 발견되는 모든 개인적인 자발적 활동을 포함한다.

· *비영리 집단(Nonprofit group)*

공동의 비영리적 목적을 추구하기 위해 결합된 사람들의 공식적 또는 비공식적 집단. 즉, 그것은 회원이나 리더에게 초과수익을 분배하거나, 주로 가구와 가족에 대한 개인적 애착에 따라서 운영하려는 목적을 가진 집단이 아니다.

· *개인적 자발적 활동(Individual voluntary action)*

개인에 의해 수행되는 자발적 활동. 공식적 비영리 집단에서의 개인에 의한 활동 이외에, 이 개념은 자발적 이타심에 의해 동기화된 공식적 집단/비집단 맥락에서의 어떤 활동도 포함한다. 그 예로는, 비공식적 서비스 자원봉사, 비공식적 경제원조활동, 비공식적 대인간 활동, 비공식적 정치참여, 비공식적 종교활동, 비공식적 사회개혁활동, 그리고 비공식적 사회미학활동 등이 있다.

이들 정의에서, 비영리부문을 의미하는 것으로 서술된 것들 대부분은, 많은 여가에 적용될 수 있을 것이다. 사실상 비영리 세계와 중복되지 않는 오직 여가만을 위한 영역은 가구와 가족 여가이고, 어떤 자발적 이타심을 담지 않은 여가다. 비록 많은 현대 여가가 비영리부문의 일부로 간주될 수 있지만, 자발적 이타심에 의해 동기화되지 않은 대부분의 쾌락적인 개인 여가(예를 들어, 낮잠자기, 산책하기, 백일몽 등)를 포함하는 자유시간 활동은 비영리부문에 포함되지 않는다. 스미스에 따르면(Smith, 2000: 19-20), 이타심은 (1) 인도적 원조 그리고 자신과 자기 재산을 공유하는 것의 혼합체, (2) 최소한 그 활동을 선택할 수 있는 적당한 자유, (3) 생물 물리학, 생물 사회학 또는 사회학적 강제 세력에 의한 강제의 부재, (4) 수혜 대상의 요구에 대한 민감성, (5) 보수 또는 현물 지불금에 대한 기대가 거의 또는 아예 없는 경우, 그리고 (6) 대상을 대신해서 수행한 행동으로 인해 어떤 만족을 얻을 것이라는 기대가 있는 경우에 자발적인 것이 된다. 자발적 이타심에 대한 스미스의 정의는 앞서 제1장에서 제시했던 여가의 정의와 여러 측면에서 유사하다.

진지한 여가 조망을 다각도로 살펴보면, 한편으로는 비영리부문이 다른 한편으로는 진지한 여가와 프로젝트형 여가가 같은 분야에 상당부분 걸쳐 있는 반면, 대개 일상적 여가는 그들 영역 이외에서 발견된다고 말할 수 있다. 중요한 문제는, 핵심활동을 추구할 때 자발적 이타심이 가능한지 여부와 참가자들이 이타적 방식으로 그것을 추구할 수 있는지 여부다. 따라서, 피아노 연주자가 오로지 개인적인 즐거움을 위해 연주할 때는 비영리부문 이외에서 연주하고, 재즈 앙상블의 일부를 구성할 때에는 비영리부문 내에서 연주한다. 후자의 상황에서 음악가는 그 또는 그녀의 자산을 나누고, 그룹 내에서 다른 사람의 요구에 대해 민감한 반응을 보여주는 동시에, 스미스가 열거한 나머지 네 가지 기준을 충족시킨다. 매주 독서회 토론에 참가하기 위해 독서하는 사람과 비교하여, 오로지 개인적인 즐거움을 위해 독서하는 인문학 취미활동가에 대해서도 동일한 추론을 말할 수 있다. 유사 사례는 프로젝트형 여가에서도 발견되는데, 어떤 사람은 자신 또는 친구나 자선단체를 위해 스테레오 튜너를 제작할 수 있고, 홀로 또는 친구와 함께(부분적으로 친구의 참가가 여행의 만족을 좌우하는 경우) 여행할 수 있으며, 혼자 또는 친구와 함께 킬리만자로를 등반할 수 있다.

여가 용어에서 비영리부문을 인식하는 것으로부터 획득한 새로운 이해 속에서, 이 모든 것의 의미가 발견된다. 제1장에서 우리는 주로 주관적인 동기화의 문제를 중심으로 다루면서 자원봉사에 대한 의지적 개념화를 고찰했다. 즉, 참가자들이 재미있는(일상적 여가), 성취감 있는(진지한 여가), 또는 재미있고 성취감 있는(프로젝트형 여가) 핵심활동[69]에 참여하고 있는지 느끼는 것에 따라 그것(주관적 동기화의 문제)이 결정되어야 한다. 그럼에도 불구하고, 비영리부문 연구에서 자원봉사에 대한 지배적 개념화는, 여가로서 자원봉사에 대한 의지적인 개념화가 아닌 다른 것 즉, 자원봉사를 무보수의 일로서 인식하는 것이다. 이러한 경제적 개념화는 자원봉사를 생계를 위한 보수(현금 또는 현물)의 부재로 정의한다. 그것은 여가 개념화에서 매우 중요한 동기에 대한 복잡한 문제를 대부분 피해가지만, 큰 대가를 치르면서 그렇게 한다. 한편, 그 대가를 치르고도 자원봉사를 제대로 설명하지 못한다. 그 경제적 개념화는 단지 비영리부문에서의 행동을 기술할 뿐이다. 그것은 그 행동에 대한 설명을 제공하지 못한다. 말하자면, 경제적 개념화는 사람들이 왜 보수 없이 모든 종류의 여가 활동에 참여하는지에 대해 말해주지 못한다.

---

69) 이 경우, 자원봉사자들은 자기 생각대로 수락하거나 거절할 수 있는 선택권을 가지고 있다.

결 론

이제 진지한 여가 조망에 대한 설명을 마칠 시간이다. 나는 은유적 방법으로 마무리하려고 한다. 그 은유는 유명한 뉴올리안즈의 후식인 "바나나 칵테일"(Bananas Foster)[70]이다. 이 책을 읽으면서, 당신이 원한다면 그것을 당신이 먹은 음식의 마지막 코스라고 생각해도 된다.

잠시 진지한 여가 조망을 바나나 칵테일 한잔과 유사하다고 생각해보자. 진지한 여가가 이 칵테일의 주재료지만, 럼, 버터, 계피, 흑설탕, 바나나 시럽 그리고 바닐라 아이스크림과 같은 보조 재료를 넣어 풍미를 향상시킨다. 은유적으로 말해서, 그것들은 일상적 그리고 프로젝트형 여가인 것이다. 이것들 모두가 플람베 팬(flambé pan) 안에 완벽하게 준비되어 있고, 럼은 앞서 언급한 재료들로 만든 소스에 범벅이 된 바나나를 익게 하는 불의 연료로서 기능한다.

바나나 칵테일 비유에서나 실생활에서, 바나나(진지한 여가)만으로는 이 디저트를 구성하는데 불충분하다. 그것을 완성하고 완벽하게 하기 위해서는 다른 재료들(비유적으로는 일상적 여가 또는 프로젝트형 여가, 아니면 둘 다)이 필요하다. 소스에 재료들을 버무린 다음 그 안에 있는 바나나를 요리하는 것은, 아마도 여가 교육의 도움으로 최적의 여가 라이프스타일을 찾기 위한 것으로 비유될 수 있다. 그런 라이프스타일은 훌륭하게 만들어진 바나나 칵테일이다. 진지한 여가는 적당한 양의 매력적인(굳이 얘기하자면, 식욕을 돋구는) 일상적 여가 또는 프로젝트형 여가를 추가함으로써 풍미가 더해지고 조화를 이루게 된다.

비유를 이어가자면, 바나나 칵테일은 많은 사람들이 손쉽게 먹을 수 있

---

70) 바나나와 바닐라 아이스크림을 주재료로 하여 만든 것으로, 미국 뉴올리안즈 식당에서 흔히 제공하는 후식이다 (역자 주).

고, 바나나와 재료들 그리고 심지어는 플람베 팬(크고 무거운 냄비로 대체 가능)까지도 비싸지 않은 가격으로 구할 수 있다. 그것은 뉴올리안즈에서 유명한 디저트인데, 왜냐하면 대부분의 사람들이 그것을 먹을 만큼 여유가 있기 때문일 것이다. 그것은 진지한 여가 그리고 일상적 여가와 프로젝트형 여가와 같은 부수적인 것들과 유사하다. 세 가지 여가 형태 모두는 최적의 여가 라이프스타일에 결합될 수 있는 공짜 또는 적은 비용이 드는 활동을 포함한다.

　하지만, 바나나 칵테일을 그다지 좋아하지 않거나 먹을 시간이 없는 사람들(아마 그들 중 대부분은 서방세계에 살고 있을 것이다)이 있다.[71] 일단 일상적인 일(everyday work)과 비노동 의무(nonwork obligations)를 마치고 나면, 이들은 일상적 여가와 일부 프로젝트형 여가로 이루어진 여가 라이프스타일을 만들 것이다. 그리고 제3장에서 살펴본 것처럼, 이 두 가지 여가는 하나이든지 결합(즉, 우리 비유에서는 소스)되든지 많은 혜택과 보상을 제공한다. 이와 같은 혜택과 보상은 결코 적지 않다. 비록 그것이 바나나 칵테일만큼 특별한 맛이 나지 않을지라도 말이다. 하지만 바나나 칵테일이 특별한 매력을 가져다주는 이유는 자아 성취감(말하자면, 바나나) 때문인데, 이것은 다른 두 가지 여가 형태에서는 완전히 사라지거나 상당히 희석된 것이다. 이처럼 누락된 것(omission)은 여가에서, 일에서, 그리고 사실상 전체 삶 속에서 중요한 것이다. 나는 이 책이 이러한 성취감을 아주 특별한 개인적 상태로 묘사한다고 믿는다. 여가에서 성취감 연구는 복잡하고, 성취감은 사람들에게 강력한 방식으로 동기를 부여한다.

---

71) 자유 시간 활동에 참여하지 않는 이유를 여가시간 부족 탓으로 돌리는 것은 해가 갈수록 점점 신빙성이 없어지고 있다. 이코노미스트(the *Economist*) 최근호(2003, 2004, 2005b)는 OECD 국가들에서(특히, 영국과 미국에서) 노동시간이 감소되고 있는 일반적 경향을 묘사하고 있다. 아마도 비노동 의무가 새로 발견된 노동 이외의 시간 가운데 상당 부분을 차지할 수 있을 것이다.

아~! 하지만 세상 모든 사람(특히, 앞서 관찰되었던 서방세계 밖의 사람들)이 바나나 칵테일에 대해 아는 것은 아니다. 그것은 심지어 그들의 메뉴에도 없다. 이와 유사하게, 진지한 여가 조망 그리고 최적의 여가 라이프스타일로서 그것의 개인적인 발현에 대해 모든 사람이 아는 것은 아니다. 더욱이 비유에서 흔히 발생하지만, 이 하나(진지한 여가 조망)가 분해되었을 때, 많은 사람들은 진지한 여가 조망의 주재료인 진지한 여가 그 자체(대부분이 알고 있는 바나나와는 다른)에 대해 알지 못한다. 얼마나 많은 사람들이 진지한 여가를 추구하는지에 대한 질문에, 나는 전체 인구의 20% 정도가 어떤 유형의 진지한 여가에 참여한다고 대답하곤 한다. 실제로 20% 이상이 그와 같은 여가에 대해 알고 있지만, 대개 20%의 사람들이 그것을 추구한다고 생각한다. 당신은 전체 인구에서 진지한 여가 비율을 추정하려 했던 폴슨(Polson)의 노력에 대해 앞서 언급했던 것을 기억할 것이다. 비록 그의 추정 근거가 내 것보다 확실하지 않은 것처럼 보이지만, 일반인구에서의 진지한 여가 분포에 대해서는 거의 동일한 결론에 도달하게 된다. 그는 진지한 여가 분포가 15%에서 25%가 될 것이라고 추산한다(Polson의 2006년 웹 사이트를 참조).

여기서 우리는 금세기 여가교육의 중추적 역할에 대해 알게 된다(Cohen-Gewerc & Stebbins, 근간: 각주 40번 참조). 세 가지 형태의 여가에 참여하는 사람들의 최근 분포를 고려해 볼 때, 전 세계의 보다 많은 사람들이 진지한 여가 조망과 그것의 세 가지 여가형태 그리고 그것들의 상관관계에 대한 인식으로부터 혜택을 볼 수 있을 것이다. 여가교육은 이 점에서 큰 도움을 줄 수 있다. 그런 여가교육을 통한 지식[72]으로 만들어진 최

---

72) 이러한 지식은 진지한 여가 관점을 이해하고 그것을 통해 얻을 수 있는 성취감 있는 최적의 라이프스타일을 현실화시키기 위한 조치를 취함으로써 얻을 수 있다.

적의 여가 라이프스타일은 우리 일상에 존재하는 바나나 칵테일이다.

이 특별하고 미묘한 의미로, "진지한 여가 조망"(serious leisure perspective)이라는 제목에서 나타나는 진지한 여가 개념은 어떤 선입견을 전달한다. 당신은 제1장 첫 문단에서 내가 그 반대로 주장한 것을 기억할 것이다. 나는 진지한 여가 조망의 두 가지 여가 형태 또는 세 가지 모든 여가 형태를 추구함으로써, 우리가 여가 균형을 획득할 수 있고, 최적의 여가 라이프스타일[73]을 만들 수 있다는 점에서 그 주장을 고수한다. 일상적 여가나 프로젝트형 여가도 역시 디저트의 필수 재료다. 하지만, *바나나가 없는(sans bananes)* 바나나 칵테일은 바나나 칵테일이 아니다. 모든 뉴올리언즈 사람들은 그것을 알고 있다.

---

73) 우리 자신의 최적의 여가 라이프스타일은 일상적 여가 또는 프로젝트형 여가, 아니면 두 가지 모두와의 조합으로 추구된 진지한 여가 쪽으로 균형이 기운다.

Adler, P., and Adler, P. (1987). *Membership Roles in Field Research*. Beverly Hills, CA: Sage.

Adorjánÿ, L., and Lovejoy, F., 2003. Representations of leisure in the writings of Robert G. Barrett. *Annals of Leisure Research*, 6(4), 307-318.

Aitchison, C. (2003). From leisure and disability to disability leisure: Developing data, definitions, and discourses. *Disability and Society*, 18, 955-969.

Apostle, R. (1992). Curling for cash: The "professionalization" of a popular Canadian sport. *Culture*, 12(2), 17-28.

Arai, S.M. (2000). Typology of volunteers for a changing sociopolitical context: The impact on social capital, citizenship, and civil society. Société et *Loisir/Society and Leisure*, 23, 327-352.

Baldwin, C.K., and Norris P.A. (1999). Exploring the dimensions of serious leisure: Love me-love my dog. *Journal of Leisure Research*, 31, 1-17.

Bartram, S.A. (2001). Serious leisure careers among whitewater kayakers: A feminist perspective, *World Leisure Journal*, 43(2), 4-11.

Bates, M.J. (1999). The invisible substrate of information science. *Journal of the American Society for Information Science*, 50(12), 1043-1050.

Beauchesne, E. (2005). Hate you job? You're not alone. *Calgary Herald* (Friday, 2 September), p. E6.

Beck, U. (2000). *The Brave New World of Work*, trans. by P. Camiller. New York: Polity Press.

Becker, H. S. (1960). Notes on the concept of commitment. *American Journal of Sociology*, 66, 32-40.

Belbin. L.(2003). The opt-out revolution. *New York Times Magazine* (Sunday 26 October), pp. 1-13.

Bella, L. (1992). *The Christmas Imperative: Leisure, Family, and Women's Work*. Halifax, NS: Fernwood.

Benoit, J., and Perkins, K.B. (1997). Volunteer fire-fighting activity in North America as serious leisure. *World Leisure and Recreation*, 39(3), 23-29.

Blackshaw, T., and Long, J. (1998). A critical examination of the advantages of investigating community and leisure from a social network perspective. *Leisure Studies*, 17, 233-248.

Blumer, H. (1969). *Symbolic Interactionism*, Englewood Cliffs, NJ: Prentice-Hall.

Bott, E. (1957). *Family and Social Network*. London, UK: Tavistock Publications.

Bowen, C.D. (1935). *Friends and Fiddlers*. Boston, MA: Little Brown.

Bramante, A.C. (2004). Fostering human resources in the leisure field: *"Serious leisure"* and the potential role of volunteers. A proposal for developing countries. In R. A. Stebbins, and M. M. Graham(Eds.), *Volunteering as Leisure/Leisure as Volunteering: An International Assessment* (pp. 225-240). Wallingford, Oxon, UK: CAB International.

Brightbill, C.K. (1961). *Man and Leisure: A Philosophy of Recreation*. Englewood Cliffs, NJ: Prentice-Hall.

Bryan, H. (1977). Leisure value systems and recreational specialization: The case of trout fishermen. *Journal of Leisure Research*, 9, 174-187.

Burden, J. (2000). Community building, volunteering, and action research. *Société et Loisir/Society and Leisure*, 23, 353-370.

Burden, J. (2001). Volunteering, citizenship and action research. In M. Graham and M. Foley(Eds.), *Volunteering in Leisure: Marginal or Inclusive?* vol. 75 (pp. 21-42). Eastbourne, UK: Leisure Studies Association.

Bush, D.M., and Simmons, R.G. (1990). Socializaion processes over the life course. In M. Rosenberg and R.H. Turner(Eds.), *Social Psychology* (pp. 133-164). New Brunswick, NJ: Transaction Publishers.

Campbell, A., Converse, P., and Rogers, W.L. (1976). *The Quality of American Life: Perceptions, Evaluations, and Satisfactions*. New York: Russell Sage Foundation.

Cantwell, A-M. (2003). Deviant leisure. In J.M. Jenkins and J.J. Pigram (Eds.), *Encyclopedia of Leisure and Outdoor Recreation* (p. 114). London: Routledge.

Cassie, L.T., and Halpenny, E. (2003). Volunteering for nature: Leisure motivations and benefits associated with a biodiversity conservation volunteer program. *World Leisure Journal*, 45(2), 38-50

Cnaan, R.A., Handy, F., and Wadsworth, M. (1996). Defining who is a volunteer: Conceptual and empirical considerations. *Nonprofit and Voluntary Sector Quarterly*, 25, 364-383.

Codina, N. (1999). Tendencias emergentes en el comportamiento de ocio: El ocio serioy su evaluación. *Revista de Psicología Social*, 14, 331-346.

Cohen-Gewerc, E., and Stebbins, R.A.(Eds.) (in press). *The Pivotal Role of Leisure Education: Finding Personal-Fulfillment in this Century*. State College, PA: Venture.

Crawford, D.W., and Godbey, G. (1987). Reconceptualizing barriers to family leisure. *Leisure Sciences*, 9, 119-127.

Cross, G. (1999). *A Social History of Leisure since 1600*. State College, PA: Venture.

Csikszentmihalyi, M. (1990). *Flow: The Psychology of Optimal Experience*. New York,

NY: Harper and Row.

Cuskelly, G., Harrington, M., and Stebbins, R.A. (2002/2003). Changing levels of organizational commitment amongst sport volunteers: A serious leisure approach. *Leisure/Loisir*, 27, 191-212.

de Grazia, S. (1962). *Of Time, Work, and Leisure*. New York: Twentieth Century Fund.

Delbaere, R. (1994). Le tourisme culturel et récréotouristique, leurs approches méthodologiques et leurs potentialités. Paper presented at the International Leisure Studies Conference, Université du Québec à Trois-Rivières, Trois-Rivières, Québec, 3-4 November.

Drew, R.S. (1997). Embracing the role of amateur: How karaoke bar patrons become regular performers. *Journal of Contemporary Ethnography*, 25, 449-468.

Driver, B. (2003). Benefits. In J.M. Jenkins J.J. Pigram (Eds.), *Encyclopedia of Leisure and Outdoor Recreation* (pp. 31-36). London: Routledge.

Dubin, R. (1992). *Central life interests: Creative Individualism in a Complex World*. New Brunswick, NJ: Transaction Publishers.

The Economist (2003). Clocking off. 19 July, pp. 43-44.

The Economist (2004). Working hours (graph). 21 August, P. 80.

The Economist (2005a). Up off the couch. 22 October, p. 35.

The Economist (2005b). The land of pleasure. 4 February, pp. 28-29.

Edwards, D (2005). Understanding the organization of volunteers at visitor attractions. Ph.D. dissertation, College of Law and Business, University of West Sydney.

Etheridge, M., and Neapolitan, J. (1985). Amateur craft-workers: Marginal roles in a marginal art world. *Sociological Spectrum*, 5, 53-76.

Fine, G.A. (1988). Dying for a Laugh. *Western Folklore*, 47, 77-194.

Floro. G.K. (1978). What to look for in a study of the volunteer in the work world. In R.P. Wolensky and E.J. Miller (Eds.), *The Small City and Regional Community* (pp. 194-202). Stevens Point, WI: Foundation Press.

Gelber, S.M. (1999). *Hobbies: Leisure and the Culture of Work in America*. New York: Columbia University Press.

Gibson, H., Willming, C., and Holdnak, A. (2002). We're gators...not just Gator fans: Serious leisure and University of Florida football. *Journal of Leisure Research*, 34, 397-425.

Gillespie, D.L., Leffler, A., and Lerner, E. (2002). If it weren't my hobby, I'd have a life: Dog sports, serious leisure, and boundary negotiations, *Leisure Studies*, 21, 285-

304.

Glaser, B. G. (1978). *Theoretical Sensitivity*: Advances in the methodology of grounded theory. Mill Valley, CA: Sociology Press.

Glaser, B. G., and Strauss, A. L. (1967). *The Discovery of Grounded Theory: Strategies for Qualitative Research*. Chicago, IL: Aldine Atherton.

Glasser, R. (1970). *Leisure: Penalty or Prize?* London: Macmillan.

Goff, S.J., Fick, D.S., and Oppliger, R.A. (1997). The moderating effect of spouse support on the relation between serious leisure and spouses' perceived leisure-family conflict. *Journal of Leisure Research*, 29, 47-60.

Goffman, E. (1961). *Asylums: Essays on the Social Situation of Mental Patients and Other Inmates*. Garden City, NY: Doubleday.

Goffman, E. (1963). *Stigma: Notes on the Management of Spoiled Identity*. Englewood Cliffs, NJ: Prentice-Hall.

Gould, J., Moore, D, and Stebbins, R.A. (in press). Development of the Serious Leisure Inventory and Measure. *Journal of Leisure Research*.

Graham, M.M. (2004). Volunteering as heritage/volunteering in heritage. In R. A. Stebbins, and M. M. Graham (Eds.), *Volunteering as Leisure/Leisure as Volunteering: An international Assessment* (pp. 13-30). Wallingford, Oxon, UK: CAB International.

Gravelle, F., and Larocque, L. (2005). Volunteerism and serious leisure: The case of the francophone games. *World Leisure Journal*, 47(1), 45-51.

Green, B.C., and Chalip, L. (2004). Paths to volunteer commitment: Lessons from the Sydney Olympic Games. In R. A. Stebbins, and M. M. Graham (Eds.), *Volunteering as Leisure/Leisure as Volunteering: An International Assessment* (pp. 49-68). Wallingford, Oxon, UK: CAB International.

Gunter, G.B., and Gunter, N.C. (1980). Leisure styles: A conceptual framework for modern leisure. *The Sociological Quarterly*, 21, 361-374.

Hall, C. M, and Weiler, B. (1992). Introduction. What's special about special interest tourism. In B. Weiler and C.M. Hall (eds.), *Special Interest Tourism* (pp. 1-14). New York: Wiley.

Halpern, D. (2005). *Social Capital*. Cambridge: Polity.

Hamilton-Smith, E. (1995). The connexions of scholarship. *Newsletter* (Official newsletter of RC13 of the International Sociological Association), March, 4-9.

Harries, G.D., and Currie, R.R. (1998). Cognitive dissonance: A consequence of serious leisure. *World Leisure and Recreation*, 40(3), 36-41.

 References

Harrington, M., Cuskelly, G., and Auld, C. (2001). Career volunteering in commodity-intensive serious leisure: Motorsport events and their dependence on volunteers/amateurs, *Société et Loisir/Society and Leisure*, 23, 327-352.

Harrison, J. (2001). Thinking about tourists. *International Sociology*, 16, 159-172.

Hartel, J. (2003). The serious leisure frontier in library and information science: hobby domains. *Knowledge Organization*, 30(3/4), 228-238.

Hastings, D.W., and Cable, S. (2005). The globalization of a minor sport: The diffusion and commodification of masters swimming. *Sociological Spectrum*, 25, 133-154.

Hastings, D.W., Kurth, S.B., and Schloder, M. (1996). Work routines in the serious leisure career of Canadian and U.S. masters swimmers. *Avanté*, 2, 73-92.

Hastings, D.W., Kurth, S.B., Schloder, M., and Cyr, Darrell (1995). Reasons for participating in a serious leisure: Comparison of Canadian and U.S. masters swimmers. *International Review for Sociology of Sport* 30, 101-119.

Havighurst, R.J., and Feigenbaum, K. (1959). Leisure and life-style. *American Journal of Sociology*, 64, 396-404.

Haworth, J.T. (1986). Meaningful activity and psychological models of non-employment. *Leisure Studies*, 5, 281-297.

Haworth, J.T. (Ed.) (1997). *Work, Leisure and Well-Being*. London: Routledge.

Haworth, J.T., and Drucker, J. (1991). Psychological well-being and access to categories of experience in unemployed young adults. *Leisure Studies*, 10, 265-274.

Haworth, J.T., and Hill, S. (1992). Work, leisure and psychological well-being in a sample of young adults. *Journal of Community and Applied Social Psychology*, 2, 147-160.

Henderson, K.A., and Presley, J. (2003). Globalization and the values of volunteering as leisure. *World Leisure Journal*, 45(2), 33-37.

Heuser, L. (2005). We're not too old to play sports: The career of women lawn bowlers. *Leisure Studies*, 24, 45-60.

Houle, C.O. (1961). *The Inquiring Mind. Madison*: University of Wisconsin Press.

Hunt, S.J. (2004). Acting the part: "Living history" as a serious leisure pursuit. *Leisure Studies*, 23, 387-404.

Hutchinson, S.L., and Kleiber, D.A. (2005). Gifts of the ordinary: Casual leisure's contributions to health and well-being. *World Leisure Journal*, 47(3), 2-16.

Iso-Ahola, S.E., and Crowley, E.D. (1991). Adolescent substance abuse and leisure boredom. *Journal of Leisure Research*, 23, 260-271.

Jarvis, P. (1995). *Adult and Continuing Education*, 2nd ed. London, Eng.: Routledge.

Jarvis, N., and King, L. (1997). Volunteers in uniformed youth organizations. *World Leisure & Recreation*, 39(3), 6-10.

Johnson, D.P. (1981). *Sociological Theory: Classical Founder and Contemporary Perspectives*. John Wiley & Sons. Inc.

Jones, I. (2000). A model of serious leisure identification: The case of football fandom. *Leisure Studies*, 19, 283-298.

Jones, I., and Symon, G. (2001). Lifelong learning as serious leisure: Policy, practice, and potential. *Leisure Studies*, 20, 269-284.

Jung, B. (2005). Poland. In G. Cushman, A.J. Veal, and J. Zuzanek (Eds.), *Free Time and Leisure Participation: International Perspectives* (pp. 197-220). Wallingford, Oxon, U.K.: CAB International.

Juniu, S., and Henderson, K. (2001). Problems in researching leisure and women: Global considerations. *World Leisure Journal*, 43(4), 3-10.

Juniu, S., Tedrick, T., and Boyd, R. (1996). Leisure or work? Amateur and professional musicians' perception of rehearsal and performance. *Journal of Leisure Research*, 28, 44-56.

Kando, T.M. (1980). Leisure and popular culture in transition, 2nd ed. St. Louis, MO: C. V. Mosby.

Kane, M.J., and Zink, R. (2004). Package adventure tours: Markers in serious leisure. *Leisure Studies*, 23, 329-346.

Kantor, R.M. (1968). Commitment and social organization. *American Sociological Review*, 33, 499-517.

Kaplan, M. (1960). *Leisure in America: A Social Inquiry*. New York: John Wiley.

Kaplan, M. (1975). *Leisure: Theory and Policy*. New York: John Wiley.

Katz, J. (1988). *Seductions of Crime: Moral and Sensual Attractions of Doing Evil*. New York: Basic Books.

Kelly, J.R. (1997). Activity and ageing: Challenge in retirement. In J.T. Haworth (Ed.), *Work, Leisure and Well-Being* (pp. 165-179). London, UK: Routledge.

Kelly, J. R. (1999). Leisure behaviors and styles: Social, economic, and cultural factors. In E.L. Jackson and T.L. Burton (Eds.), *Leisure Studies: Prospects for the Twenty-First Century* (pp. 135-150). State college, PA: Venture.

kennett, B. (2002). Language learners as cultural tourists. *Annals of Tourism Research*, 29, 557-559.

Kerr, J.H., Fujiyama, H., and Campano, J. (2002). Emotion and stress in serious and

 References

hedonistic leisure sport activities. *Journal of Leisure Research*, 34, 272-289.

Keyes, C.L.M. (1998) Social well-being. *Social Psychology Quarterly*, 61, 121-140.

King, F.L. (2001). Social dynamics of quilting. *World Leisure Journal*, 43(2), 26-29.

Kleiber, D.A. (1996) (July). Personal expressiveness and the transcendence of negative life events. Paper presented ant the 4th World Congress of Leisure Research, World leisure and Recreation Association, Cardiff, Wales.

Kleiber, D.A. (2000). The neglect of relaxation. *Journal of Leisure Research*, 32, 82-86.

Lambdin, L. (1997). *Elderlearning*. Phoenix, AZ: Oryx Press.

Lambert, R.D. (1995). Looking for genealogical motivation. *Families*, 34, 73-80.

Lambert, R.D. (1996). Doing family history. *Families*, 35, 11-25.

Lee, J-Y, and Scott, D. (2006). For better or worse? A structural model of the benefits and costs associated with recreational specialization. *Leisure Sciences*, 28, 17-38.

Lee, Y., Dattilo, J., and Howard, D. (1994). The complex and dynamic nature of leisure experience. *Journal of Leisure Research*, 26, 195-211.

Lee, Y., McCormick, B., and Austin, D. (2001). Toward an engagement in social support: A key to community integration in rehabilitation. *World Leisure Journal*, 43(3), 25-30.

Maffesoli, M. (1996). *The Time of the Tribes: The Decline of Individualism*, trans. by D. Smith. London, UK: Sage Publications.

Major, W.F. (2001). The benefits and costs or serious running, *World Leisure Journal*, 43(2), 12-25.

Mannell, R.C. (1993). High investment activity and life satisfaction among older adults: Committed, serious leisure, and flow activities. In J.R. Kelly (Ed.), *Activity and Aging: Staying Involved in Later Life* (pp. 125-145). Newbury park, CA: Sage.

Mannell, R.C. (1999). Leisure experience and satisfaction. In E.L. Jackson and T.L. Burton (Eds.), *Leisure Studies: Prospects for the Twenty-First Century* (pp. 235-252). State College, PA: Venture.

Mannell, R.C., and Kleiber, D.A. (1997). *A Social Psychology of Leisure*. State College, PA: Venture.

Matejko, A.J. (1984). The self-defeat of leisure: The macro-social model and its application, *Sociologia Internationalis*, 22, 161-196.

McIntyre, N. (2003). Involvement. In J.M. Jenkins and J.J. Pigram(Eds.), *Encyclopedia of Leisure and Outdoor Recreation* (pp. 268-270). London: Routledge.

McQuarrie, F.A.E. (1999). An investigation of the effects of workplace support for serious leisure. *Proceedings of the 9th Canadian Congress on Leisure Research*.

Wolfville, NS: Acadia University.

McQuarrie, F.A.E. (2000). Work careers and serious leisure: The effects of nonwork commitment on career commitment. *Leisure/Loisir*, 24, 115-138.

McQuarrie, F., and Jackson, E.L. (1996). Connections between negotiation of leisure constraints and serious leisure: An exploratory study of adult amateur ice skaters. *Loisir et Société/Society and Leisure*, 19, 459-483.

Mittelstaedt, R.D. (1990-91). The Civil War reenactment: A growing trend in creative leisure behavior. *Leisure Information Quarterly*, 17(4), 4-6.

Mittelstaedt, R.D. (1995). Reenacting the American Civil War: A unique form of serious leisure for adults. *World Leisure and Recreation*, 37(10), 23-27.

Olmsted, A.D. (1988). Morally controversial leisure: The social world of the gun collector. *Symbolic Interaction*, 11, 277-287.

Olmsted, A.D. (1991). Collecting : Leisure investment or obsession? *Journal of social Behavior and Personality*, 6, 287-306.

Olmsted, A.D. (1993). Hobbies and serious leisure. *World Leisure and Recreation*, 35(spring), 27-32.

Orr, N. (2003). Heritage and leisure: Museum volunteering as "serious leisure." In R. Snape, E. Thwaites, and C. Williams (Eds.). *Access and Inclusion in Leisure and Tourism* (Vol. 81, pp. 119-140). Brighton, UK: Leisure Studies Association.

Orr, N. (2005). "A giving culture": Understanding the rewards from volunteering in museums." *Leisure Studies association Newsletter*, 71(July), 43-48.

Parker, S.R. (1996). Serious leisure -A middle-class phenomenon? In M. Collins(Ed.), *Leisure in Industrial and Post-Industrial Societies* (pp. 327-332). Eastbourne, UK: Leisure Studies Association.

Patterson, I. (1997). Serious leisure as an alternative to a work career for people with disabilities. *Australian Disability Review*, 2, 20-27.

Patterson, I. (2000). Developing a meaningful identity for people with disabilities through serious leisure activities. *World Leisure Journal*, 42(2), 41-51.

Patterson, I. (2001). Serious leisure as a positive contributor to social inclusion for people with intellectual disabilities. *World Leisure Journal*, 43(3), 16-24.

Pearce, J.L. (1993). *Volunteers: The Organizational Behavior of Unpaid Workers*, London, UK: Routledge.

Perkins, K.B., and Benoit, J., (2004). Volunteer satisfaction and serious leisure in rural fire departments: Implications for human capital and social capital. In R.A. Stebbins, and M.M. Graham (Eds.), *Volunteering as Leisure/Leisure as*

Volunteering: An International Assessment (p.71-86). Wallingford, Oxon, UK: CAB International.

Polson, G. (2006). Leisure alternatives funnel chart. http://www.strengthtech.com/misc/funnel/funnel.htm.

Pringle, R. (2001). Examining the justifications for government investment in high performance sport: A critical review essay. *Annals of Leisure Research*, 4, 58-75.

Puddephatt, A.J. (2003). Chess playing as strategic activity. *Symbolic Interaction*, 26, 263-284.

Puddephatt, A.J. (2005). Advancing in the amateur chess world. In D. Pawluch, W. Shaffir, and C. Miall (Eds.), *Doing Ethnography: Studying Everyday Life* (pp. 300-311). Toronto, ON: Canadian Scholars' Press.

Putnam, R.D. (2000). *Bowling Alone: The Collapse and Revival of American Community*. New York: Simon and Schuster.

Raisborough, J. (1999). Research note: The concept of serious leisure and women's experiences of the Sea Cadet Corps. *Leisure Studies*, 18, 67-72.

Roadburg, A. (1985). *Aging: Retirement, Leisure, and Work in Canada*. Toronto, ON: Methuen.

Roberson, D.N., Jr. (2005). Leisure and learning: An investigation of older adults and self-directed learning. *Leisure/Loisir*, 29, 203-238.

Robinson, J.P., and Godbey G. (1997). *Time for Life: The Surprising Ways Americans Use their Time*. University Park, PA: Pennsylvania State University Press.

Rojek, C. (1997). Leisure theory: Retrospect and prospect. *Loisir et Société/Society and Leisure*, 20, 383-400.

Rojek, C. (1999). Deviant leisure: the dark side of free-time activity. In E.L. Jackson and T.L., Burton (Eds.), *Leisure studies: Prospects for the Twenty-First Century* (pp. 81-96). State College, PA: Venture.

Rojek, C. (2000). *Leisure and Culture. London*: Palgrave.

Rojek, C. (2002). Civil labour, leisure and post work society. *Société et Loisir/Society and Leisure*. 25, 21-36.

Rojek, C. (2005). *Leisure Theory: Principles and Practice*. New York: Palgrave Macmillan.

Ruskin, H., and Sivan, A. (1995). Goals, objectives, and strategies in school curricula in leisure education. In H. Ruskin, and A. Sivan (Eds.), *Leisure Education towards the 21st Century*. Provo, UT: Brigham Young University.

Ruskin, H., and Sivan, A. (n.d). *Leisure Education in School Systems*. Jerusalem, IS:

Cosell Center for Physical Education, Leisure, and Health Promotion, The Hebrew University of Jerusalem.

Samdahl, D.M. (1999). Epistemological and methodological issues in leisure research. In E.L. Jackson, and T.L. Burton (Eds.), *Leisure Studies: Prospects for the Twenty-First Century* (pp. 119-134), State College, PA: Venture.

Scott, D. (2003). Constraints. In J.M. Jenkins and J.J. Pigram (Eds.), *Encyclopedia of Leisure and Outdoor Recreation* (pp. 75-78). London: Routledge.

Scott, D. and Godbey. G.C. (1992). An analysis of adult play groups: Social versus serious participation in contract bridge. *Leisure Sciences*, 14, 47-67.

Scott, D. and Godbey. G.C. (1994). Recreation specialization in the social world of contract bridge. *Journal of Leisure Research*, 26, 275-295.

Scott, D. and Schafer, C.S. (2001). Recreational specialization: A critical look at the construct. *Journal of Leisure Research*, 33, 319-343.

Selman, G., Selman, M., Cooke, M., and Dampier, P. (1998). *The Foundations of Adult Education in Canada*, 2nd ed. Toronto, ON: Thompson.

Shaw, S.M. and Dawson, D. (2001). Purposive leisure: Examining parental discourses on family activities. *Leisure Sciences*, 23, 217-232.

Sheykhi, M.T. (2003). A general review of the conceptual dimensions of quality of leisure, tourism, and sports with a particular focus on Iran, *African and Asian Studies*, 2, 189-206.

Shinew, K.J., and Parry, D.C. (2005). Examining college students' participation in the leisure pursuits of drinking and illegal drug use. *Journal of Leisure Research*, 37, 364-387.

Siegenthaler, K.L., and Gonsalez, G.L. (1997). Youth sports as serious leisure: A critique. *Journal of Sport and Social Issues*, 21, 298-314.

Siegenthaler, K.L., and O'Dell, I. (2003). Older golfers: Serious leisure and successful aging. *World Leisure Journal*, 45(1), 45-52.

Smith, D.H. (2000). *Grassroots Associations*. Thousand Oaks, CA: Sage Publications.

Smith, D.H., Stebbins, R.A., and M. Dover (2006). *A Dictionary of Nonprofit Terms and Concepts*. Bloomington: Indiana University Press.

Snyder, E.E. (1986). The social world of shuffleboard: Participation among senior citizens. *Urban Life*, 15, 237-253.

Stebbins, R.A. (1970a). Career: The subjective approach. *Sociological Quarterly*, 11, 32-49.

Stebbins, R.A. (1970b). On misunderstanding the concept of commitment: A theoretical clarification. *Social Forces*, 48(4), 526-529.

Stebbins, R.A. (1976). Music among friends: The social networks of amateur musicians. *International Review of Sociology* (Series II), 12, 52-73.

Stebbins, R.A. (1978a). Amateurism and postretirement years. *Journal of Physical Education and Recreation (Leisure Today* supplement), 49 (October), 40-41.

Stebbins, R.A. (1978b). Classical music amateurs: A definitional study, *Humboldt Journal of Social Relations*, 5, 78-103.

Stebbins, R.A. (1978c). Creating high culture: The American amateur classical musician, *Journal of American Culture*, 1, 616-631.

Stebbins, R.A. (1979). *Amateurs: On the Margin between Work and Leisure*. Beverly Hills, CA: Sage.

Stebbins, R.A. (1980a). "Amateur" and "hobbyist" as concepts for the study of leisure problems. *Social Problems*, 27, 413-417.

Stebbins, R.A. (1980b). Avocational science: the amateur routine in archaeology and astronomy, *International Journal of Comparative Sociology*, 21, 34-48.

Stebbins, R.A. (1981a). The social psychology of selfishness. *Canadian Review of Sociology and Anthropology*, 18, 82-92.

Stebbins, R.A. (1981b). Toward a social psychology of stage fright. In M. Hart and S. Birrell (Eds.), *Sport in the Sociocultural Process* (pp. 156-163). Dubuque, IA: W.C. Brown.

Stebbins, R.A. (1982a). Serious leisure: A conceptual statement. *Pacific Sociological Review*, 25, 251-272.

Stebbins, R.A. (1982b). Amateur and professional astronomers: A study of their interrelationships. *Urban Life*, 10, 433-454.

Stebbins, R.A. (1990). *The Laugh-Makers: Stand-up Comedy as Art, Business, and Lifestyle*. Montréal, QC and Kingston, ON: McGill-Queen's University Press.

Stebbins, R.A. (1992a). *Amateurs, Professionals, and Serious Leisure*. Montréal, QC and Kingston, ON: McGill-Queen's University Press.

Stebbins, R.A. (1992b). Concatenated exploration: Notes on a neglected type of longitudinal research. *Quality and Quantity*, 26, 435-442.

Stebbins, R.A. (1993a). *Career, Culture and Social Psychology in a Variety Art: The Magician* (reprinted ed.). Malabar, FL: Krieger.

Stebbins, R.A. (1993b). *Predicaments: Moral Difficulty in Everyday Life*. Lanham, MD: University Press of America.

Stebbins, R.A. (1993c). *Canadian Football. A View from the Helmet*. (reprinted ed.)

Toronto, ON: Canadian Scholars Press.

Stebbins, R.A. (1994a). The liberal arts hobbies: A neglected subtype of serious leisure. *Loisir et Société/Society and Leisure*, 16, 173-186.

Stebbins, R.A. (1994b). *The Franco-Calgarians: French Language, Leisure and Linguistic Lifestyle in an Anglophone City*. Toronto, ON: University of Toronto Press.

Stebbins, R.A. (1995a). *The Connoisseur's New Orleans*. Calgary, AB: University of Calgary Press.

Stebbins, R.A. (1995b). Leisure and selfishness: An exploration. In G. S. Fain(Ed.), *Reflections on the Philosophy of Leisure, Vol. II, Leisure and Ethics* (pp. 292-303). Reston, VA: American Alliance for Health, Physical Education, Recreation, and Dance.

Stebbins, R.A. (1996a). *The Barbershop Singer: Inside the Social World of a Musical Hobby*. Toronto, ON: University of Toronto Press.

Stebbins, R.A. (1996b). Volunteering: A serious leisure perspective. *Nonprofit and Voluntary Action Quarterly*, 25, 211-224.

Stebbins, R.A. (1996c). Cultural tourism as serious leisure. *Annals of Tourism Research*, 23, 948-950.

Stebbins, R.A. (1996d). *Tolerable Differences: Living with Deviance* (2nd ed.). Toronto, ON: McGraw-Hill Ryerson.

Stebbins, R.A. (1996e). Casual and serious leisure and post-traditional thought in the information age. *World Leisure and Recreation*, 38(3), 4-11.

Stebbins. R.A. (1997a). Casual Leisure: a conceptual statement. *Leisure Studies*, 16, 17-25.

Stebbins, R.A. (1997b). Lifestyle as a generic concept in ethnographic research. *Quality and Quantity*, 31, 347-360.

Stebbins, R.A. (Ed.)(1997c). *World Leisure and Recreation* (special issue on volunteerism and the leisure perspective), 39(3), 3-33.

Stebbins, R.A. (1997d). Exploratory research as an antidote to theoretical stagnation in leisure studies. *Loisir et Societe/Society and Leisure*, 20, 421-434.

Stebbins, R.A. (1997e). Identity and cultural tourism. *Annals of Tourism Research*, 24, 450-452.

Stebbins, R.A. (1997f). Serious leisure and well-bing. In J.T. Haworth (Ed.), *Work, Leisure and Well-Being* (pp. 117-130). London: Routledge.

Stebbins, R.A. (1998a). *After work: The Search for an Optimal Leisure Lifestyle*. Calgary, AB: Detselig.

 References

Stebbins, R.A. (1998b). Of time and serious leisure in the information age: The case of the Netherlands. *Vrijetijdstudies*, 16, 19-32.

Stebbins, R.A. (1998c). Serious leisure and wayward youth. Paper presented at the Youth at Risk Seminar of the Leisure Education Commission of the World Leisure and Recreation Association, Northeastern Mexico University, Monterrey, October.

Stebbins, R.A. (1998d). *The Urban Francophone Volunteer: Searching for Personal Meaning and Community Growth in a Linguistic Minority*. Vol. 3, No. 2(New Scholars-New Visions in Canadian Studies quarterly monographs series). Seattle, WA: University of Washington, Canadian Studies Centre.

Stebbins, R.A. (1999). Educating for serious leisure: Leisure education in theory and practice. *World Leisure and Recreation*, 41(4), 14-19.

Stebbins, R.A. (2000a). Optimal leisure lifestyle: Combining serious and casual leisure for personal well-being. In M. C. Cabeza (Ed.), *Leisure and Human Development: Proposals for the 6th World Leisure Congress*. (pp. 101-107). Bilbao, Spain: University of Deusto.

Stebbins, R.A. (2000b). Obligation as an aspect of leisure experience. *Journal of Leisure Research*, 32, 152-155.

Stebbins, R.A. (2000c). Antinomies in volunteering: choice/obligation, leisure/work. *Society et Loisir/Society and Leisure*, 23, 313-326.

Stebbins, R.A. (2000d). The extraprofessional life: Leisure, retirement, and unemployment. *Current Sociology*, 48, 1-27.

Stebbins, R.A. (2000e). A contextual analysis of the idea of serious leisure: A Study in the sociology of knowledge. *World Leisure and Recreation*, 42(1), 4-9.

Stebbins, R.A. (2001a). *New Directions in the Theory and Research of Serious Leisure*, Mellen Studies in Sociology, vol. 28. Lewiston, NY: Edwin Mellen.

Stebbins, R.A. (2001b). The costs and benefits of hedonism: Some consequences of taking casual leisure seriously. *Leisure Studies*, 20, 305-309.

Stebbins, R.A. (2001c). *Exploratory Research in the Social Sciences*. Thousand Oaks, CA: Sage.

Stebbins, R.A. (2001d). Volunteering-mainstream and marginal: Preserving the leisure experience. In M. Graham and M. Foley (Eds.), *Volunteering in Leisure: Marginal or Inclusive?* (Vol. 75, pp. 1-10). Eastbourne, UK: Leisure Studies Association.

Stebbins, R.A. (2002). *The Organizational Basis of Leisure Participation: A Motivational Exploration*. State College, PA: Venture Publishing.

Stebbins, R.A. (2003a). Boredom in free time. *Leisure Studies Association Newsletter*, 64 (March), 29-31.

Stebbins, R.A. (2003b). Casual leisure. In J.M. Jenkins and J.J. Pigram (Eds.), *Encylopedia of Leisure and Outdoor Recreation* (pp. 44-46). London: Routledge.

Stebbins, R.A. (2004a). Introduction. In R. A. Stebbins, and M. M. Graham (Eds.), *Volunteering as Leisure/Leisure as Volunteering: An International Assessment* (pp. 1-12). Wallingford, Oxon, UK: CAB International.

Stebbins, R.A. (2004b). *Between Work and Leisure: The Common Ground of Two Separate Worlds*. New Brunswick, NJ: Transaction Publishers.

Stebbins, R.A. (2004c). Serious leisure, volunteerism, and quality of life. In J. Haworth and T. Veal (Eds), *The Future of Work and Leisure* (pp. 200-212). London: Routledge.

Stebbins, R.A. (2004d). Fun, enjoyable, satisfying, fulfilling: Describing positive leisure experience. *Leisure Studies Association Newsletter,* 69 (November), 8-11.

Stebbins, R.A. (2004e). Pleasurable aerobic activity: A type of casual leisure with salubrious implications. *World Leisure Journal*, 46(4), 55-58.

Stebbins, R.A. (2005a). Project-based leisure: Theoretical neglect of a common use of free time. *Leisure Studies*, 24, 1-11.

Stebbins, R.A. (2005b). Choice and experiential definitions of leisure. *Leisure Sciences*, 27, 349-352.

Stebbins, R.A. (2005c). *Challenging Mountain Nature: Risk, Motive, and Lifestyle in Three Hobbyist Sports*. Calgary, AB: Detselig.

Stebbins, R.A. (2005d). Inclination to participate in organized serious leisure: An exploration of the role of costs, rewards, and lifestyle. *Leisure/Loisir*, 29, 181-199.

Stebbins, R.A. (2005e). The role of leisure in arts administration. *Occasional Paper Series*, Paper No. 1. Eugene, OR: Center for Community Arts and Public Policy, University of Oregon.

Stebbins, R.A. (2005f). On the importance of concepts in leisure studies. *Leisure Studies Association Newsletter*, 71, 32-35.

Stebbins, R.A. (2005g). Serious leisure, recreational specialization, and complex leisure activity. *Leisure Studies Association Newsletter*, 70, 11-13.

Stebbins, R.A. (2006a). Shopping as leisure, obligation, and community. *Leisure/ Loisir*, 30.

Stebbins, R.A. (2006b). concatenated exploration: Aiding theoretic memory by planning well for the future. *Journal of Contemporary Ethnography*, 35.

Stebbins, R.A. (2006c). Leisure and popular culture. In G. Ritzer (Ed.), *The Blackwell Encyclopedia of the Social Sciences* (pp. 21-23). cambridge, MA: Blackwell.

Stebbins, R.A. (2006d). Contemplation as leisure and nonleisure. *Leisure Studies Association Newsletter*, 73, pp. 16-18.

Stebbins, R.A. (2006e). Leisure Lifestyles. In R.E. McCarville and K.J. MacKay (Eds.), *Leisure for Canadians* (pp. 21-23). State College, PA: Venture.

Stebbins, R.A. (in press). The Sociology of entertainment. In C.D. Bryant and D.L. Peck (Eds), *The Handbook of 21st Century Sociology*. Thousand Oaks, CA: Sage.

Stokowski, P.A. (1994). *Leisure in Society: A Network Structural Perspective*. New York: Mansell Publishing.

Storr, M. (2003). *Latex and Lingerie: Shopping for Pleasure at Ann Summers Parties*, Oxford, UK: Berg.

Thompson, M.C. (1997a). *Volunteer Firefighters: Our Silent Heroes*. Unpublished doctoral dissertation, Department of Sociology, University of Calgary.

Thompson, M.C. (1997b). Employment-based volunteering: Leisure or not? *World Leisure and Recreation* 39(3), 30-33.

Todd, E. (1930). Amateur. In R.A. Seligman (Ed.), *Encyclopedia of the Social Sciences*, vol. 2 (pp. 18-20). New York: Macmillan.

Tompkins, J. (2003). Flight 737 now departing from your garage. *New York Tims* (Thurs, 25 Sept.), http://www.nytimes.com/2003...piol.html.

Tomlinson, A. (1993). Culture of commitment in leisure: Notes towards the understanding of a serious legacy. *World Leisure and Recreation* 35(1), 6-9.

Truzzi, M. (1972). The occult revival as popular culture. *Sociological Quarterly*, 13, 16-36.

Twynam, G.D., Farrell, J.M., and Johnston, M.E. (2002/2003). Leisure and volunteer motivation at a special sporting event. *Leisure/Loisir*, 27, 363-377.

UNESCO. (1976). *Recommendation on the Development of Adult Education*. Paris, France.

Unruh, D.R. (1979). Characteristics and types of participation in social worlds. *Symbolic Interaction*, 2, 115-130.

Unruh, D.R. (1980). The nature of social worlds. *Pacific Sociological Review*, 23, 271-296.

Urry, J. (1994). Cultural change and contemporary tourism. *Leisure Studies*, 13, 233-238.

VandeSchoot, L. (2005). Navigating the divide: Muslim perspectives on Western conceptualizations of leisure. Masters Thesis, Wageningen University, Social Spatial Analysis Chair Group.

Veal, A.J. (1993). The concept of lifestyle: A review. *Leisure Studies*, 12, 233-252.

Wallace, R.A., and Wolf, A. (1986). *Contemporary Sociological Theory: Continuing the Classical Tradition*. Prentice-Hall, Inc., Englewood Cliffs, New Jersey.

Wearing, S.L. (2001). *Volunteer Tourism: Seeking Experiences that Make a Difference*. Wallingford, Oxon, UK: CAB International.

Wearing, S.L. (2004). Examining best practice in volunteer tourism. In R.A. Stebbins, and M. M. Graham (Eds.), *Volunteering as Leisure/Leisure as Volunteering: An International Assessment* (pp. 209-224). Wallingford, Oxon, UK: CAB International.

Wearing, S.L., and Neil, J. (2001). Expanding sustainable tourism's conceptualization: Ecotourism, volunteerism, and serious leisure. In S.F. McCool, and R.N. Moisey (Eds.), *Tourism, Recreation and Sustainability* (pp. 233-254). Wallingford, Oxon, UK: CAB International.

Williams, R.M., Jr. (2000). American society. In E.F. Borgatta, and R.J.V. Montgomery (Eds.), *Encyclopedia of Sociology*, 2nd ed., Vol. 1 (pp. 140-148). New York: Macmillan.

Wilson, K. (1995). Olympians or lemmings? The postmodernist fun run. *Leisure Studies*, 14, 174-185.

Yair, G. (1990). The commitment to long-distance running and level of activities. *Journal of Leisure Research*, 22, 213-227.

Yair, G. (1992). What keeps them running? The "circle of commitment" of long distance runners. *Leisure Studies*, 11, 257-270.

Yarnal, C.M., and Dowler, L. (2002/2003). Who is answering the call? Volunteer firefighting as serious leisure. *Leisure/Loisir*, 27, 161-190.

Yedes, J., Clamons, K., and Osman, A. (2004). Buna: Oromo women gathering for coffee. *Journal of Contemporary Ethnography*, 33, 675-703.

Yoder, D.G. (1997). A model for commodity intensive serious leisure. *Journal of Leisure Research*, 29, 407-429.

저 자

    본서의 저자 로버트 스테빈스(Robert Stebbins)는 지난 1964년 미국 미네소타대학교에서 박사학위를 취득하고 현재 캐나다 캘거리대학교 사회학부 교수로 재직 중이다. 논문은 말할 것도 없거니와 저서만도 40권이 넘는 세계적인 석학이다.

    앞으로 출판될 저서를 살펴보면, 『여가의 개념: 가장 중요한 원리』(*The Idea of Leisure: First Principles*, 2012), 『중동의 일과 여가: 분리된 두 세계의 공통토대』(*Work and Leisure in the Middle East: The Common Ground of two Separate Worlds*, 2013), 『21세기의 독서: 효용, 즐거움, 그리고 성취』(*The Eyes Have It: Reading for Utility, Pleasure and Fulfillment in the Twenty-First Century*, 2013) 등이 올해와 내년에 출판될 예정이다.

    최근에 출판한 저서로는 『비영리 개념 및 용어 사전』(*A Dictionary of Nonprofit Terms and Concepts*, 2006), 『광장에서 내리는 개인적 결정: 문제해결을 넘어 긍정의 사회학으로』(*Personal Decisions in the Public Square: Beyond Problem Solving into a Positive Sociology*, 2009), 『여가와 소비: 공통의 토대/분리된 세계』(*Leisure and Consumption: Common Ground/Separate Worlds*, 2009), 『사회적 기업가정신』(*Social Entrepreneurship for Dummies*, 2010), 『진지한 여가와 자연: 아웃도어에서 지속가능하게』(*Serious Leisure and Nature: Sustainable in the Outdoors*, 2011) 등이 있다.

    최근 스테빈스는 은퇴, 여가교육, 개인적 독특성으로서 여가 등을 중심으로 연구와 저술에 몰두하고 있다. 1996년 '여가과학아카데미'의 회원이 된 이래로 지난 1999년에는 '캐나다왕립학회' 회원이 되었고, 2010년에는 '세계여가아카데미'의 회원이 되었다. 그가 처음 여가에 관심을 가진 것은 지난 1973년으로 음악, 공연, 고고학, 야구 등을 아마추어로 즐기는 사람들을 연구하면서부터였다. 스테빈스 자신이 아마추어 재즈연주자이기도 하다.

역 자

최 석 호

고향 부산에서 어린 시절을 보냈다. 고등학교를 졸업하고 상경하여 고려대학교 대학원에서 여가사회학으로 박사학위를 받았다. 오랜 시간동안 공부를 하고 학위를 취득하였지만 별달리 할 일이 없었던 그는 영국 노팅엄트렌트대학교로 가서 크리스 로젝(Chris Rojek)의 지도로 다시 관광, 텔레비전 드라마, 스포츠 등을 연구하여 문화학 박사과정을 수료했다. 그러나 지도교수가 학교를 옮기는 바람에 런던대학교 박사과정에 다시 등록하여 공부하고 있다.

우연한 기회에 월드레저총회 유치 업무를 맡게 되었고, 유치에 성공하였다. 이것이 계기가 되어 서울과학종합대학원대학교의 교수가 되었으며, 동 대학교의 춘천캠퍼스에 레저경영전문대학원을 설립했다. 현재 레저경영전문대학원장으로서 레저경영MBA, 한류예술경영MBA, 호텔관광경영MBA 등을 전공하고 있는 학생들을 가르치고 있다. 여가의 사회적 맥락으로서 근대성과 세계화, 여가이론으로서 문명화과정론, 새로운 작업틀로서 네오투어리즘, 여가실행에 관한 연구로서 레저경영 등을 연구하고 있다. 최근에는 한국사회의 탈조직화와 엔터테인먼트 비즈니스의 미래를 연구하는 30,000불 프로젝트에 전념하고 있다.

저서로는 『여가의 발견』(일신사, 2009), 『한국사회와 한국여가』(한국출판정보, 2006), 『중국인이 몰려온다』(백산출판사, 2012), 『이제는 요트시대』(여가경영, 2012) 등이 있으며, 역서로는 본서를 비롯하여 『포스트모더니즘과 여가』(일신사, 2002), 『관광과 근대성』(일신사, 2004), 『여가와 문화』(리체레, 2011) 등이 있다.

이 미 경

이화여대 영어교육학과를 졸업한 후 교사의 길을 뒤로 하고 무역회사 해외영업부에 홍일점으로 입사했다. 자유로운 삶을 누릴 수 있겠다는 생각 때문이었다. 수출역군으로 50여 개국을 다니며 다양한 문화체험과 여가체험을 하면서 10년 정도 다국적 무역회사 한국 지사장까지 지낸 후 우연한 기회에 서울과학종합대학원대학교 레저경영MBA 1기로 입학하였다.

여가를 단순히 즐기기만 했던 직장생활을 그만두고 여가이론으로 학업을 시작한 후 미국 조지메이슨대학교에서 공공정책학 석사학위(MA in Public Policy)를 받으면서 여가정책에 대한 고민을 시작했다. 인구 고령화와 여가사회에 대한 논문으로 두 번째 석사학위(MBA in Leisure Management)를 받고, 현재 3만불 프로젝트에 참여하고 있다.

이 용 재

서울과학종합대학원대학교 레저경영대학원에서 최석호 교수의 지도로 경영학 석사학위 (MBA in Leisure Management)를 받았고, 〈감정과 여가〉 연구회원으로 여가와 문화를 진지하게 연구하고 있다. 실무적으로는, 강욱순스포츠(주)에서 스포츠관련 프로젝트를 진행 중이다. 특히, 열정적인 아마추어 골퍼를 위한 비즈니스 모델과 스포츠 기업의 공유가치창출(CSV) 방안을 기획하고 있다.

관심분야는 고객의 여가특성을 고려한 여가기업의 관계마케팅, 여가기업의 CSV 그리고 네트워크사회의 대중문화 등이다.

진지한 여가

발 행 일 | 2012. 8. 1
지 은 이 | 로버트 스테빈스
옮 긴 이 | 최석호 · 이미경 · 이용재
발 행 인 | 정영종
발 행 처 | 도서출판 여가경영

등 록 제 | 제25100-2012-000020호 (2011. 07. 19)
주   소 | 서울시 강북구 인수동 535-146
E-mail | lm1305a@gmail.com

책값은 뒤표지에 있습니다.
ISBN 978-89-969253-0-9 03300

※ 잘못된 책은 바꾸어 드립니다.